O IMPACTO ECONÔMICO DA CLASSE OCIOSA

O IMPACTO ECONÔMICO DA
CLASSE OCIOSA

THORSTEIN VEBLEN

Tradução
LEONARDO CASTILHONE

COPYRIGHT © VEBLEN, THORSTEIN, 1857-1929
THE THEORY OF THE LEISURE CLASS - 1899
COPYRIGHT © FARO EDITORIAL, 2021

Todos os direitos reservados.
Nenhuma parte deste livro pode ser reproduzida sob quaisquer meios existentes sem autorização por escrito do editor.

Diretor editorial **PEDRO ALMEIDA**
Coordenação editorial **CARLA SACRATO**
Preparação **TUCA FARIA**
Revisão **DANIEL WELLER** e **THAÍS ENTRIEL**
Capa e diagramação **CRISTIANE | SAAVEDRA EDIÇÕES**
Imagem de capa **INCAMERASTOCK | ALAMY STOCK PHOTO**

Avis Rara é um selo da Faro Editorial.

Dados Internacionais de Catalogação na Publicação (CIP)
Angélica Ilacqua CRB-8/7057

Veblen, Thorstein, 1857-1929
   O impacto econômico da classe ociosa / Thorstein Veblen; tradução de Leonardo Castilhone. — São Paulo : Faro Editorial, 2021.
   304 p.

   ISBN 978-65-5957-009-6
   Título original: The theory of the leisure class

   1. Ciências sociais 2. Classes sociais I. Título II. Castilhone, Leonardo

21-1729   CDD 305.5

Índice para catálogo sistemático:
1. Ciências sociais - Classes sociais

1ª edição brasileira: 2021
Direitos de edição em língua portuguesa, para o Brasil, adquiridos por FARO EDITORIAL

Avenida Andrômeda, 885 – Sala 310
Alphaville – Barueri – SP – Brasil
CEP: 06473-000
www.faroeditorial.com.br

SUMÁRIO

Apresentação   7

Prefácio   9

Capítulo 1 — Introdução   11

Capítulo 2 — Emulação pecuniária   27

Capítulo 3 — Ócio conspícuo   37

Capítulo 4 — Consumo conspícuo   61

Capítulo 5 — O padrão de vida pecuniário   85

Capítulo 6 — Cânones pecuniários de refinamento   95

Capítulo 7 — O vestuário como expressão da cultura pecuniária   133

Capítulo 8 — Isenção industrial e conservadorismo   149

Capítulo 9 — Conservação de traços arcaicos   167

Capítulo 10 — Resquícios modernos de proezas   193

Capítulo 11 — A crença na sorte   215

Capítulo 12 — Observâncias religiosas   227

Capítulo 13 — Resquícios de interesses não ínvidos   255

Capítulo 14 — O ensino superior como expressão da cultura pecúniária   277

APRESENTAÇÃO

Em *O impacto econômico da classe ociosa*, obra publicada em 1899, Thorstein Veblen analisa detalhadamente o conceito de consumo conspícuo, termo criado por ele e que pode ser resumido, *grosso modo*, na frase anônima: "Ostentação é comprar aquilo que você não quer, com o dinheiro que você não tem, para mostrar para alguém de quem você não gosta."

Enfocando o consumo em vez da produção, ao contrário da maioria dos textos sobre economia da época, Veblen investiga a vocação humana em buscar o inútil, o supérfluo e o raro, em que recursos materiais e financeiros são investidos de maneira perdulária para exibição de formas exteriores de superioridade.

Crítico do capitalismo e cético em relação às virtudes do socialismo, Veblen foi um dos fundadores da escola de Economia Institucional, defendendo a ideia de que a economia está inserida nas instituições e se relaciona com os fenômenos socioculturais.

Apesar de publicado no final de século XIX, *O impacto econômico da classe ociosa*, por meio de sua abordagem evolucionária para o estudo dos sistemas econômicos, não perdeu de maneira nenhuma sua relevância para a compreensão da economia atual e seus exemplos sintomáticos: a cultura do dinheiro fácil, o enriquecimento sem esforço, o desejo doentio por *status* e a ganância desenfreada.

PREFÁCIO

O propósito do presente estudo é discutir o lugar e o valor da classe ociosa como fator econômico da vida moderna, mas verificou-se a impossibilidade de confinar a discussão às fronteiras tão estritamente delimitadas. Forçosamente se dá certa atenção à origem e às derivações da instituição, assim como a aspectos sociais da vida que não são comumente classificados como pertencendo à ciência econômica.

Em determinados pontos, a discussão avança por territórios da teoria econômica ou da generalização etnológica, que podem, num primeiro momento, parecer relativamente estranhas ao leitor. O capítulo introdutório demonstra a natureza dessas premissas teóricas para evitar (é o que se espera) toda e qualquer confusão. Uma definição mais explícita a respeito do posicionamento teórico implicado neste trabalho é oferecida numa série de artigos publicada no Volume IV do *American Journal of Sociology*, em "The Instinct of Workmanship and the Irksomeness of Labour", "The Beginnings of Ownership" e "The Barbarian Status of Women". Porém, o argumento não se respalda nessas — relativamente novas — generalizações de modo a perder completamente seu possível valor, como um mero detalhe da teoria econômica, de modo que, na visão do leitor, acabem sendo insuficientemente ancoradas em autoridade ou dados.

Parte por conveniência, parte por ser menos provável compreender mal o senso de fenômenos comuns a todos os homens, os dados utilizados para ilustrar ou reforçar o argumento foram, na maioria das vezes, baseados na vida cotidiana, seja por observação direta, seja por serem situações públicas e notórias, em vez de fontes exóticas distantes do habitual. Espera-se que ninguém sinta insultado seu senso literário ou aptidão científica por recorrermos a fatos banais do dia a dia, ou por o que pode parecer uma liberdade insensível ao tratar de fenômenos vulgares ou fenômenos da intimidade humana que, vez ou outra, protegem do impacto da discussão econômica.

Tais premissas e evidências corroborantes, por serem provenientes de fontes insólitas, assim como qualquer artigo teórico ou dedução que se apropria de ciências etnológicas, também são mais acessíveis e descomplicadas, e suas fontes mais facilmente identificáveis por pessoas razoavelmente instruídas. Por conseguinte, preferimos não mencionar fontes nem autoridades. Do mesmo modo, as poucas citações apresentadas, apenas com valor elucidativo, também não possuem as devidas referências, visto que serão reconhecidas com bastante facilidade sem a necessidade de orientações.

CAPÍTULO 1

INTRODUÇÃO

A instituição de uma classe ociosa tem seu maior desenvolvimento no auge da cultura bárbara, como, por exemplo, na Europa feudal ou no Japão feudal. Nessas comunidades, a distinção entre classes sociais é praticada com rigor, e a distinção entre os empregos adequados para cada uma das diversas classes é o aspecto de maior impacto econômico nessas diferenças de classes. Aquelas mais altas são, de acordo com o costume, isentas ou excluídas das funções industriais, sendo reservados certos tipos de ocupações que condizem com seus respectivos graus de honra. A atividade mais honrosa de qualquer comunidade feudal é a guerra e o sacerdócio que, geralmente, vem depois da guerra. Se a comunidade bárbara não é bastante belicosa, o sacerdote pode passar a prevalecer, deixando o guerreiro em segundo lugar. Porém, ainda que com poucas exceções, para guerreiros ou para padres, permanece a regra de que as classes mais altas são desobrigadas de ter funções industriais, sendo essa isenção a expressão econômica de seu nível superior. A Índia bramânica nos traz uma boa ilustração da desobrigação dessas duas classes. Nas comunidades pertencentes à cultura bárbara superior, há uma notável diferenciação de subclasses dentro daquela que pode ser, sem dúvida, chamada de classe ociosa; e paralelamente existe uma individuação de tarefas nessas subclasses. A classe ociosa como um todo compreende as classes nobres e clericais, junto de boa parte de seus séquitos. As ocupações da classe são igualmente diversificadas, mas possuem a característica econômica comum de serem não industriais. Dessa forma, as ocupações não industriais da classe superior podem ser encontradas, *grosso modo*, na política, nas guerras, na hierarquia religiosa e nos esportes.

Numa etapa antiga, mas não a mais distante, do período bárbaro, a classe ociosa existia de maneira menos distinta. Nem as distinções de classe, nem as distinções entre as ocupações da classe ociosa eram tão minuciosas e intricadas. Os habitantes das ilhas da Polinésia, no geral, oferecem-nos uma clara representação dessa etapa do desenvolvimento, exceto pelo fato de que em seu plano de vida, devido à ausência de animais grandes, a caça não ocupava o lugar de honra de costume. A população islandesa, nos tempos das Sagas, também é um bom exemplo disso, existindo uma rigorosa distinção entre as classes e entre as ocupações próprias de cada classe. Trabalho manual, indústria, qualquer atividade que tivesse a ver diretamente com as tarefas domésticas para se obter um sustento eram a ocupação exclusiva da classe inferior, que incluía escravos e outros subordinados, além das mulheres, que normalmente também a compunham. Se existem vários níveis de aristocracia, as mulheres da alta sociedade são as que mais costumam estar isentas do trabalho industrial ou pelo menos da maioria das funções manuais mais banais. Os homens da alta sociedade não eram apenas dispensados, mas, em razão de normas consuetudinárias, eram praticamente proibidos de atuar em qualquer ocupação industrial. O leque de ocupações disponíveis para eles era definido de forma rígida. Quanto aos indivíduos do patamar superior já mencionado, as ocupações a eles reservadas estão em governos, guerras, religiões e esportes. Essas quatro linhas de atividade regem o projeto de vida das classes altas, e para os mais altos postos — os reis ou chefes tribais —, são as únicas atividades que o costume ou o senso comum da sociedade pode permitir. Com efeito, onde o projeto de vida está bem assentado, duvida-se até mesmo que os esportes possam ser considerados legítimos para os membros de alto status. Para as camadas inferiores da classe ociosa, algumas outras ocupações são disponibilizadas, mas são funções subsidiárias a um ou a outro daqueles trabalhos típicos da classe ociosa. São exemplos a manufatura e o reparo de armamentos, equipamentos e canoas de guerra, acessórios e tratamento de cavalos, cães e falcões, confecção de indumentárias sacras etc. As classes inferiores são excluídas dessas honradas funções secundárias, exceto daquelas que sejam de caráter puramente industrial e daquelas que estejam remotamente ligadas às típicas ocupações da classe ociosa.

Se dermos um passo para trás, afastando-nos dessa paradigmática cultura bárbara e adentrando aos níveis inferiores dos bárbaros, não conseguiremos mais encontrar uma classe ociosa plenamente desenvolvida. Entretanto essa camada inferior de bárbaros apresenta os usos, motivos e circunstâncias que deram fundamento para o desabrochar da instituição de uma classe ociosa, e indica os passos que foram trilhados para o crescimento dela em seus primórdios. Tribos nômades de caçadores em várias partes do mundo ilustram essas fases mais primitivas da diferenciação. Qualquer uma das tribos caçadoras da América do Norte pode servir de bom exemplo. Mal se pode considerar que essas tribos tenham uma classe ociosa. Há uma diferenciação de funções e uma distinção entre classes com base nessa diferença de funções, mas a desobrigação de trabalhar por parte da classe superior não chegou ao ponto de tornar-se aplicável a designação "classe ociosa". As tribos pertencentes a esse nível econômico fizeram com que a diferenciação econômica produzisse uma distinção manifesta entre as ocupações de homens e mulheres, e essa diferenciação tem caráter ínvido.[1] Em quase todas essas tribos, as mulheres são, de acordo com os costumes prescritos, submetidas às funções das quais, num próximo momento, derivarão as ocupações industriais propriamente ditas. Os homens ficam

---

1. N. do T.: O termo original em inglês é *"invidious"*, que pode significar "invejoso", mas também tem o sentido de "injusto, injustamente discriminativo, abusivo", entre outros. Muitas traduções, inclusive para outros idiomas, utilizam a palavra "valorativo", já que o autor, mais adiante, oferece uma definição desse conceito de maneira técnica. No entanto, será utilizado o termo "ínvido" no decorrer do livro em função de Veblen, na época, ter introduzido certos termos que se tornaram jargões no âmbito da Economia, da Sociologia, da Psicologia e de outras Ciências Sociais, por terem múltiplas acepções que conduzem ao sentido por ele pretendido. Por fim, etimologicamente falando, este é o termo em português que mais se assemelha ao original.

isentos dessas tarefas triviais e são preservados para a guerra, a caça, os esportes e as obrigações religiosas. Nesse caso, pode ser observada uma discriminação bem interessante.

Essa divisão laboral coincide com a distinção entre a classe trabalhadora e a classe ociosa, pois esta surge no auge da cultura bárbara. Conforme o avanço da diversificação e da especialização das funções, foi sendo traçada uma linha que passou a dividir as tarefas industriais das não industriais. Os principais ofícios dos primeiros bárbaros não estão na origem de boa parcela das funções que vieram a ser criadas com o desenvolvimento industrial. No desenvolvimento que veio a seguir, tais ocupações sobreviveram apenas em trabalhos que não eram classificados como industriais — guerra, política, esportes, aprendizado e sacerdócio. As únicas exceções importantes são uma parcela da indústria pesqueira e certas tarefas leves que duvidosamente são consideradas industriais, como a fabricação de armas, brinquedos e produtos esportivos. Praticamente todo o leque de ofícios industriais é uma derivação daquilo que costumava ser chamado de "trabalho de mulher" nas comunidades bárbaras primitivas.

O trabalho dos homens no primeiro período bárbaro era tão indispensável para o grupo quanto os trabalhos realizados pelas mulheres. Pode até ser que o trabalho dos homens contribuísse igualmente com os suprimentos alimentares e outras necessidades de consumo do grupo. Contudo o aspecto "produtivo" do trabalho dos homens é de fato tão óbvio que, na literatura econômica convencional, a função de caçador é considerada como um tipo de serviço industrial primitivo. Entretanto não é essa a noção bárbara em relação ao assunto. Aos olhos do bárbaro, ele não é um trabalhador e não pode ser equiparado às mulheres nesse quesito; nem seus esforços podem ser comparados aos afazeres domésticos das mulheres, que são laboriosos ou industriais, de tal forma que seja possível confundi-los. Há em todas as comunidades bárbaras um profundo senso de disparidade entre as funções do homem e da mulher. O trabalho dele pode conduzir à manutenção do grupo, mas somente será percebido se for imbuído de uma excelência e uma eficácia tamanhas que não possa, de forma nenhuma, ser comparado com as diligências triviais das mulheres.

Recuando ainda mais na perspectiva cultural — entre grupos selvagens —, a diferenciação das atividades é ainda menos elaborada, e a distinção individual entre classes e ofícios é menos uniforme e menos rigorosa. Exemplos inequívocos de uma cultura selvagem primitiva são difíceis de serem encontrados. Pouquíssimos são os grupos ou comunidades classificadas como "selvagens" que não apresentam traços de retrocesso em relação a um estágio cultural mais avançado. Entretanto existem grupos — alguns deles aparentemente não resultantes do retrocesso — que demonstram traços de selvageria primitiva com certa constância. A cultura deles difere daquela das comunidades bárbaras devido à ausência de uma classe ociosa e à ausência, em grande parte, de ânimo ou da atitude espiritual de que depende a instituição da classe ociosa. Essas comunidades de selvagens primitivos, nas quais não há hierarquia de classes econômicas, compõem apenas uma pequena e imperceptível parcela da raça humana. Um exemplo bastante apropriado dessa fase cultural pode ser observado nas tribos das Ilhas Andamã ou na tribo Todas dos Montes Nilgiri. O estilo de vida desses grupos, na época dos primeiros contatos com os europeus, parecia ser bastante comum, pelo menos no que diz respeito à ausência de uma classe ociosa. Podemos também citar os ainus de yezos e possivelmente também alguns grupos bosquímanos e esquimós. Algumas comunidades pueblo podem ser incluídas na mesma classe, mas sem tanta certeza.[2] Quase todas as comunidades — senão todas — aqui citadas podem ser casos de degeneração de um período bárbaro superior em vez de serem portadoras de uma cultura que nunca sobrepujou o nível atual. Se for assim, elas devem ser levadas em consideração para o presente propósito, mas, de todo modo, podem servir de provas como se fossem de fato, populações "primitivas".

Essas comunidades sem classe ociosa também se assemelham umas às outras no tocante a outros aspectos de suas estruturas sociais

---

2. *As tribos das Ilhas Andamã, a tribo dos todas e as comunidades pueblo incluídas na mesma classe:* referências aos aborígenes do Japão, da Austrália, África e das Américas refletem o crescente interesse em estudos etnográficos, como *A Sociedade Antiga*, de Lewis Henry Morgan (1877).

e estilos de vida. São pequenos grupos detentores de uma estrutura simplória (arcaica); eles costumam ser pacíficos e sedentários; são pobres, e a propriedade privada não é uma característica dominante de seu sistema econômico. Ao mesmo tempo, isso não implica que sejam as menores comunidades existentes nem que suas estruturas sociais sejam, de forma alguma, as menos diferenciadas; não é necessário também que todas as comunidades primitivas que não possuem um sistema de propriedade individual definido estejam incluídas nessa classe. Mas se deve notar que a classe parece incluir os grupos de homens mais pacíficos — talvez todos os especialmente pacíficos. Com efeito, a característica comum mais evidente aos membros desse tipo de comunidade é uma certa incapacidade obsequiosa quando confrontados com força ou ardil.

As evidências proporcionadas pelo uso e pelos traços culturais das comunidades num nível rudimentar de desenvolvimento indicam que a instituição de uma classe ociosa emergiu gradualmente durante a transição da selvageria primitiva para o período bárbaro, ou, mais precisamente, durante a transição do pacifismo para hábitos invariavelmente beligerantes. Ao que parece, as condições necessárias para seu desabrochar sistemático foram: (1) a comunidade deve ter hábitos predatórios (guerras e/ou caça de animais de grande porte), isto é, os homens que conformam a classe ociosa embrionária devem estar acostumados a padecer em razão de força e de estratagemas; (2) a subsistência deve ser obtida de maneira razoavelmente fácil a ponto de permitir que uma considerável parcela da comunidade seja dispensada de uma rotina laboral constante. A instituição de uma classe ociosa é o resultado de uma ancestral discriminação entre ofícios, de acordo com a qual alguns trabalhos sejam dignos e outros, desonrosos. Segundo essa antiga distinção, os primeiros são ofícios que podem ser classificados como proezas ou façanhas, e os segundos são atividades cotidianas e necessárias que não compreendem nenhum elemento perceptível de heroísmo.

Como essa distinção praticamente não tem importância na sociedade industrial moderna, foram raros os autores economistas que se debruçaram sobre o assunto. Quando vista sob a égide do senso comum contemporâneo, guia da atual discussão econômica, essa diferenciação parece demasiado formal e irrelevante. No entanto, continua sendo, de maneira implacável, um preconceito corriqueiro da vida moderna, como se demonstra, por exemplo, quando de nossa habitual aversão a trabalhos banais. É uma distinção de cunho pessoal — de superioridade e inferioridade. Nas primeiras fases da cultura, quando a força do indivíduo tinha uma relevância mais óbvia e imediata no decurso dos eventos, o elemento heroico valia mais no cotidiano das pessoas. Havia um maior interesse em torno dessa questão e essa distinção parecia mais imperativa e essencial. Portanto, em virtude de ser um fato subsequente ao desenvolvimento, a distinção é um assunto vital com respaldo suficientemente válido e convincente.

O motivo habitual para a discriminação entre os fatos muda quando também se altera o interesse habitual contido nos fatos cujas características são evidentes e singulares, razão pela qual o interesse dominante do período lança luz sobre elas. Qualquer causa de distinção parecerá insignificante para qualquer um que tenha o costume de captar os fatos mencionados por um diferente ponto de vista e julgue-os de maneira diversa. O hábito de distinguir e classificar os inúmeros fins e orientações das atividades fatalmente prevalece sempre e em todos os lugares, pois é indispensável para elaborar uma teoria ou plano de vida que possa ser aplicado na prática. O ponto de vista particular (ou a característica particular) que é considerado como conclusivo na classificação dos fatos da vida depende do interesse subjacente a uma discriminação dos fatos. As bases da discriminação e, portanto, o procedimento para classificar os fatos mudam paulatinamente à medida que a cultura se expande, já que a finalidade se altera em virtude da qual os fatos da vida são compreendidos, e por consequência o próprio ponto de vista também muda. Desse modo, aquilo que é reconhecido como aspectos evidentes e conclusivos de uma classe de atividades ou de uma classe social num determinado estágio cultural não preservará a mesma importância relativa para os propósitos da classificação em qualquer estágio posterior.

Mas a mudança de padrões e pontos de vista é gradual e raramente resulta na subversão ou completa supressão de uma perspectiva anteriormente aceita. Costuma-se fazer, ainda, uma distinção entre ofícios industriais e não industriais, sendo essa distinção uma versão moderna e modificada da diferenciação bárbara entre trabalhos nobres e triviais. Essas funções, como as relativas à guerra, à política, aos cultos religiosos e às festividades, são percebidas pelo público em geral como intrinsecamente diversas do trabalho relacionado à elaboração de meios de vida materiais. A linha que define tais limites não é igual àquela existente no período bárbaro primordial, mas a distinção em sentido amplo não caiu em desuso.

Atualmente, em realidade, a tácita distinção de acordo com o senso comum é que qualquer atividade deverá ser considerada como industrial contanto que seu principal propósito seja a utilização de coisas não humanas. Por isso, o uso coercitivo de homens por outros homens não é considerado como uma função industrial; mas todos os esforços voltados ao aprimoramento da vida humana graças a um ambiente não humano são vistos como atividades industriais. Conforme os economistas que melhor preservaram e adaptaram a tradição clássica, o "poder do homem sobre a natureza" é atualmente postulado como o fato característico da produtividade industrial. Esse poder industrial sobre a natureza inclui o poder do homem sobre a vida dos animais e sobre todas as forças elementais. Assim, uma linha delimita o marco entre a humanidade e o resto da criação.

Em outros tempos e entre homens com outros tipos de preconceitos, essa linha não delimitava as mesmas diferenças que estabelecemos hoje. No estilo de vida selvagem ou bárbaro, o marco era delimitado em outro lugar e de outra maneira. Em todas as comunidades da cultura bárbara, há um profundo e dominante senso de antítese entre dois grupos abrangentes de fenômenos: em um, o homem bárbaro inclui a si mesmo, em outro, suas provisões. Há uma antítese perceptível entre os fenômenos econômicos e não econômicos, mas não é concebida da maneira moderna. Ela não reside entre homem e o restante da criação, mas entre seres animados e coisas inertes.

Talvez hoje seja um excesso de precaução explicar que a noção bárbara do termo "animado" não é a mesma que seria evocada pela palavra "vivo", pois não abrange todas as coisas vivas, mas abarca muitas outras. Um fenômeno natural tão impressionante como uma tempestade, uma doença, uma cachoeira são reconhecidos como "animados"; ao passo que frutas, vegetais ou até mesmo animais insignificantes, como moscas, larvas, roedores, ovelhas, não são comumente identificados como "animados", exceto quando os citamos de maneira coletiva. Do modo que aqui utilizamos, o termo não implica necessariamente uma morada da alma ou do espírito. O conceito inclui coisas que, segundo a interpretação do selvagem ou bárbaro animista, são formidáveis em virtude de um hábito, real ou imputado, de iniciar uma ação. Essa categoria compreende uma vasta gama de objetos e fenômenos naturais. Tal distinção entre o inerte e o ativo ainda se encontra presente nos hábitos mentais de pessoas levianas, e ainda afeta profundamente a teoria predominante sobre a vida humana e os processos naturais. Entretanto, ela não permeia nossa vida cotidiana, profundamente ou não, até o ponto de gerar consequências práticas aparentes nos primórdios da cultura e das crenças.

Para a mente do bárbaro, a elaboração e utilização daquilo que é oferecido pela natureza inerte é uma atividade completamente diversa de como ele se relaciona com coisas e forças "animadas". A linha divisória pode ser vaga e oscilante, mas a noção geral da distinção real é convincente o bastante para influenciar o estilo de vida bárbaro. À classe de coisas interpretadas como animadas, a imaginação bárbara atribui um desdobramento de atividades direcionadas a um fim. É esse desdobramento teleológico de atividades que estabelece um fato "animado" a qualquer objeto ou fenômeno. Onde quer que o rudimentar selvagem ou bárbaro depare com uma atividade nada inconveniente, ele tende a interpretá-la nos únicos termos que lhe são plausíveis: aqueles imediatamente oferecidos por sua consciência de suas próprias ações. A atividade é, portanto, assimilada à ação humana, e os objetos ativos, desse modo, são equiparados ao agente humano. Fenômenos desse tipo — sobretudo aqueles cujos comportamentos são evidentemente desafiadores e estonteantes — devem ser enfrentados com um ânimo diferente e uma perícia diversa daquela exigida para lidar com coisas inertes. Ser bem-sucedido no enfrentamento de tais fenômenos é mais uma façanha do que uma tarefa industrial. É uma declaração de proeza, não de diligência.

Diante dessa discriminação ingênua entre o inerte e o animado, as atividades do grupo social primitivo tendem a dividir-se em duas classes, que, em tempos modernos, passaram a chamar-se façanha e indústria. Enquanto indústria é o esforço que cria algo novo, com uma nova finalidade disponibilizada pela mão de seu inventor a partir de um material passivo ("bruto"); façanha, caso gere um resultado útil para o agente, é a conversão para seus próprios fins de energias previamente direcionadas para alguma outra finalidade. Ainda falamos sobre "matéria-prima" com um pouco da noção bárbara de um profundo significado dedicado ao termo.

A distinção entre façanha e serviços domésticos coincide com a diferença entre os sexos. Os sexos diferem não só em estatura e força muscular, mas talvez muito mais em questões de temperamento, e isso, em tempos imemoriais, deve ter dado origem a uma divisão laboral correspondente. A gama de atividades englobada pela façanha recai sobre os homens, pois são maiores, mais fortes, mais capazes de enfrentar pressões súbitas e violentas, além de serem mais propensos a autoafirmação, emulação ativa[3] e agressão. As diferenças de massa corporal, compleição física e temperamento deviam ser mínimas entre os membros de grupos primitivos; aliás, parece-nos que eram relativamente insignificantes em algumas das sociedades mais antigas de que temos conhecimento — como, por exemplo, as tribos das Ilhas Andamã. Porém, assim que a diferenciação de funções começou com base nas discrepâncias evidenciadas pela diferença no físico e no ânimo, a diferença original entre os sexos se ampliou. Um processo cumulativo de adaptação seletiva à nova distribuição de ofícios foi estabelecido, especialmente quando o grupo teve contato com um habitat ou uma fauna que presumia uma aplicação considerável da força física. A constante busca por caças de grande porte demanda mais das principais

---

3. N. do T.: A palavra "emulation", em inglês, é mais um exemplo de termos que se tornaram correntes no jargão acadêmico das áreas citadas na nota anterior. O termo "emulação", em português, ainda que pouco utilizado, possui um significado de "competitividade", porém, também de "lutar para se igualar ou superar outrem por meio da imitação".

qualidades de robustez, agilidade e impetuosidade, tornando inevitável a consequente aceleração e ampliação da diferenciação de funções entre os sexos. E tão logo o grupo entra em contato hostil com outros grupos, a divergência de funções evolui para uma distinção entre proeza e atividade industrial.

Nesses grupos predatórios de caçadores, a luta e a caça passam a ser funções dos homens mais fisicamente aptos a tais tarefas. As mulheres ficam responsáveis por outros trabalhos que precisam ser feitos — outros membros inaptos a realizar os trabalhos masculinos propriamente ditos acabam sendo colocados ao lado das mulheres. Porém, tanto a caça quanto a luta têm o mesmo aspecto geral. Ambas possuem natureza predatória; tanto o guerreiro quanto o caçador colhem frutos que não foram semeados. A afirmação agressiva de força e sagacidade difere enormemente da monótona e perseverante elaboração de artefatos; não dá para ser visto como um trabalho produtivo, mas, em vez disso, uma conquista de riquezas por meio de pilhagens. Em razão dessas ações serem consideradas o trabalho do homem bárbaro, qualquer ofício que não envolvesse uma declaração de proeza era tido como indigno para o homem. À medida que a tradição se enraizou, o senso comum da sociedade elevou o costume ao patamar de um padrão de conduta; de tal forma que nenhum serviço e nenhuma conquista pudessem ser moralmente aceitáveis para o homem de respeito desse período cultural que não originassem de façanhas — por meio de força ou da trapaça. Quando o estilo de vida predatório se inseriu no grupo por conta do hábito de longa data, o principal ofício do homem capaz na economia social passou a ser matar, destruir concorrentes na luta pela sobrevivência — tentando resistir a eles ou ludibriá-los —, derrotar ou reduzir à subserviência forças estrangeiras insubmissas que reivindicassem o território. Essa distinção teórica entre façanhas e afazeres domésticos era aplicada com tanta persistência e precisão que, em muitas tribos caçadoras, o homem não podia levar para casa a caça que tinha abatido, mas, sim, enviar sua mulher para realizar essa tarefa indigna.

Como já mencionamos, a distinção entre façanhas e afazeres domésticos é uma distinção de natureza ínvida entre as ocupações. As tarefas consideradas como façanhas são dignas, honradas, nobres, já as outras tarefas, desprovidas desse elemento heroico, principalmente aquelas que implicavam subserviência ou submissão, são indignas, degradantes, ignóbeis.[4] O conceito de dignidade, valor ou honra, empregado tanto a pessoas quanto a condutas, é preponderante na formação das classes e na distinção de classes; portanto, faz-se necessário tecer alguns comentários sobre suas derivações e seus significados. A seguir, faremos um esboço de seus fundamentos psicológicos.

Por uma questão de necessidade seletiva, o homem é um agente. De acordo com sua própria interpretação, ele é um centro de sucessivas atividades impulsivas — atividades "teleológicas". É um agente buscando em cada ato conquistar algum fim concreto, objetivo, impessoal. Por essa razão, tem predileção pelo trabalho eficaz e despreza esforços fúteis. Dispõe de um senso de que há mérito na utilidade ou eficiência e demérito na futilidade, no esbanjamento ou na incapacidade. Essa aptidão ou propensão pode ser chamada de instinto de trabalho eficaz. Sejam quais forem as circunstâncias ou tradições da vida que conduzam a uma comparação habitual de uma pessoa com outra sob a visão da eficiência, o instinto de trabalho eficaz funciona como uma comparação emulativa ou ínvida entre as pessoas. O alcance que esse processo terá depende em boa parte do temperamento da população. Dentro de uma comunidade em que essas comparações são comumente feitas, o sucesso visível se torna um fim almejado para seu próprio senso de utilidade baseado no respeito ou na estima, sendo esta enaltecida e as críticas evitadas, colocando em evidência a eficiência do indivíduo. Assim, o instinto de trabalho eficaz funciona como uma demonstração emulativa de força.

Durante a fase primitiva do desenvolvimento social, quando a comunidade ainda costuma ser pacífica, talvez até sedentária, e sem um sistema elaborado de propriedade individual, a eficiência do indivíduo

---

4. N. do T.: O termo "ignóbil(eis)" empregado aqui e em diversos momentos no decorrer da obra, em razão de sua raiz etimológica (ignobilis), é utilizado para contrapor-se ao termo "nobre" (nobilis). Em outras palavras, cria-se assim a dicotomia "nobre" e "não nobre" (ignóbil).

pode ser demonstrada, sobretudo e mais constantemente, por meio de uma ocupação que ajude a prolongar a existência do grupo. A emulação de natureza econômica entre os membros de tal grupo será, acima de tudo, no âmbito da utilidade industrial. Ao mesmo tempo, não há grande incentivo à emulação, e sua margem de aplicação é igualmente restrita.

Quando a comunidade deixa a selvageria pacífica para trás e passa a uma fase de vida predatória, há uma mudança nas condições de emulação. A oportunidade e o incentivo à emulação aumentam significativamente, tanto na aplicação quanto na urgência. Assim, a atividade dos homens assume mais e mais um caráter de façanha; e as comparações ínvidas de um caçador ou de um guerreiro com outro aumentam com cada vez mais facilidade e habitualidade. Evidências tangíveis de proeza — troféus — encontram lugar no modo de pensar dos homens como característica essencial da parafernália da vida. Espólios e troféus da caçada ou do saque passam a ser premiados como prova da força superior. A agressão se torna a forma de ação mais respeitada, e os espólios servem como evidência *prima facie* [à primeira vista, antes de futuros exames] de uma agressão bem-sucedida. De acordo com o culturalmente aceito na época, a maneira digna e respeitosa de autoafirmação é por meio de disputas; e artigos ou serviços úteis obtidos mediante pilhagens ou invasões servem como evidência tradicional de disputas exitosas. Por conseguinte, em contrapartida, a obtenção de bens por outros métodos diferentes dos saques eram vistos como indignos do homem em sua melhor forma. Sobre a realização de trabalhos produtivos ou de ocupações em serviços pessoais incidia a mesma repulsa pelos mesmos motivos. Dessa maneira, uma distinção surge entre façanhas e aquisições mediante pilhagens, de um lado, e ocupações industriais, de outro. Assim, o trabalho adquire um caráter cansativo e irritante em razão da indignidade a ele atribuído.

Entre os bárbaros primitivos, antes que o simples conteúdo do conceito fosse obscurecido por suas próprias ramificações e por um crescimento secundário de ideias cognatas, "honrável" não parece outro termo senão uma afirmação de força superior. "Honrável" é "formidável"; "digno" é "prepotente". Em última análise, um ato honorífico é no mínimo um reconhecido ato bem-sucedido de agressão. Como agressão, neste caso, significa conflito com animais e com outros homens, a atividade que passa a ser primária e especialmente honrosa é a demonstração de pulso firme ou violência. O hábito primitivo e arcaico de ver todas as manifestações de força correlacionadas à "personalidade" ou à "força de vontade" enfatiza ainda mais essa exaltação costumeira do pulso firme. Epítetos honrosos, bastante em voga entre tribos bárbaras bem como entre pessoas de grande cultura, comumente portam a marca desse nada sofisticado senso de honra. Epítetos e títulos usados para referir-se a líderes tribais, e na propiciação[5] de reis e deuses, atribuem com muita frequência uma propensão à violência autoritária e a uma invencível força devastadora em relação à pessoa que será propiciada. Até certo ponto, isso também se aplica nas sociedades mais civilizadas da atualidade. A predileção exibida em emblemas heráldicos pelos animais e aves de rapina mais vorazes só reforça essa mesma visão.

Sob a égide desse apreço comum dos bárbaros por nobreza ou por honra, tirar a vida alheia — o extermínio de adversários aterrorizantes, sejam animais, sejam humanos — é uma honraria do mais alto grau. E essa nobre função da matança, como expressão do poderio do sicário, dignifica cada ato de extermínio e todos os acessórios e as ferramentas utilizados no ato. Armas são honrosas, e seu uso, mesmo que para abater as criaturas mais ínfimas, torna-o um ato honroso. Ao mesmo tempo, o seu emprego em ofícios industriais, de forma análoga, torna-as odiosas, e, de acordo com o senso comum, o manuseio de ferramentas e de utensílios industriais não condizem com a dignidade do homem fisicamente desenvolvido. Mais uma vez, o labor se torna cansativo e entediante.

Presume-se aqui que, com as sucessivas evoluções culturais, grupos de homens primitivos passaram de um estágio pacífico inicial a um período subsequente quando lutar era o ofício mais característico e

---

5. N. do T.: Mais um caso de palavras com múltiplos sentidos. "Propiciar" é mais utilizado no sentido de "proporcionar", mas aqui se refere às ações de "aplacar a ira divina" e de "tornar alguém favorável mediante sacrifício ou oferenda".

explícito do grupo. Mas não está subentendido que houve uma transição abrupta de paz e benevolência inabaláveis para uma fase de vida posterior, ou superior, quando os combates começaram a ocorrer pela primeira vez. Do mesmo modo, não está implícito que toda indústria pacífica desapareceu quando da transição para o período cultural predatório. Não incorremos em erro ao atestar que confrontos esparsos aconteceram em todas as fases iniciais do desenvolvimento social. Embates ocorriam com mais ou menos frequência por conta de disputas sexuais. Os hábitos conhecidos de grupos primitivos, assim como os hábitos de macacos antropoides, colaboram com o que afirmamos, além das evidências dos famigerados impulsos da natureza humana reiteram a mesma visão.

Por esse motivo, pode ser que se conteste que jamais tenha havido essa fase inicial de vida pacífica como aqui descrevemos. Desconhece-se qualquer período da evolução cultural anterior à existência de lutas e enfrentamentos. Todavia, a questão aqui colocada não trata da ocorrência de combates, sejam ocasionais ou esporádicos, sejam mais ou menos frequentes e habituais. A intenção é verificar a presença de uma estrutura mental beligerante — um hábito predominante de julgar fatos e eventos pela perspectiva da luta. Só se chegou à fase cultural predatória quando o comportamento predador se tornou a conduta espiritual rotineira e enaltecida para os membros do grupo; quando a luta se tornou o aspecto dominante da filosofia de vida vigente; quando o senso comum a respeito de homens e de coisas passou a ser avaliado pela perspectiva do combate.

A diferença primordial entre as fases culturais pacífica e predatória, por conseguinte, tem uma natureza espiritual, não mecânica. A transformação do comportamento espiritual resulta em uma mudança nos fatos da vida do grupo, que se foi manifestando gradualmente diante da superveniência de circunstâncias materiais favoráveis a um comportamento predatório. O ocaso da cultura predatória é a aurora da indústria. A predação não consegue se estabelecer como fonte de recursos habitual e convencional, nem de um grupo nem de uma classe, quando os métodos industriais forem suficientemente eficientes para deixar uma margem pela qual valha a pena lutar, acima daqueles dedicados a obter o bastante para a subsistência. Por isso, a transição da paz para a predação depende da ampliação do conhecimento técnico e do uso de ferramentas. Uma cultura predatória era igualmente impraticável em tempos remotos, fato que só se tornou possível quando as armas se desenvolveram a ponto de transformar o homem num animal temível. A elaboração primitiva de ferramentas e de armas é, sem dúvida, o mesmo fato visto a partir de duas perspectivas distintas.

Um dado grupo poderia ser caracterizado como pacífico caso o combate habitual não estivesse sempre ocupando os pensamentos dos homens, como um aspecto dominante de suas vidas. Um grupo pode manifestamente atingir um comportamento predatório, com um grau maior ou menor de abrangência, à medida que sua filosofia de vida e seus códigos de conduta sejam mais ou menos controlados pelo ânimo predatório. A fase cultural predatória é, portanto, compreendida como tendo se manifestado gradualmente, por meio de um crescimento cumulativo de aptidões, hábitos e tradições predatórias, sendo esse desenvolvimento devido a uma mudança de circunstâncias na vida do grupo, de forma que os membros desenvolveram e conservaram traços de natureza humana, mas também tradições e normas de conduta que são mais predominantes de um estilo predatório do que de uma vida pacífica.

A evidência para a hipótese de que houve um estágio pacífico na cultura primitiva foi extraída, em grande parte, mais da psicologia do que da etnologia e não poderá ser pormenorizada nestas linhas. Será mencionada parcialmente em um capítulo posterior, quando se discutirá a persistência de aspectos ancestrais da natureza humana na cultura moderna.

CAPÍTULO 2

EMULAÇÃO PECUNIÁRIA

Na sequência da evolução cultural, o surgimento de uma classe ociosa coincide com o início da propriedade privada. E isso é inevitável, pois essas duas instituições resultam do mesmo conjunto de forças econômicas. Quando na fase rudimentar da formação de ambas, não passavam de diferentes aspectos dos mesmos fatos gerais da estrutura social.

O ócio e a propriedade são questões de interesse para os propósitos em questão por serem elementos da estrutura social — fatos convencionais. Um desprezo habitual pelo trabalho não constitui uma classe ociosa, nem o fato mecânico do uso e do consumo constitui propriedade. Portanto, a presente investigação não se interessa pelo princípio da indolência, nem pelo princípio da apropriação de objetos úteis para o consumo individual. O tema em questão é, por um lado, a origem e a natureza de uma classe ociosa convencional e, por outro, o início da propriedade privada como direito convencional ou demanda equitativa.

A primeira diferenciação que surge da distinção entre uma classe ociosa e uma classe trabalhadora é uma divisão mantida entre as funções de homens e de mulheres nas fases inferiores do período bárbaro. Do mesmo modo, o primeiro modelo de propriedade é a propriedade de mulheres tomadas pelos homens mais fortes da comunidade. Os fatos podem ser expressos em termos mais genéricos e mais condizentes com a filosofia de vida dos bárbaros, se dissermos que era uma apropriação da mulher pelo homem.

Sem dúvida, havia a apropriação de artefatos úteis antes do surgimento do costume dos homens de tomarem as mulheres como suas propriedades. Os hábitos de antigas comunidades em que não havia a apropriação de mulheres justifica essa nossa visão. Em todas as comunidades, os membros, tanto homens quanto mulheres, costumavam ter para uso particular uma variedade de coisas úteis; mas que não eram vistas como algo pertencente à pessoa que se apropriava delas ou as consumia. A apropriação e o consumo habituais de certos objetos relativamente pessoais persistem sem que se mencione a questão da propriedade, isto é, a questão de demandas convencionais e equitativas de coisas irrelevantes.

A apropriação das mulheres começa nas fases inferiores da cultura bárbara, aparentemente com a captura de prisioneiras. O motivo original para a captura e apropriação de mulheres parece ter sido em razão da utilidade delas como troféus. A prática de sequestrar as mulheres dos inimigos como troféus deu origem a uma espécie de casamento-propriedade, que resultou em lares com um chefe do sexo masculino. A partir desse quadro, sucedeu-se a ampliação tanto da escravidão para outros prisioneiros e pessoas inferiores, além das mulheres, quanto do casamento-propriedade com outras mulheres diferentes daquelas capturadas dos inimigos. Consequentemente, o resultado da emulação diante das condições de uma vida predatória foi, de um lado, um modelo de casamento baseado na coerção e, de outro, o costume da propriedade. As duas instituições não são distinguíveis na fase inicial de suas respectivas concepções; ambas surgem do anseio dos homens bem-sucedidos de ostentar suas proezas, exibindo o resultado perene de suas façanhas. Ambos também pregam uma inclinação pela superioridade que permeia todas as comunidades predatórias. Da apropriação de mulheres, o conceito de propriedade se amplia para incluir os produtos de sua indústria e, assim, surge a propriedade de coisas juntamente com pessoas.

Dessa forma, um sistema coerente de propriedade de bens é paulatinamente estabelecido. Embora nas últimas fases do desenvolvimento, a utilidade dos bens de consumo se tornou o elemento mais perceptível do valor, mas, claro que, de forma alguma, a riqueza perdera sua serventia como evidência honorífica do domínio do proprietário.
Onde quer que haja a instituição da propriedade privada, ainda que em um modelo pouco desenvolvido, o processo econômico traz consigo o aspecto da luta entre homens pela posse de bens. Tornou-se comum na teoria econômica, principalmente entre economistas que concordem sem hesitar com o conjunto de doutrinas clássicas modernizadas, interpretar essa luta por riqueza como sendo essencialmente uma luta por subsistência. Decerto essa característica estava presente durante as fases primitivas e menos eficientes da indústria. Além disso, era a característica em todos os casos quando a "natureza mesquinha" se mostrava tão presente que acabava por proporcionar um sustento escasso para a comunidade em troca de uma dedicação extenuante e incessante às atividades que proviam os meios de subsistência. Porém, em toda comunidade emergente, sempre ocorria uma melhoria além desse estágio primitivo do desenvolvimento tecnológico. A eficiência industrial começa a crescer a tal ponto que passa a oferecer algo consideravelmente melhor do que um mero sustento àqueles engajados no processo industrial. Não era incomum para a teoria econômica falar da luta posterior por riqueza nessa nova estrutura industrial como uma competição pelo incremento dos confortos da vida — primariamente por um avanço nos confortos materiais proporcionados pelo consumo de bens.

A finalidade da aquisição e do acúmulo é tida convencionalmente como o consumo dos bens acumulados — seja o consumo feito diretamente pelo proprietário dos bens, seja pelo lar a ele pertencente e, para esse propósito, teoricamente identificado com ele. Essa, ao menos, parecia ser a finalidade economicamente legítima da aquisição que, por si só, estava relacionada à teoria em estudo. Tal consumo pode, é claro, ser concebido para servir às necessidades materiais do consumidor — seu conforto material — ou às chamadas necessidades superiores — espirituais, estéticas, intelectuais, entre outras; sendo a segunda classe de necessidades servida indiretamente por uma infinidade de bens, como é bastante familiar a todos os leitores econômicos.

Porém, só quando analisado sob uma perspectiva muito remota em seu sentido primitivo, pode-se dizer que o consumo de bens proporciona o estímulo invariavelmente procedente do acúmulo. O motivo que está na raiz da propriedade é a emulação, sendo que o mesmo motivo de emulação continua ativo no desenvolvimento posterior tanto da instituição à qual ele deu origem quanto de todas as características da estrutura social relacionadas com a instituição da propriedade. A posse de riquezas confere honra; é uma distinção ínvida. Entretanto, nada do mesmo modo convincente pode ser dito a respeito do consumo de bens, nem sobre qualquer outro estímulo concebível para a aquisição nem principalmente para o acúmulo de riquezas.

Com efeito, não devemos ignorar que, em uma comunidade onde praticamente todos os bens são de propriedade privada, a necessidade de receber um ganha-pão é um estímulo poderoso e sempre presente para os membros mais pobres da comunidade. A necessidade da subsistência e de uma melhora do conforto material pode, por um tempo, ser a razão dominante para a aquisição por parte das classes que frequentemente realizam trabalhos manuais, cuja subsistência costuma ser precária, com poucas posses e, em geral, acumulando pouco. No entanto, como veremos no decorrer da discussão, mesmo no caso das classes mais carentes, a predominância da necessidade material não é tão definida quanto se supõe. Por outro lado, no que se refere aos membros e às classes da comunidade que se ocupam sobretudo do acúmulo de riquezas, o estímulo à subsistência ou ao conforto material nunca desempenha um papel relevante. A propriedade nasceu e evoluiu para uma instituição humana sem nenhuma relação com a subsistência mínima. O estímulo dominante, desde o princípio, foi a distinção ínvida inerente à riqueza e, salvo em algumas exceções e por pouco tempo, nenhum outro motivo assumiu essa primazia em nenhuma outra fase do desenvolvimento.

As propriedades começaram como espólios ostentados como troféus após um saque. Contanto que o grupo se tenha desviado, ainda que só um pouco, da organização comunal primitiva, e desde que ainda permaneça em contato próximo com outros grupos hostis, a utilidade das posses de coisas ou de pessoas residia sobretudo numa comparação ínvida entre o possuidor e o inimigo de quem foram tomadas. O hábito de distinguir entre os interesses do indivíduo e do grupo ao qual pertence é, ao que parece, um avanço posterior. A comparação ínvida entre o possuidor do espólio honroso e seus vizinhos menos exitosos dentro do grupo, sem dúvida, estava presente nos primórdios como um elemento de utilidade para as coisas possuídas, embora inicialmente isso não tenha sido um elemento essencial para seu valor. A proeza do homem ainda era principalmente a proeza do grupo, e o possuidor do espólio se sentia basicamente o detentor da honra de seu grupo. O apreço pela façanha, do ponto de vista da comunidade, também reside em estágios posteriores do crescimento social, principalmente em relação aos louros de guerra.

Contudo, assim que o costume da propriedade individual começa a ganhar força, começa também a mudar o ponto de vista assumido quando é feita a comparação ínvida em que se respalda a propriedade privada. Na verdade, uma mudança é nada mais nada menos do que o reflexo da outra. A fase inicial da propriedade, ou seja, a fase de aquisição por meio da pilhagem e da apropriação primitiva começa a se transformar na fase subsequente de uma incipiente organização industrial com base na propriedade privada (na forma de escravos). A horda evolui para uma comunidade industrial mais ou menos autossuficiente, e as posses, então, passam a ser valorizadas não tanto como evidência de uma incursão bem-sucedida, mas como indício do predomínio do detentor desses bens sobre outros indivíduos dentro da comunidade. A comparação ínvida, agora, torna-se, acima de tudo, uma comparação entre o proprietário e os outros membros do grupo. Mesmo que a propriedade ainda possua um aspecto de troféu, com o progresso cultural ela é vista, cada vez mais, como um troféu do sucesso obtido no jogo da propriedade realizado entre os membros do grupo sob a tutela de métodos quase pacíficos da vida nômade.

Pouco a pouco, à medida que a atividade industrial foi suprindo a atividade predatória do cotidiano da comunidade e dos hábitos mentais dos homens, a propriedade acumulada, mais e mais, substituiu os troféus das façanhas predatórias como o expoente convencional da dominância e do sucesso. Em seguida, com a expansão da indústria, a posse de riquezas cresce em importância relativa e efetiva, como base tradicional de reputação e de estima. Não que a estima deixe de ser reconhecida com base em outras evidências mais claras de proeza; não que a agressão predatória bem-sucedida ou uma façanha bélica deixem de atrair a aprovação e a admiração do público ou suscitar a inveja dos rivais menos favorecidos; contudo, as oportunidades para ganhar destaque por meio dessa manifestação direta de força superior ficam cada vez menos disponíveis, tanto em alcance quanto em frequência. Em contrapartida, as oportunidades para agressão industrial e para o acúmulo de propriedade por métodos quase pacíficos da indústria nômade aumentam em alcance e disponibilidade. E não é à toa que a propriedade, nesse momento, torna-se a evidência mais facilmente reconhecida de um grau respeitável de sucesso, distinto das notáveis conquistas heroicas. Logo em seguida, ela se torna a base convencional para medir a estima do indivíduo. Sua posse, em certa medida, torna-se necessária para se ter boa reputação dentro da comunidade. Assim, é indispensável acumular e adquirir propriedade caso o indivíduo deseje preservar seu bom nome. Quando os bens acumulados dessa maneira passam a ser a maior prova de eficiência, a posse de riquezas constitui em um fundamento independente e determinante da estima. A posse de bens, seja ela adquirida por esforço próprio mediante violência, seja passivamente mediante transmissão hereditária, transforma-se na base convencional de reputação. A posse de riqueza, que no princípio era considerada apenas como prova de eficiência, transforma-se num ato meritório de acordo com a própria opinião popular. A riqueza, a partir daí, torna-se ela mesma intrinsecamente honrosa e confere nobreza a seu possuidor. Após um período de lapidação, a riqueza adquirida passivamente pela transmissão de ascendentes ou outros antepassados começa a ser vista por um viés ainda mais honroso do que a riqueza adquirida pelo esforço do próprio possuidor, mas essa distinção pertence a um estágio posterior da evolução pecuniária sobre a qual falaremos no momento adequado.

A proeza e a façanha ainda perduram na base da mais alta estima atribuída por parte dos populares, embora a posse de riquezas tenha se tornado a base da reputação comum e de um status social irrepreensível. O instinto predatório e a consequente aceitação da eficiência predatória estão profundamente arraigados nos hábitos mentais das pessoas que foram submetidas ao rigor de uma prolongada cultura predatória. De acordo com a designação popular, as maiores honras ao alcance dos humanos podem, mesmo assim, ser aquelas alcançadas por uma repercussão da extraordinária eficiência predatória na guerra ou por uma eficiência quase predatória em funções de Estado; porém, para efeitos de alcançar um status de decência aceito pela comunidade, os meios para se ter boa reputação foram substituídos pela aquisição e acumulação de bens. A fim de ser bem visto aos olhos da comunidade, é necessário corresponder às expectativas de certo — um tanto quanto indefinido — padrão convencional de riqueza, assim como nos primeiros estágios predatórios era necessário que o homem bárbaro correspondesse às expectativas do padrão tribal de resistência física, de sagacidade e habilidades com armas. Um certo padrão de riqueza, no primeiro caso, e de proeza, no segundo, são condições necessárias de boa reputação, e tudo aquilo que exceda a esse padrão médio é considerado como meritório.

Os membros da comunidade que não alcançam esse padrão médio, relativamente indefinido, de proeza ou de propriedade têm prejudicada a estima de seus companheiros e, consequentemente, também sofrem com a baixa autoestima, visto que a base comum do autorrespeito seja o respeito imposto a seus semelhantes. Somente indivíduos com um temperamento anormal conseguem manter, no longo prazo, sua autoestima em face do desprezo de seus pares. Óbvias exceções à regra são encontradas, especialmente entre pessoas com fortes convicções religiosas, mas raramente são exceções reais, já que tais pessoas normalmente se respaldam na pretensa aprovação de uma testemunha sobrenatural de seus feitos.

Em virtude disso, assim que a posse de propriedades se torna a base da estima popular, ela também assume o papel de um requisito para a condescendência que chamamos de autorrespeito ou amor-próprio. Em qualquer comunidade onde os bens são conservados sob a guarda de seu proprietário há a necessidade, para a paz de espírito dele, de que um indivíduo possua uma quantidade de bens equivalente à dos outros que formam a classe a que está acostumado a pertencer, sendo extremamente gratificante possuir mais do que os outros. No entanto, com a mesma rapidez com que a pessoa faz novas aquisições, acostumando-se ao novo padrão de vida alcançado, ele imediatamente deixa de proporcionar a enorme satisfação conferida pelo padrão anterior. De qualquer forma, a tendência é constantemente tornar o vigente padrão pecuniário do ponto de partida para um novo incremento da riqueza; dando, por sua vez, origem a um novo padrão de suficiência e a uma nova classificação de si próprio em comparação com os seus vizinhos. No tocante ao presente tema, a finalidade almejada pela acumulação é ocupar uma posição mais alta do que o resto da comunidade sob o ponto de vista de força pecuniária. Enquanto a comparação for distintamente desfavorável para si próprio, o homem médio, comum, viverá em crônica insatisfação com o que tem; e quando atingir o que pode ser chamado de padrão pecuniário normal da comunidade ou de sua classe dentro da comunidade, essa insatisfação crônica dará lugar a um incansável esforço a fim de impor uma maior distância pecuniária, que deverá sempre crescer em relação a essa média padrão. A comparação ínvida nunca será favorável o suficiente ao indivíduo que a põe em prática enquanto ele não estiver numa posição confortavelmente superior em relação aos seus concorrentes na luta pela reputação pecuniária.

Levando em consideração a natureza do panorama geral, o desejo por riquezas não consegue ser saciado em nenhuma situação individual e obviamente está fora de questão a existência de uma saciedade do desejo por riquezas em termos médios ou gerais. Seja ela distribuída de forma vasta, equânime ou "justa", nenhum incremento geral da riqueza da comunidade consegue saciar de alguma maneira essa necessidade, pois o grande alicerce é justamente o desejo de todos de superar todo o mundo no acúmulo de bens. Se, como às vezes afirmam, o incentivo para o acúmulo fosse uma expectativa de subsistência ou de conforto material, então as carências econômicas agregadas de uma comunidade poderiam ser tranquilamente satisfeitas em algum momento do avanço da eficiência industrial; porém, como a luta é essencialmente uma disputa por reputação a partir de uma comparação ínvida, não existe nenhuma abordagem que permita uma conquista conclusiva.

O que acabamos de dizer não deve ser interpretado pelo viés de que não existem outros incentivos para a aquisição e para o acúmulo do que esse anseio pela autossuperação no padrão pecuniário, a fim de angariar a estima e a inveja de seus semelhantes. O desejo por conforto e por segurança extras em virtude de carência está presente como motivo em todas as fases do processo de acumulação numa comunidade industrial moderna — embora o padrão de suficiência nesses quesitos seja, por sua vez, imensamente afetado pelo hábito da emulação pecuniária. Em grande parte, essa emulação molda os métodos e seleciona quais serão as despesas com conforto pessoal e com uma vida decente.

Além disso, o poder conferido pela riqueza também oferece um motivo para o acúmulo. A propensão a atividades relevantes e a repugnância por toda futilidade do esforço que pertence ao homem em virtude de seu caráter como agente não o abandonam quando ele surge da ingênua cultura coletiva em que o conhecimento dominante da vida é a solidariedade indiferenciada e isonômica do indivíduo com o grupo a que sua vida é ligada. Quando ele entra na fase predatória, momento quando o egocentrismo no sentido estrito se torna a marca dominante, essa propensão o acompanha de maneira furtiva, como um traço difuso que molda a filosofia de vida. A propensão a realizações e a repugnância à futilidade continuam sendo o motivo econômico subjacente. A propensão muda apenas na forma que se expressa e nos objetos imediatos a que se direciona a atividade do homem. No âmbito do sistema de propriedade privada, os meios mais disponíveis para alcançar um propósito de modo tangível é aquele proporcionado pela aquisição e pelo acúmulo de bens; e conforme a antítese egotista entre homem e homem alcança uma consciência mais plena, a propensão à realização — o instinto de trabalho eficaz — tende mais e mais a se adequar a um esforço para superar os outros em termos de realização pecuniária. O sucesso relativo, verificado à luz de uma comparação pecuniária ínvida com outros homens, torna-se o fim convencional de uma ação. O fim legítimo de esforços aceito no período em exame se torna a realização de uma comparação favorável com outros homens; e, por conseguinte, a repugnância à futilidade, em grande medida, funde-se com o incentivo da emulação. Ela age para acentuar a luta pela reputação pecuniária, reprovando veementemente todas as deficiências e todas as evidências de insuficiência na questão do sucesso pecuniário. O esforço relevante passa a significar, sobretudo, um empenho direcionado ou resultante de uma demonstração mais crível de riqueza acumulada. Entre os motivos que levam os homens a acumular riquezas, a primazia, tanto em abrangência quanto em intensidade, continua a pertencer a esse motivo da emulação pecuniária.

Observa-se que ao fazer uso do termo "ínvido", talvez seja desnecessário observar, não há nenhuma intenção de exaltar ou depreciar, elogiar ou condenar qualquer dos fenômenos que a palavra é usada para caracterizar. O termo é usado num sentido técnico como descrevendo uma comparação entre pessoas, com o objetivo de avaliá-las e classificá-las quanto ao valor relativo ou a princípios — num sentido estético ou moral —, e dessa forma, atribuindo e definindo os graus relativos de condescendência com os quais podem ser legitimamente contempladas por elas mesmas e por outros. Uma comparação ínvida é um processo de avaliação das pessoas em relação a seu valor.

CAPÍTULO 3

ÓCIO CONSPÍCUO

Se seu desempenho não fosse perturbado por outras forças econômicas ou outras características do processo emulativo, o efeito imediato de tal disputa pecuniária, como acabou de ser esboçada, seria tornar os homens industriosos e frugais. Isso é o que realmente acontece, até certo ponto, em relação às classes mais baixas, cujo meio ordinário de adquirirem bens é o trabalho produtivo. Principalmente quando essas classes trabalhadoras residem numa comunidade sedentária que esteja numa fase industrial agrícola, na qual há uma subdivisão considerável da propriedade e cujas leis e costumes garantam a essas classes uma parcela mais ou menos definida do produto de seu trabalho. De forma nenhuma, essas classes inferiores podem abdicar do trabalho e, por isso, a obrigatoriedade do labor não é tão depreciativa para elas, pelo menos no âmbito de suas respectivas classes. Em vez disso, já que o trabalho é o estilo de vida reconhecido e aceito, elas sentem um orgulho emulativo de uma reputação pela eficiência em seu trabalho, sendo a única linha de emulação acessível a elas. Para aqueles a quem só é possível a aquisição e a emulação dentro do campo da eficiência e da moderação produtivas, a luta pela reputação pecuniária resultará, em certa medida, num incremento de diligência e parcimônia. Todavia, algumas características secundárias do processo emulativo, sobre as quais ainda falaremos, vêm para circunscrever e modificar materialmente a emulação entre as classes financeiramente inferiores e na classe superior.

No entanto, estamos aqui analisando somente a classe financeiramente superior. No caso, também para essa classe, o incentivo à diligência e à moderação não deixa de estar ausente, mas sua atividade é tão fortemente qualificada pelas demandas secundárias da emulação pecuniária que qualquer tendência nesse sentido é praticamente subjugada e qualquer incentivo à diligência tende a não ter nenhum efeito. Dessas demandas secundárias para a emulação, a mais imprescindível e a que tem o maior escopo é o requisito de abster-se do trabalho produtivo, sendo bastante válido para a fase cultural bárbara. Durante a cultura predatória, na consciência das pessoas, o trabalho passa a ser visto como sinal de fraqueza e submissão a um mestre. Por conseguinte, torna-se uma marca de inferioridade e, logo após, passa a ser considerado indigno do homem em sua melhor forma física. Por conta disso, o trabalho nunca mais deixou de ser visto como degradante, pois essa tradição nunca morreu. Muito pelo contrário, com a propagação da diferenciação social, ela adquiriu uma força axiomática por ser um preceito antigo e inquestionável.

A fim de obter e conservar a admiração dos homens, não basta apenas ter riqueza ou poder. Ambos devem ser ostentados, pois a admiração só é deferida quando evidenciada, sendo a ostentação da riqueza não apenas para reafirmar a importância de uma pessoa em relação a outra e para manter vivo e desperto o sentimento de importância, mas também para a edificação e a preservação da autocomplacência mesmo que com menos peso. Para todas as fases culturais — exceto na mais inferior — o homem de boa constituição física fortalece e reafirma seu autorrespeito por meio de "ambientes decentes" e por estar dispensado de "funções medíocres". Abandonar de maneira forçada seu padrão habitual de decência — tanto as parafernálias da vida quanto o tipo e o volume de atividades cotidianas — é sentido como se fosse um atentado contra sua dignidade humana, mesmo longe da aprovação ou reprovação de seus semelhantes.

A antiga distinção teórica entre os fracos e os honrados quanto ao estilo de vida do homem preserva bastante sua força ancestral até hoje. Tanto que são poucos os da classe alta que não possuem a repugnância instintiva por formas vulgares de trabalho, com uma percepção de impureza cerimonial relacionada em boa medida às ocupações associadas, segundo nossa estrutura mental, a funções menores. Todas as pessoas de gosto refinado sentem que uma contaminação espiritual é inseparável de certas atividades que são convencionalmente realizadas por subalternos. Ambientes vulgares, moradias ruins (ou seja, baratas) e ocupações usualmente produtivas são absolutamente condenadas e evitadas. São incompatíveis com uma vida espiritualmente satisfatória — com "pensamentos superiores". Desde os tempos dos filósofos gregos até os nossos dias, um grau de ócio e de recusa para entrar em contato com tais processos industriais que servem aos propósitos humanos mais imediatos do dia a dia sempre foi reconhecido pelos pensadores como pré-requisito para uma vida digna ou bela ou mesmo irrepreensível. A vida ociosa, em si mesma, é bela e enobrecedora aos olhos de todo e qualquer homem civilizado.

Sem dúvida esse valor subjetivo e imediato do ócio e de outras evidências de riqueza é, em grande parte, secundário e derivado. Parte por ser reflexo da utilidade do ócio como meio de ganhar respeito dos outros e parte por ser o resultado de uma substituição mental. Estabeleceu-se a performance do trabalho como sendo evidência clássica de força inferior; consequentemente, ela passou a ser considerada, por um atalho mental, como intrinsecamente medíocre.

Durante a fase predatória propriamente dita e sobretudo posteriormente à fase predatória, durante as fases iniciais do desenvolvimento industrial semipacífico, uma vida de ócio é a evidência mais imediata e conclusiva da força pecuniária, sendo, por isso, superior — contanto que o cavalheiro ocioso possa sempre viver com tranquilidade e conforto manifestos. Nessa fase, a riqueza é demonstrada principalmente pela posse de escravos, e os benefícios derivados da apropriação de espólios e o poder assumem a forma, acima de tudo, de serviços pessoais e de produtos imediatos de serviço pessoal. A abstenção conspícua em relação ao trabalho, em consequência, torna-se a marca convencional da realização pecuniária máxima e do índice convencional de reputação. Em contrapartida, considerando que o trabalho produtivo é marca de pobreza e de submissão, acaba sendo inconsistente com uma posição de prestígio perante a comunidade. Desse modo, hábitos de diligência e moderação não são unanimemente aprovados por uma emulação pecuniária predominante. Na verdade longe disso, pois esse tipo de emulação desestimula indiretamente a participação no trabalho produtivo. O labor inevitavelmente passou a ser considerado como desonroso, como uma demonstração de pobreza, embora ainda não fosse encarado como vergonhoso de acordo com a tradição ancestral transmitida pelas fases culturais. A tradição ancestral da cultura predatória diz que se deve repudiar o esforço produtivo por ser indigno do homem capaz, sendo reforçada na transição do estilo de vida predatório para o semipacífico.

Mesmo que a instituição da classe ociosa não tenha aparecido como primeira manifestação da propriedade privada, em virtude da desonra atribuída à atividade produtiva, ela teria surgido, de toda forma, como uma das primeiras consequências da propriedade. Deve-se ressaltar também que, embora a classe ociosa existisse em tese desde o início da cultura predatória, a instituição adquire um significado novo e muito mais complexo após a transição da fase cultural predatória para a pecuniária. A partir desse período, ela realmente assume a forma de "classe ociosa", assim como na teoria. É nesse ponto que a instituição da classe ociosa tem seu modelo consumado.

Durante a fase predatória, a distinção entre as classes ociosa e trabalhadora é, em certa medida, uma mera distinção protocolar. Os homens capazes ciosamente se afastam de tudo que lhes pareça um trabalho medíocre, mas a atividade deles, de fato, contribui muito para a sobrevivência do grupo. A fase posterior de indústria semipacífica é normalmente caracterizada pela consolidação da escravatura, dos rebanhos em geral e de uma classe servil de pastores e cuidadores de animais. Além disso, a indústria avançou tanto que o sustento da comunidade parou de depender da caça ou de qualquer outra atividade que pudesse tranquilamente ser classificada como façanha. A partir desse momento, o aspecto característico da vida da classe ociosa é uma dispensa conspícua de todo tipo de ofício útil.

As ocupações normais e características da referida classe, nesse período maduro de sua história, são, do ponto de vista formal, praticamente iguais àquelas existentes em seu princípio. Elas estão compreendidas nos espectros da política, da guerra, dos esportes e dos deveres religiosos. Pessoas excessivamente apegadas a complexas sutilezas teóricas podem encarar essas ocupações como sendo incidental e indiretamente "produtivas", mas há um ponto fundamental dessa questão que deve ser ressaltado: o motivo ordinário e ostensivo da classe ociosa, quando decide enveredar por essas áreas, não tem nenhuma relação com a multiplicação da riqueza por meio de esforço produtivo. Nessa fase cultural, como em qualquer outra, as pessoas se envolvem em política e guerra, pelo menos em parte, com o intuito de obter ganhos pecuniários; porém, as vantagens são obtidas pelos métodos honrosos da pilhagem e da apropriação. Assim, essas ocupações são de natureza predatória, não produtiva. Algo semelhante pode ser dito a respeito da caçada, mas com uma diferença. Quando a comunidade deixa a fase da caçada propriamente dita, a caça aos poucos vai se transformando em duas atividades distintas. De um lado, aparece o comércio, exercido sobretudo para conseguir ganhos; nessa atividade, o elemento da façanha é virtualmente ausente ou, pelo menos, não está presente num grau suficiente para eliminar o fato de que é uma ocupação lucrativa. Por outro lado, a caça também é um esporte — um exercício do impulso predatório, pura e simplesmente. Como tal, ela não proporciona nenhum tipo de incentivo pecuniário, mas contém um elemento mais ou menos óbvio de façanha. É essa segunda derivação da caçada — purgada de toda imputação de trabalho manual — que por si só tem seus méritos para pertencer adequadamente à filosofia de vida da classe ociosa amadurecida.

Abster-se do trabalho não é apenas um ato honorífico ou meritório, mas, nesse caso, representa um requisito para a decência. A insistência na propriedade como base para uma boa reputação é muito ingênua e imperiosa durante as primeiras fases do acúmulo de riquezas. Abster-se do trabalho braçal é a evidência convencional da riqueza e, por isso, a marca convencional de condição social. Então, insistir no mérito da riqueza leva a insistir no ócio de forma mais vigorosa. *Nota notæ est nota rei ipsius.*[1] De acordo com leis já consolidadas da natureza humana, a norma logo se apodera da evidência convencional da riqueza e a incute na mente dos homens como algo que, em si mesmo, é consideravelmente meritório e enobrecedor; enquanto o trabalho produtivo, ao mesmo tempo e por um processo similar, torna-se intrinsecamente indigno num duplo sentido. A norma acaba por tornar o trabalho não só desonroso aos olhos da comunidade como moralmente impossível ao homem nobre e livre, sendo incompatível com uma vida digna.

Esse tabu em relação ao trabalho gera consequências na diferenciação industrial das classes. Assim que a população aumenta em densidade e o grupo predatório evolui para uma comunidade industrial estabelecida, as autoridades constituídas e os costumes que regem a propriedade crescem em escopo e coerência. Em seguida, torna-se impraticável o acúmulo de riqueza pela simples pilhagem, então, pela lógica, a aquisição pela indústria é igualmente impossível para homens pobres e bem-intencionados. A alternativa disponível para eles é a mendicância ou a privação. Sempre que o cânone do ócio conspícuo tiver a oportunidade para fazer exercer sua tendência, emergirá uma classe ociosa secundária e, de certo modo, espúria — miseravelmente pobre e tendo uma vida precária de necessidades e desconforto, mas moralmente incapaz de rebaixar-se a atividades lucrativas. O cavalheiro decadente e a dama que já viveu dias melhores conhecem muito bem esses fenômenos, inclusive hoje. Esse sentimento impregnado de indignidade diante do mais simples trabalho manual é bem conhecido de todos os povos civilizados, assim como dos povos de cultura pecuniária menos avançada. Para pessoas de sensibilidade aguçada, que por muito

---

1. "Um componente conhecido de uma coisa é conhecido pela própria coisa."

tempo estiveram habituadas ao refinamento, o senso de vergonha pelo trabalho manual pode ficar tão forte que, num momento crítico, talvez até deixem de lado o instinto de autopreservação. Em razão disso, por exemplo, temos conhecimento de certos chefes tribais da Polinésia que, diante da pressão das boas maneiras, preferiram morrer de fome a ter de levar a comida à boca com as próprias mãos. É verdade que essa conduta pode ter sido devida, pelo menos em parte, a um excesso de santidade ou a tabus ligados à pessoa do chefe. O tabu seria transmitido pelo contato de suas mãos, fazendo com que qualquer coisa tocada por ele se tornasse imprópria para o consumo humano. Mas esse interdito é, em si mesmo, derivado da indignidade ou da incompatibilidade moral em relação ao trabalho. Tanto que, mesmo quando interpretada nesse sentido, a conduta dos chefes polinésios é mais fiel ao cânone do ócio honroso do que parece à primeira vista. Uma melhor ilustração, ou pelo menos mais clara, é oferecida por um certo rei da França que dizem ter morrido por causa de um vigor excessivo no cumprimento da etiqueta. Na ausência do funcionário, cuja tarefa era puxar e empurrar o assento do seu senhor, o rei se sentou tranquilamente diante do fogo e tostou sua pessoa real de maneira irreversível. Contudo, ao realizar esse gesto, evitou que Sua Majestade Mui Cristã se contaminasse com essa tarefa subalterna.

Summum crede nefas animam præferre pudori,
Et propter vitam vivendi perdere causas.[2]

Já ressaltamos que o termo "ócio", utilizado no presente trabalho, não tem conotação de indolência ou aquiescência. A conotação desejada é a do consumo improdutivo do tempo. O tempo é consumido de maneira improdutiva (1) a partir de um senso de indignidade do trabalho produtivo e (2) como evidência de capacidade pecuniária para arcar com uma vida desocupada. Porém, a totalidade da vida de um cavalheiro ocioso não transcorre diante dos olhos dos espectadores

---

2. "Eu acredito que a maior abominação é preferir a vida à honra, e, por causa da vida, perder a razão de viver." (Juvenal, Sátira VIII).

que devem ficar impressionados com o espetáculo do ócio honroso que, num mundo ideal, perfaz sua existência. Parte do tempo de sua vida é forçosamente ocultado das vistas do público, e, durante esse período transcorrido em isolamento, o cavalheiro ocioso deve, para preservar seu bom nome, ser capaz de oferecer um relato convincente. Ele deverá encontrar meios para vangloriar-se do ócio que é passado longe das vistas dos espectadores. Tal ostentação só poderá ser feita indiretamente, por meio da exibição de alguns resultados concretos e duradouros do ócio vivenciado — de maneira análoga à tão conhecida oferta de produtos tangíveis e duradouros para o cavalheiro ocioso que resultam do trabalho de artesãos e servos.

A evidência duradoura do trabalho produtivo é seu resultado material — geralmente, um artigo de consumo. No caso da façanha, é bastante usual e plausível apropriar-se de resultados tangíveis que possam ser exibidos na forma de troféus ou espólios. Numa fase posterior do desenvolvimento, costuma-se ostentar um emblema ou insígnia de honra que funcionará como uma marca convencionalmente aceita da façanha realizada, indicando, ao mesmo tempo, a quantidade ou o nível da façanha que simboliza. À medida que a população aumenta em densidade, e conforme as relações humanas ficam mais complexas e numerosas, todos os detalhes da vida vão sendo submetidos a um processo de elaboração e seleção, como o uso de troféus que evolui para um sistema de patentes, títulos, graus e insígnias — exemplos típicos desse sistema são os artefatos heráldicos, medalhas e condecorações.

A partir da perspectiva econômica, o ócio, considerado como uma ocupação, é bastante parecido em forma com a vida de façanhas, e as conquistas que configuram uma vida de ócio, conservando seus critérios de decência, têm muito em comum com os troféus de façanhas. Contudo, o ócio no sentido estrito, como distinto da façanha e de qualquer produção ostensiva de objetos sem utilidade aparente, nem sempre gera um produto material. Os critérios de desempenho do ócio em tempos remotos passam a assumir a forma de bens "imateriais", cujas evidências são realizações semiacadêmicas ou semiartísticas, por meio de um conhecimento dos processos e ocorrências que não conduzem diretamente ao progresso da vida humana. Então, por exemplo, em nossa época, há o conhecimento de línguas mortas e de ciências ocultas; da escrita perfeita; da sintaxe e da prosódia; dos variados estilos de música nacional e de outras artes dedicadas ao lar; dos modelos mais modernos de roupas, móveis e transportes; de jogos, esportes e animais de estimação requintados, como cães e cavalos de corrida. Em todos esses ramos do saber, a razão que primeiro motivou a aprendizagem, e através da qual eles primeiro vieram à tona, parece ter sido muito diferente do desejo de exibir que o tempo de alguém não fora gasto com ocupações industriais. Não obstante, a não ser que essas conquistas tivessem sido reconhecidas como evidência operacional de um gasto improdutivo de tempo, elas não teriam sobrevivido e mantido seu posto como conquistas convencionais da classe ociosa.

De certa maneira, essas conquistas podem ser classificadas como ramos do aprendizado, que, para além desses, passa a existir uma gama de fatores sociais que consolida o território dos aprendizados com os hábitos físicos e com a destreza, chamados genericamente de boas maneiras, boa criação, polidez, decoro e observâncias formais e cerimoniais. Essa classe de fatores é mais imediata e notavelmente manifestada ao observador, sendo, por isso, demandadas de maneira mais ampla e imperativa como evidências obrigatórias de um grau considerável de ócio. Vale salientar que toda aquela classe de observâncias cerimoniais identificadas como boas maneiras ocupa um lugar de maior destaque na estima dos homens durante a fase cultural quando o ócio conspícuo teve seu ápice como marca de boa reputação em relação a fases posteriores do desenvolvimento cultural. O bárbaro da fase industrial semipacífica é conhecido por ser um cavalheiro de alta estirpe, relativo ao decoro, só comparado aos homens muito requintados de mais idade. De fato, sabe-se muito bem, ou pelo menos é atualmente teorizado, que os bons modos se deterioraram à medida que a sociedade se afastou da fase patriarcal. Muitos cavalheiros da velha guarda foram incentivados a lamentavelmente reparar nas maneiras e no comportamento de pessoas mal-educadas, mesmo aquelas de classes melhores nas comunidades industriais modernas. Além disso, a decadência do código cerimonial — ou como também é chamado, a vulgarização da vida — entre as classes industriais propriamente ditas tornou-se uma das maiores atrocidades da civilização moderna aos olhos de todas as pessoas de sensibilidade aguçada. A decadência que o código sofreu nas mãos de indivíduos muito ocupados — deixadas de lado as depreciações — comprova o fato de que o decoro é um produto e um expoente do estilo de vida da classe ociosa, somente prosperando sob um sistema de níveis sociais.

A origem, ou melhor, a derivação da etiqueta, sem dúvida, deve ser investigada fora do contexto de um esforço consciente por parte dos bem-educados em mostrar que demoraram bastante para aprender suas regras. A finalidade de sua inovação e elaboração foi a grande eficácia da nova diretriz em questão de beleza ou de expressividade. Em boa parte, o código de etiqueta da nobreza deve seu início e seu florescimento ao desejo de conciliar ou manifestar boa vontade, como antropólogos e sociólogos têm o costume de apontar; porém, esse motivo inicial, quando inexiste por completo, raramente está presente na conduta de pessoas com boas maneiras em qualquer fase do desenvolvimento posterior. Dizem-nos que as boas maneiras são, em parte, uma elaboração de gestos parcialmente remanescentes simbólicos e convencionados que representavam antigos atos de dominância, de serviço pessoal ou de contato pessoal. Em grande parte, são expressões da relação de status — de um lado, uma pantomima simbólica de domínio e, de outro, de subserviência. Na atualidade, onde quer que o hábito de pensamento predatório e as consequentes posturas de domínio e subserviência se manifestem no estilo de vida amplamente aceito, todos os mínimos detalhes de conduta serão de extrema importância, assim como o rigor devido à observância de formalidades de cargos e títulos durante as abordagens, muito próximo do ideal estabelecido pelos bárbaros da cultura nômade semipacífica. Alguns dos países europeus oferecem bons exemplos desse remanescente espiritual. Nessas comunidades, o ideal arcaico é abordado de maneira semelhante no que diz respeito à consideração dedicada aos bons modos como fato de nobreza intrínseca.

O decoro começou como sendo símbolo e pantomima, tendo a utilidade de ser apenas expoente dos fatos e de qualidade simbolizados, mas atualmente sofreu a transmutação que costuma afetar fatos simbólicos no intercâmbio humano. As boas maneiras logo passaram, na linguagem popular, a estar imbuídas de uma utilidade substancial em si mesmas, adquirindo um caráter sacramental independente em grande medida, dos fatos que originalmente as prefiguravam. Desviar-se do código de decoro transformou-se em algo intrinsecamente odioso para todos os homens, e a boa educação, de acordo com a interpretação do povo, deixa de ser apenas uma marca acidental de excelência humana para se tornar um aspecto essencial da nobre alma humana. Há poucas situações no mundo que despertam em nós tanta repulsa quanto uma quebra de decoro; e fomos tão longe na direção de imputar utilidade intrínseca às normas de etiqueta que poucos de nós, se é que há alguns, conseguem dissociar um desrespeito à etiqueta de um senso de completa desonra por parte do transgressor. Uma quebra de confiança pode ser tolerada, mas jamais uma quebra de decoro. "O homem é produto dos seus bons modos."

Não obstante, embora as boas maneiras tenham essa utilidade intrínseca tanto para quem as coloca em prática quanto para quem as contempla, esse senso da retidão do decoro é apenas o motivo imediato da tendência de boas maneiras e de boa educação. Seu fundamento econômico posterior deve ser investigado no âmbito do caráter honorífico da dedicação ociosa ou improdutiva de tempo e esforço, sem o qual as boas maneiras não são adquiridas. O conhecimento e o hábito da boa educação só podem ser conquistados por meio do uso contínuo. Gostos, gestos e hábitos refinados são provas úteis de fidalguia, porque se exige do bem-nascido tempo, dedicação e custos; por isso, ele não pode estar rodeado por pessoas que despendam tempo e energia com trabalho. Conhecer a boa educação é uma evidência *prima facie* de que aquela parte da vida do bem-nascido, que esteve longe dos olhos do espectador, foi transcorrida com nobreza, com a realização de façanhas sem nenhuma eficácia lucrativa. Em última análise, o valor das boas maneiras reside no fato de que elas representam o ingresso para uma vida ociosa. Em contrapartida, já que o ócio é o meio convencional para se obter boa reputação pecuniária, atingir certo domínio de decoro cabe a todos aqueles que aspiram a um módico conforto pecuniário.

Muito da honrável vida ociosa, por não transcorrer às vistas dos espectadores, só pode ter grande valor para a reputação caso deixe um resultado tangível, visível, que possa ser ostentado, quantificado e comparado com produtos da mesma classe exibidos por aspirantes que competem pela reputação. Parte dessa eficácia, na forma de bons modos e de posturas dignas de uma vida ociosa, decorre da simples e constante abstenção do trabalho, mesmo em situações nas quais o sujeito não reflita sobre o assunto e adquira diligentemente um ar de opulência e dominância dos ociosos. Acima de tudo, parece ser válido que uma vida ociosa, assim mantida por inúmeras gerações, deixará um efeito constante determinável na conformação da pessoa e, mais ainda, em sua postura e em seu comportamento habituais. No entanto, todas as sugestões de uma vida ociosa cumulativa, e todo o conhecimento de decoro que é bastante natural em razão do hábito passivo, podem ser ainda mais aprimoradas a partir da reflexão sobre elas e da aquisição rigorosa das marcas do ócio honroso, a fim de então proceder à exibição dessas marcas acidentais de dispensa do trabalho, seguindo uma disciplina intensa e sistemática. Obviamente, essa é uma situação em que um emprego zeloso de esforço e de investimentos pode postergar materialmente a obtenção de um conhecimento razoável das propriedades da classe ociosa. Por outro lado, quanto maior o grau de conhecimento e quanto mais evidente for o costume com as práticas que não proporcionam lucro ou utilidade imediata, maior será o consumo de tempo e material implicitamente envolvidos em sua aquisição, e maior a boa reputação resultante. Desse modo, diante da luta competitiva pela proficiência em boas maneiras, muito sofrimento é suportado com o cultivo de hábitos de decoro; e assim os detalhes do decoro evoluem para uma disciplina abrangente, exigindo-se conformidade com ela por parte de todos que forem considerados irrepreensíveis em relação à reputação. Por isso, em contrapartida, esse lazer conspícuo, do qual o decoro é uma ramificação, transforma-se num treinamento laborioso de compostura e numa formação em refinamento e em discriminação de quais artigos de consumo são decentes e quais são os métodos dignos para consumi-los.

Nesse contexto, vale ressaltar que a possibilidade de produzir idiossincrasias, até mesmo patológicas, de pessoas e de bons modos por meio de sagazes mimetismos e de um treinamento sistemático serviu para contribuir para a produção deliberada de uma classe culta — frequentemente com um resultado bastante positivo. Dessa maneira, pelo processo vulgarmente chamado de esnobismo, uma evolução de berço de ouro e boa educação é atingida no que se refere a um bom número de famílias e linhagens genealógicas. Esse berço nobre traz resultados que, no que diz respeito à serventia como um fator da classe ociosa na população, de maneira alguma são significativamente inferiores a outros que podem ter passado por um treinamento mais longo, porém menos árduo, nas propriedades pecuniárias.

Além do mais, existem graus mensuráveis de conformidade com o mais atual código aceito de minúcias no que concerne a meios e métodos de consumo decentes. Diferenças entre uma pessoa e outra no grau de conformidade com o ideal podem ser comparadas, e pessoas podem ser avaliadas e classificadas com certa precisão e eficácia de acordo com uma escala progressiva de bons modos e de educação. A atribuição de boa reputação nesse sentido costuma ser feita em boa-fé, com base na consonância com reconhecidos cânones, de preferência voltados para os assuntos abordados, sem levar em conta (pelo menos conscientemente) o padrão pecuniário ou o grau de ócio praticado por qualquer candidato à boa reputação. Entretanto, os cânones do refinamento de acordo com os quais a atribuição é feita estão constantemente sob a guarda da lei do ócio conspícuo, sempre passando por mudanças e revisões para harmonizá-los cada vez mais com seus requisitos. Tanto que, embora o motivo imediato da discriminação possa ser de outra espécie, o princípio essencial e o teste constante da boa educação continuam sendo os requisitos de uma visível e importante perda de tempo. Pode até haver uma considerável variedade, com bastante detalhamento, dentro do escopo desse princípio, mas são variações de forma e de expressão, não de essência.

Grande parte da cortesia das relações cotidianas é obviamente uma expressão direta de consideração e de boa vontade, sendo que esse elemento de conduta, na maioria das vezes, não tem a menor necessidade de remontar a nenhum fundamento subjacente de reputação para justificar sua presença ou a sua aprovação que lhe diz respeito; porém, o mesmo não se aplica em relação ao código de etiqueta, que representa expressões de status. Decerto está razoavelmente claro, para quem quiser ver, que nossa postura em relação a serviçais e àqueles que são financeiramente dependentes é a postura do membro superior numa relação de status, apesar de manifestar-se frequentemente de maneira bastante diferente e suavizada da expressão original de dominação primitiva. De modo semelhante, nossa postura em relação aos superiores e em grande medida em relação aos nossos iguais, expressa uma atitude mais ou menos convencional de subserviência. Perceba a presença autoritária dos nobres cavalheiros ou damas, que coloca em evidência muito da dominação e da independência de circunstâncias econômicas, ao mesmo tempo que apela de forma convincente ao nosso senso do que é certo e bom. É no âmbito dessa classe ociosa mais elevada, sem superiores e com poucos semelhantes, que o decoro encontra sua expressão mais plena e mais madura; sendo que é também essa mais alta classe quem nos dá a melhor definição de decoro, servindo como padrão de conduta para as classes seguintes. Aqui, do mesmo modo, o código é sobretudo um código de status, apresentando de maneira clara sua incompatibilidade com todo trabalho vulgarmente produtivo. Uma certeza divina e uma complacência imperiosa, como aquelas de alguém acostumado a exigir subserviência e a não pensar no amanhã, fazem parte da herança e dos critérios do cavalheiro mais evoluído. Na compreensão popular, vai bem além disso, pois esse comportamento é aceito como um atributo intrínseco de superioridade, diante do qual o plebeu humilde se deleita em curvar-se e submeter-se.

Como foi indicado no capítulo anterior, há razão para acreditar que a instituição da propriedade privada começou com a propriedade de pessoas, especialmente mulheres. Pelo o que parece, os incentivos para adquirir tal propriedade foram: (1) uma tendência à dominação e à coerção; (2) a utilidade dessas pessoas como evidência da proeza de seus donos e (3) a utilidade de seus serviços.

 O serviço pessoal ocupa um lugar especial no desenvolvimento econômico. Durante a fase industrial semipacífica, principalmente no início do desenvolvimento industrial dentro dos limites dessa fase geral, a utilidade de seus serviços parece ter sido o motivo dominante para a aquisição da propriedade de seres humanos. Por exemplo, servos eram valorizados por seus serviços, mas a predominância desse motivo não era devido a um declínio na importância absoluta das outras duas utilidades inerentes aos servos, porque as novas circunstâncias da vida acentuavam a utilidade dos servos em função do terceiro e último aspecto. Mulheres e outros escravos eram bastante valorizados como evidência de riqueza e como meio de acumular riqueza. Associados ao gado, se for uma tribo pecuarista, essas são as formas comuns de investimento para obter lucro. Já a escravidão feminina se manifesta na vida econômica da cultura semipacífica a tal ponto que a mulher começa a servir como unidade de valor entre os povos dessa fase cultural — como, por exemplo, nos tempos de Homero. Nesse caso, praticamente não há dúvida de que a base do sistema industrial era a posse de escravos, e as mulheres geralmente eram escravas. Nesse tipo de sistema, a maior e mais comum relação humana é a do servo e a do seu senhor. Assim, a evidência de riqueza reconhecida é a posse de muitas mulheres, e junto a elas outros escravos dedicados a servir e a produzir bens ao seu senhor.

A essa altura, estabelece-se uma divisão do trabalho em que o serviço e a dedicação pessoal a um mestre se tornam a função especial de uma parcela dos serviçais, que se tornam completamente envolvidos em ofícios industriais propriamente ditos, cada vez mais afastados de toda relação imediata com a pessoa de seu proprietário. Ao mesmo tempo, esses serviçais cuja função é o serviço pessoal, inclusive tarefas domésticas, começam a gradualmente se eximir da indústria produtiva exercida em prol de ganhos.

Esse processo de dispensa progressiva da realização de ofícios industriais começou, em geral, com a liberação da esposa ou da esposa principal. Depois que a comunidade progrediu para hábitos de vida estabelecidos, a prática de capturar esposas de tribos hostis tornou-se impossível como fonte tradicional de abastecimento. Onde esse progresso cultural foi alcançado, a esposa principal costumava ter sangue nobre tendendo a acelerar sua dispensa dos afazeres vulgares. O refinamento, em que se origina o conceito de sangue nobre, assim como o valor que possui na evolução do casamento, não é possível ser discutido no presente estudo. Para o propósito almejado, basta dizer que sangue nobre é aquele que foi enobrecido em virtude do contato prolongado com a riqueza acumulada ou com prerrogativas intactas. A mulher com esses antecedentes é a preferida para um casamento, tanto em virtude de uma consequente aliança com seus parentes poderosos quanto porque se considera haver uma superioridade inerente ao sangue que teve contato com tantos bens e com grande poder. Entretanto, ela ainda será propriedade de seu marido, como era de seu pai antes de ser adquirida, mas, ao mesmo tempo, ela carrega o sangue nobre de seu pai. Por isso, há uma incongruência moral no fato de ela se ater às ocupações degradantes de seus servos. Embora ela possa ser completamente submetida a seu mestre e seja inferior aos membros masculinos do estrato social em que nasceu, o princípio de que a nobreza é transmissível será evocado para colocá-la acima do escravo comum. Quando esse princípio adquire uma autoridade vinculativa, passa a ser usado, em certa medida, junto com aquela prerrogativa do ócio, principal marca da nobiliarquia. Impulsionada por esse princípio da nobiliarquia transmissível, a dispensa da mulher amplia seu alcance caso a fortuna de seu proprietário permita, incluindo a desobrigação de serviços banais degradantes e de trabalhos manuais. Conforme a indústria se desenvolve e a propriedade passa a concentrar-se em poucas mãos, sobe o padrão convencional de riqueza da classe alta. A mesma tendência à dispensa do trabalho manual e, no decorrer do tempo, das funções domésticas inferiores começa a ser reivindicada pelas outras esposas, se houver, e também pelos outros servos que se dedicam com mais proximidade ao mestre. A liberação demora mais para acontecer quanto mais remota for a relação de servidão com o senhorio.

Se a situação pecuniária do mestre permitir, o desenvolvimento de uma classe especial de criados pessoais ou exclusivos também é impulsionado pela enorme importância atribuída a esse serviço pessoal. A figura do mestre, sendo ele a personificação da honra e da nobreza, é imbuída da maior relevância imaginável. Tanto por sua reputação perante a comunidade quanto por sua dignidade, é de extrema importância que ele tenha a qualquer hora eficientes servos especializados, cuja dedicação a sua principal função não seja desviada por nenhuma outra tarefa secundária. Esses servos especializados são mais úteis para serem exibidos do que pelos serviços que eles de fato realizam. Mas, como eles não são mantidos apenas para exibição, proporcionam satisfação a seu mestre, sobretudo por darem margem a sua tendência de dominância. O fato é que tomar conta de um aparato doméstico em contínua expansão pode demandar mais trabalho; porém, como o aparato é normalmente expandido a fim de servir como instrumento de boa reputação em vez de um instrumento de conforto, essa qualificação não tem muito peso. Todas essas utilidades são mais bem servidas se houver um maior número de servos mais altamente capacitados. Por conseguinte, ocorre uma contínua expansão da distinção e da multiplicação de criados pessoais e exclusivos, junto com uma dispensa progressiva do trabalho produtivo de tais criados. Em virtude de seus serviços como evidência de capacidade contributiva, a ocupação desses funcionários domésticos tende a ter cada vez menos deveres, e o serviço deles tende a se tornar, por fim, meramente nominal, sendo mais comum acontecer com aqueles criados que são dedicados de maneira mais próxima e evidente a seus senhores. Tanto que a utilidade deles passa a consistir, em grande parte, na sua dispensa conspícua do trabalho produtivo e na ostentação que essa liberação simboliza em relação à riqueza e ao poder de seu mestre.

    Depois de muito avanço no emprego de um conjunto especial de criados para desempenhar o ócio conspícuo, os homens começam a ser preferidos no lugar das mulheres para serviços que os exibam ostensivamente. Homens, sobretudo aqueles fortes e bem-apessoados como devem ser os lacaios e outros serviçais, são obviamente mais robustos e mais caros do que as mulheres. Além disso, eles se adaptam melhor a esse trabalho, já que demonstram uma maior perda de tempo e de energia humana. Assim, na economia da classe ociosa, a ocupada dona de casa da antiga época patriarcal, acompanhada por sua comitiva de esforçadas criadas, passa a dar lugar à dama e aos bajuladores.

    Em todos os níveis e esferas da vida, em qualquer fase do desenvolvimento econômico, o ócio da dama e dos bajuladores difere do ócio do cavalheiro, dono do próprio nariz, por ser uma ocupação que exige um trabalho ostensivo. Em grande parte, o primeiro assume a forma de uma atenção minuciosa ao serviço do mestre ou à manutenção e ao aprimoramento da parafernália do lar; tanto que só é considerado ócio no sentido de que pouco ou nenhum trabalho é executado por essa classe, não no sentido de evitar algo que se assemelhe com o trabalho. Os deveres desempenhados pela dama ou pelos criados do lar e servos domésticos são geralmente bastante árduos e costumam estar voltados às finalidades que são consideradas extremamente necessárias para o conforto do lar inteiro. À medida que esses serviços levam à eficiência física ou ao bem-estar do mestre ou do restante do lar, eles devem ser considerados como trabalho produtivo. Apenas o resíduo do ofício, após a dedução desse trabalho efetivo, deve ser classificado como desempenho de ócio.

Contudo, boa parte dos serviços considerados como afazeres domésticos no cotidiano moderno, além de muitas das "utilidades" exigidas para uma existência confortável por parte do homem civilizado, possui caráter cerimonial. Por isso, o ideal seria que essas atividades fossem classificadas como desempenho do ócio, no sentido do termo aqui utilizado. Não obstante, talvez elas sejam necessariamente indispensáveis do ponto de vista da existência decente; talvez sejam até um requisito para o bem-estar pessoal, embora possam ser fundamentalmente ou completamente de caráter cerimonial. No entanto, uma vez que compartilham desse caráter, elas se tornam indispensáveis e requisitadas, porque fomos ensinados a demandá-las, sob pena de sermos considerados impuros ou desonrados. Sentimo-nos desconfortáveis diante da ausência delas, mas não diretamente devido ao desconforto físico. Alguém que não tivesse um bom gosto bastante treinado para discernir entre o convencionalmente bom e o convencionalmente mau também não se sentiria ofendido pela sua omissão. Uma vez que esse seja o caso, o trabalho dedicado a essas tarefas deveria ser classificado como ócio. E quando desempenhado por outros que não pertencessem ao *establishment* dos economicamente livres e mentalmente independentes, deveria ser classificado como ócio vicário.

O ócio vicário desempenhado por donas de casa e serviçais, no âmbito dos afazeres domésticos, pode muitas vezes acabar se tornando uma tarefa enfadonha, ainda mais quando a competição por respeitabilidade é acirrada e extenuante. Com frequência isso acontece na vida moderna, e quando ocorre, o serviço doméstico, que compreende as tarefas dessa classe servil, pode muito bem ser chamado de energia desperdiçada em vez de ócio vicário. Mas a segunda designação tem a vantagem de apontar a linha derivativa dessas tarefas domésticas, além de indicar perfeitamente o fundamento econômico essencial de sua utilidade, pois esses ofícios são especialmente úteis como método de atribuir reputação pecuniária ao mestre ou à família devido à quantidade de tempo e de dedicação gasta de maneira conspícua para aquele fim.

Então, dessa forma, nasce uma classe ociosa subsidiária ou derivada, cuja função é o desempenho de um ócio vicário em prol da reputação da classe ociosa primária ou legítima. Essa classe ociosa vicária é diferente da classe ociosa propriamente dita em virtude de um aspecto que caracteriza seu estilo de vida habitual. O ócio da classe superior é, pelo menos aparentemente, uma indulgência que tende à rejeição ao trabalho e que presume aumentar o bem-estar e a abundância do próprio mestre; porém, o ócio da classe servil isenta do trabalho produtivo e, de certo modo, de um desempenho exigido, não sendo comum ou primordialmente voltado para seu próprio conforto. O ócio do criado não é um ócio dele mesmo. Tal como ele é um servo no sentido amplo, e não um membro concomitante de uma ordem mais baixa da classe ociosa propriamente dita, seu ócio em geral se disfarça de serviço especializado com a intenção de expandir a abundância de seu mestre. A evidência dessa relação de subserviência está bastante presente na postura e nos hábitos do criado. O mesmo quase sempre acontecia com a esposa no decorrer da longa fase econômica, quando ela ainda era fundamentalmente uma criada — isto é, contanto que ainda vigorasse a família patriarcal, o homem como seu chefe. A fim de preencher os requisitos do estilo de vida da classe ociosa, o servo deve aparentar não só uma atitude de subserviência como também os resultados do treinamento especial e da prática em subserviência. Assim, o criado ou a esposa deve não apenas realizar certas funções e exibir uma postura servil, mas, importantíssimo destacar, que eles demonstrem uma naturalidade adquirida no exercício do servilismo — uma conformação adestrada aos cânones da efetiva e conspícua subserviência. Até hoje, esse é conjunto de aptidão e de habilidades adquirido com a manifestação formal da relação servil que constitui o elemento principal da utilidade de nossos empregados altamente remunerados, assim como uma das principais qualidades da dona de casa refinada.

O primeiro requisito de um bom serviçal é que ele deve sempre saber o seu lugar. Não basta que saiba realizar certos comandos mecânicos para chegar a um resultado — ele deve, acima de tudo, saber como obter esses resultados da forma devida. O serviço doméstico, *grosso modo*, é mais uma função espiritual do que mecânica. Aos poucos, desenvolve-se um elaborado sistema de boa educação, regulando especificamente a maneira com que esse ócio vicário da classe servil deverá ser desempenhado. Qualquer desvio desses cânones de conduta deve ser desaprovado, não tanto por evidenciar uma deficiência na eficácia mecânica, nem mesmo por aparentar uma ausência da atitude e do temperamento servis, mas porque, em última análise, isso mostra a ausência de treinamento especial, que para o serviço pessoal demanda tempo e dedicação. Onde o treinamento ocorreu de maneira óbvia e em alto nível, considera-se que o servo assim qualificado não está e nunca esteve acostumado a qualquer ocupação produtiva. Essa é uma evidência *prima facie* de um ócio vicário originado num passado muito remoto. Portanto, o serviço qualificado possui sua utilidade, não só por satisfazer a preferência instintiva do mestre por um trabalho bom e bem feito, e sua tendência ao domínio ostensivo sobre aqueles cujas vidas são submetidas a ele, mas também tem a utilidade de ostentar um consumo muito mais extenso de serviço humano do que aparentaria com um simples ócio conspícuo desempenhado por uma pessoa desqualificada. Causaria um grave descontentamento se o mordomo de um cavalheiro desempenhasse mal suas tarefas ao redor da mesa ou caso seu assistente tivesse uma postura incompatível com o estilo do mestre a ponto de sugerir que sua ocupação anterior fosse a de um roceiro ou pastor de ovelhas. Um deslize desses daria a entender que o mestre era inapto a dispor de um serviço com criados especialmente qualificados; em outras palavras, isso implicaria incapacidade para pagar pelo consumo de tempo, de dedicação e de instrução necessários para preparar um criado qualificado para o serviço especial sob um código exigente de boas maneiras. Se o desempenho do criado fornece indícios de falta de recursos por parte do mestre, arruína sua finalidade principal, pois o maior motivo para a utilização de criados é ostentar a capacidade financeira do mestre.

Assim, pode ficar implícito que o pecado de um criado pouco qualificado está na relação direta de seu baixo custo ou de sua utilidade. É claro que esse não é o caso, pois a conexão é muito menos imediata, mas o que vemos aqui é o que costuma acontecer. Qualquer fato que nos pareça aprazível desde o princípio, seja por qualquer motivo, logo passa a ser atraente a nossos olhos como gratificante por si só, criando raízes em nossa mente como uma situação essencialmente correta. Todavia, para que qualquer código específico de conduta continue sendo favorável, ele deve continuar sendo amparado pelo hábito ou pela aptidão, que constitui a norma de sua elaboração ou pelo menos sem ser incompatível com ele. A necessidade do ócio vicário ou do consumo conspícuo de serviços é um estímulo predominante para a manutenção de criados. Contanto que continue dessa maneira, pode-se afirmar, sem muita controvérsia, que qualquer desvio da prática aceita, como indicaria um treinamento resumido para o serviço, seria visto como inadmissível. A exigência de um caro ócio vicário age indiretamente e seletivamente, orientando a formação do nosso gosto — do nosso senso do que é certo nesses temas —, e, assim, extirpando desvios incômodos ao negar que sejam admitidos.

À medida que se expande o padrão de riqueza reconhecido pelo senso comum, a posse e a exploração dos criados como meio de demonstrar superfluidade passa por um refinamento. A posse e a manutenção de escravos empregados na produção de bens dão indícios de riqueza e proeza, mas a manutenção de criados que não produzem nada indica ainda mais riqueza e status. Diante desse princípio, nasce uma classe de servos — quanto mais numerosos melhor — cujo único propósito é ficar à disposição de seu proprietário e, dessa forma, ostentar sua capacidade improdutiva de consumir uma grande quantidade de serviços. Então, sobrevém uma divisão laboral entre os criados ou dependentes, que passam a vida mantendo a honra do cavalheiro ocioso. De tal modo que, enquanto um grupo produz bens para si, outro grupo, normalmente comandado pela esposa ou pela esposa principal, consome para si em ócio conspícuo, evidenciando, desse modo, sua capacidade de suportar grandes danos pecuniários sem comprometer sua superior opulência.

Esse esboço ligeiramente idealizado e diagramado do desenvolvimento e da natureza do serviço doméstico aproxima-se muito de como era realmente aquela fase cultural, chamada aqui de fase industrial "semipacífica". Nessa fase, o serviço pessoal emerge pela primeira vez ao posto de uma instituição econômica, ocupando o lugar mais importante na vida da comunidade. Na sequência cultural, a fase semipacífica vem depois da fase predatória propriamente dita, ambas fases sucessivas da vida bárbara. Seu aspecto característico é uma observância formal da paz e da ordem, ao mesmo tempo que a vida, nesse estágio, ainda tem muita opressão e antagonismo classista para ser chamada de pacífica no sentido pleno da palavra. Para muitas finalidades, por outro ponto de vista diferente do econômico, pode-se muito bem chamá-la de fase do status. O método de relações humanas durante essa fase (e a atitude espiritual dos homens nesse nível cultural) é bem resumido naquele termo. Porém, como termo descritivo para caracterizar os métodos prevalecentes da indústria, assim como para indicar a tendência do desenvolvimento industrial nesse momento da evolução econômica, o termo "semipacífico" parece mais apropriado. No que diz respeito às comunidades da cultura ocidental, essa fase do desenvolvimento econômico provavelmente tem suas origens no passado, exceto por uma numericamente pequena, embora bastante ostensiva, fração da comunidade em que o hábito de pensamento peculiar da cultura bárbara enfrentou uma desintegração, ainda que ínfima.

O serviço pessoal ainda é um elemento de grande relevância econômica, sobretudo em relação à distribuição e ao consumo de bens, mas sua importância relativa, inclusive nessa direção é, sem dúvida, menor do que era antes. O maior progresso desse ócio conspícuo encontra-se no passado e não no presente, mas sua melhor expressão no presente pode ser encontrada na filosofia de vida da mais alta classe ociosa. A cultura moderna deve muito a essa classe por conta da conservação das tradições, dos costumes e dos hábitos de pensamento que pertencem a um plano cultural mais arcaico, no que se refere a sua mais ampla aceitação e a seu desenvolvimento mais efetivo.

Nas comunidades industriais modernas, as estratégias mecânicas disponíveis para o conforto e para a conveniência do dia a dia são altamente desenvolvidas. Tanto que funcionários pessoais ou empregados domésticos de todo tipo são agora raramente empregados pelas pessoas, exceto quando se baseiam num cânone de reputação mantido por causa de tradições ancestrais. A única exceção seria a de criados utilizados para cuidar de pessoas enfermas ou com deficiências mentais. Mas esses empregados, na verdade, pertencem ao grupo dos enfermeiros treinados, não ao dos empregados domésticos, e eles são, por conseguinte, uma exceção à regra mais aparente do que real.

A possível razão para manter os empregados domésticos, por exemplo, nos lares atuais moderadamente abastados é (ostensivamente) pela incapacidade dos membros da família de lidar com as tarefas demandadas sem que se sintam desconfortáveis. E os motivos para que eles sejam incapazes de realizar tais tarefas são: (1) eles possuem muitos "deveres sociais" e (2) as tarefas a serem cumpridas são muito difíceis e em grande quantidade. Ambos os motivos podem ser reformulados da seguinte maneira: (1) em virtude de um código de decência obrigatório, o tempo e a dedicação dos membros de um lar como esse são necessárias e ostensivamente gastos com o desempenho do ócio conspícuo, por meio de encontros, passeios, clubes, círculos de costura, esportes, organizações de caridade e outras funções sociais. Aqueles cujos tempo e dedicação são empenhados dessa forma confessam em privado que todos esses compromissos, assim como a eventual atenção devida ao vestuário e a outros consumos conspícuos, são muito irritantes, mas inevitáveis. (2) Em virtude da exigência de consumo conspícuo de bens, os aparatos relacionados ao estilo de vida se tornaram tão elaborados e complexos, sob a forma de moradias, móveis, quinquilharias, indumentárias e refeições, que os consumidores desses artigos não conseguem fazê-lo da maneira adequada sem alguém para ajudá-los. O contato pessoal com os indivíduos contratados, cujo auxílio é requerido para preencher a rotina da decência, é normalmente desagradável para os ocupantes da casa, mas a presença deles é tolerada e remunerada, para assim poder compartilhar esse oneroso consumo de bens para o lar. A presença de empregados domésticos e da classe especial de empregados pessoais de alto nível é uma concessão do bem-estar físico à necessidade moral de decência pecuniária.

A maior manifestação de ócio vicário na vida moderna é constituída por aquilo que chamamos de deveres domésticos. Esses deveres estão rapidamente se tornando uma espécie própria de serviços, não tanto pelo bem individual do chefe de família, mas pela reputação da família, vista como uma unidade corporativa — um grupo no qual a dona de casa é ostensivamente um membro em pé de igualdade. Logo, quando tais deveres são realizados, o lar se desvia de sua base arcaica de casamento-propriedade, e esses deveres do lar, é claro, tendem a desvincular-se da categoria de ócio vicário no sentido original; a não ser que eles sejam realizados por empregados contratados. Em outras palavras, como o ócio vicário só é possível com base no status ou por conta de serviços contratados, o desaparecimento da relação de status em razão de algumas interações humanas traz consigo a eliminação do ócio vicário na vida da maioria das pessoas. Porém, há de se notar que, qualificando essa aptidão, contanto que o lar subsista, embora sem um chefe determinado, essa classe de trabalho não produtivo realizada pelo bem da reputação da família ainda deve ser classificada como ócio vicário, mesmo que com o sentido levemente alterado. A partir daí, o ócio passa a ser desempenhado em prol do lar corporativo semipessoal diferentemente como antes, quando era em benefício do chefe proprietário do lar.

CAPÍTULO 4

CONSUMO CONSPÍCUO

Dentro daquilo que foi dito sobre a evolução da classe ociosa vicária e sua distinção do conjunto geral de classes trabalhadoras, fizemos menção a uma divisão laboral posterior — entre as diferentes classes servis. Uma porção delas, sobretudo daquelas pessoas cuja ocupação é o ócio vicário, passa a desempenhar uma série nova e subsidiária de deveres — o consumo vicário de bens. A forma mais evidente desse consumo é vista no uso de librés e na ocupação de espaçosos aposentos pelos serviçais. Outra forma um pouco menos aparente ou menos eficiente de consumo vicário, mas bastante predominante, é o consumo de alimentos, roupas, moradias e móveis feito pela madame e pelo restante dos ocupantes do estabelecimento doméstico.

Mas já num ponto da evolução econômica muito anterior à emergência da madame, o consumo especializado de bens como evidência da pujança pecuniária começou a funcionar em um sistema mais ou menos elaborado. O início da diferenciação no consumo precede até mesmo o aparecimento de coisas que, de fato, podem ser chamadas de pujança pecuniária. É possível fazermos menção à fase inicial da cultura predatória, e há até indícios de que uma incipiente diferenciação nesse sentido esteja por trás dos primórdios da vida predatória. Essa distinção primitiva do consumo de bens é como a diferenciação posterior com a qual estamos tão intimamente familiarizados, no sentido de que ela é muito mais de caráter cerimonial. Porém, ao contrário da mais recente, a primeira não depende de uma diferença em termos de riqueza acumulada. A utilidade do consumo como evidência de riqueza deve ser classificada como um crescimento derivado. Trata-se de uma adaptação a uma nova finalidade, por meio de um processo seletivo, de uma distinção previamente existente e bem estabelecida no hábito de pensamento dos homens.

Nas primeiras fases da cultura predatória, a única diferenciação econômica era uma ampla distinção entre, de um lado, uma classe superior honrável composta por homens saudáveis e, de outro lado, uma classe inferior servil de mulheres trabalhadoras. De acordo com o projeto de vida ideal vigente daquela época, era função dos homens consumir o que as mulheres produziam. O dito consumo que compete às mulheres é meramente incidental ao trabalho delas, sendo um meio para seu trabalho contínuo, não um consumo voltado para o próprio conforto e plenitude da vida. O consumo improdutivo de bens é honroso, em primeiro lugar, como marca de proeza e de privilégio da dignidade humana; em segundo lugar, ele se torna significativamente honroso em si mesmo, sobretudo pelo consumo dos elementos mais desejáveis. O consumo preferencial de alimentos e, quase sempre também, de artigos raros de decoração se torna um tabu para as mulheres e crianças; e se houver uma classe inferior (servil) de homens, o tabu também se aplica a ela. Avançando um pouco mais no período cultural, esse interdito pode se transformar em costume de caráter mais ou menos rigoroso, mas sem importar a base teórica perpetuada da distinção, seja ela um tabu, seja ela uma ampla convenção, os aspectos do estilo de consumo convencional não mudam facilmente. Quando se chega à fase industrial semipacífica — junto com sua instituição fundamental: a escravidão —, o princípio geral, aplicado sem tanto rigor, é que a classe inferior e trabalhadora deveria consumir apenas o que fosse necessário para sua subsistência. Assim, não é de admirar que os luxos e os confortos da vida pertençam à classe ociosa. De acordo com o tabu, certos itens da gastronomia, sobretudo algumas bebidas, são estritamente reservados para o consumo da classe superior.

A diferenciação cerimonial da parte nutricional é mais bem vista no uso de bebidas e narcóticos embriagantes. Se esses artigos de consumo forem caros, são considerados nobres e honoríficos. Por conseguinte, as classes inferiores, em especial as mulheres, ficam privadas obrigatoriamente desses estimulantes, exceto nos países onde sejam obtidos a um custo muito baixo. Desde tempos imemoriais e ao longo de todo o sistema patriarcal, tem sido função das mulheres preparar e administrar esses luxos, e consumi-los é privilégio dos homens bem-nascidos e de boa educação. Em razão disso, o alcoolismo e outras consequências patológicas do uso liberado de estimulantes tendem, por sua vez, a tornar-se honoríficos, como se fosse um sinal, ainda que indireto, de status superior daqueles que são capazes de arcar com os custos dessa indulgência. Enfermidades provocadas pela clemência excessiva estão entre os atributos de masculinidade livremente reconhecidos por alguns povos. Há casos em que até o nome para essas doenças físicas entraram para o vocabulário popular como sinônimos para "nobre" ou "digno". Somente numa fase relativamente inicial da cultura, quando os sintomas dos vícios onerosos são convencionalmente aceitos como marcas de um status superior, é que eles tendem a transformar-se em virtudes e a impor respeito na comunidade, mas a reputação atribuída a certos vícios onerosos conserva tanto sua força que chega ao ponto de censurar sensivelmente a reprovação que recai sobre os homens da classe abastada ou nobre em razão de qualquer indulgência excessiva. A mesma distinção ínvida contribui ainda mais para a presente desaprovação de qualquer indulgência desse tipo por parte das mulheres, crianças e inferiores. Essa distinção ínvida tradicional não perdeu sua força nem mesmo entre os povos mais evoluídos da atualidade. Onde o exemplo determinado pela classe ociosa conserva sua força imperativa na regulação dos convencionalismos, observa-se que as mulheres ainda, em grande parte, cultivam a mesma abstinência tradicional em relação aos estimulantes.

Essa caracterização da grande abstinência do uso de estimulantes cultivada pelas mulheres das classes de boa reputação pode parecer um excessivo requinte lógico à custa do senso comum. No entanto, os fatos, que estão facilmente ao alcance de qualquer indivíduo interessado em conhecê-los, vão lá e afirmam que a maior abstinência das mulheres é parcialmente graças a um convencionalismo imperativo; e esse convencionalismo é geralmente mais forte onde a tradição patriarcal, na qual a mulher é uma escrava, conservou suas raízes com o maior vigor. De uma forma bastante limitada em alcance e em rigor, mas que não perdeu seu sentido até hoje, essa tradição diz que a mulher, por ser uma escrava, deveria consumir apenas o necessário para seu sustento — a não ser que seu consumo posterior contribuísse para o conforto ou para a reputação de seu mestre. O consumo de luxos, no sentido real da palavra, é voltado ao bem-estar do próprio consumidor e, por isso, um símbolo de poder do mestre. Caso outros consumam tais itens, isso só ocorrerá mediante muita relutância. Em comunidades onde o hábito de pensamento popular tiver sido profundamente calcado na tradição patriarcal sem dúvida encontraremos resquícios do tabu referente aos luxos, pelo menos no que se refere à desvalorização habitual de seu uso pelas classes dependentes e vassalas. O fato fica ainda mais evidente quando falamos de determinados luxos, cuja utilização pela classe inferior acaba invalidando todo o bem-estar e prazer de seus mestres ou, de outro modo, coloca em dúvida a legitimidade daqueles itens. De acordo com a percepção da vasta classe média conservadora do mundo ocidental, o uso dessas várias substâncias é submetido a pelo menos uma — senão às duas — dessas objeções; e um fato muito relevante para ser ignorado é que, precisamente nessas classes médias da cultura germânica, com um forte senso remanescente do decoro patriarcal, as mulheres são aquelas mais sujeitas a um tabu limitante sobre narcóticos e sobre bebidas alcóolicas. Com tantas limitações — cada vez mais conforme a tradição patriarcal se enfraquecia —, a regra geral é considerar correto e obrigatório que as mulheres consumam apenas em benefício de seus mestres. Então surge uma objeção, relacionada com o gasto com vestimentas e com parafernálias domésticas como uma clara exceção a essa regra, mas veremos a seguir que essa restrição é muito mais de caráter óbvio do que concreto.

Durante as primeiras fases do desenvolvimento econômico, o consumo de bens sem restrições, sobretudo o consumo dos itens de melhor qualidade — de preferência todo consumo que exceda o mínimo de subsistência —, costuma pertencer à classe ociosa. Essa limitação tende a desaparecer, ao menos formalmente, após a chegada da fase pacífica mais tardia, com a propriedade privada de bens e um sistema industrial baseado em empregos remunerados ou na economia doméstica de menor valor. Porém, no primeiro momento da fase semipacífica, quando muitas das tradições com as quais a instituição da classe ociosa afetou a vida econômica de épocas posteriores estavam adquirindo forma e coerência, esse início teve a força de uma lei consuetudinária. Ele serviu como norma que o consumo passou a seguir e quando fugisse do padrão era considerada uma aberração que, cedo ou tarde, deveria ser eliminada no curso da evolução.

Os cavalheiros semipacíficos adeptos do ócio, portanto, não só consomem produtos muito além do mínimo necessário para a subsistência e para a saúde física, mas seu consumo também adota uma especialização no que se refere à qualidade dos bens consumidos. Ele consome tudo o que há de melhor e em abundância: comidas, bebidas, entorpecentes, refúgios, serviços, ornamentos, vestuário, armas e equipamentos, diversões, amuletos e ídolos ou imagens de divindades. No processo de aprimoramento gradual dos artigos para consumo, o princípio motivador da constante busca pela inovação é, sem dúvida, a maior eficiência dos produtos aprimorados e melhor elaborados para o conforto e para o bem-estar pessoais. Mas essa não é a única razão para seu consumo. Os cânones da reputação estão presentes e aproveitam-se de tais inovações, que são, de acordo com o padrão, necessárias para a sobrevivência. Como o consumo desses bens incríveis é uma forma de ostentar a riqueza, eles se tornam honrosos e, por outro lado, não os consumir na devida quantidade e qualidade torna-se uma marca de inferioridade e demérito.

O crescimento da discriminação meticulosa quanto à excelência qualitativa no comer, beber etc., a essa altura, afeta não apenas o estilo de vida, mas também a atividade intelectual e a formação do cavalheiro da classe ociosa. Ele deixou de ser um mero indivíduo do sexo masculino agressivo e bem-sucedido — o homem da força, dos recursos e da coragem. A fim de evitar a insensatez ele também tem de cultivar seu refinamento, pois agora se tornou seu dever discriminar com certa precisão entre o nobre e o ignóbil em relação aos bens consumíveis. O cavalheiro se transformou em um *connoisseur* de iguarias confiáveis em vários graus de qualidade, especialmente em relação a bebidas e quinquilharias, vestuário e arquitetura decentes, armas, jogos, dançarinos e entorpecentes. O cultivo dessa visão estética demanda tempo e dedicação, e as exigências impostas ao cavalheiro nesse sentido, por conseguinte, tendem a transformar sua vida ociosa em um processo de dedicação mais ou menos custoso à tarefa de aprender a levar uma vida de ócio ostensível de maneira elegante. Muito semelhante à exigência de que o cavalheiro precisa consumir em abundância os tipos certos de bens, há a exigência de que ele deve saber como consumi-los de maneira adequada. Afinal, sua vida ociosa deve ser conduzida da maneira correta. Daí surgem as boas maneiras no estilo que salientamos em capítulo anterior. Comportamentos e estilos de vida nobres são elementos de conformidade com a norma do ócio e do consumo conspícuos.

O consumo conspícuo de bens valiosos é um instrumento para revestir de notoriedade o cavalheiro adepto do ócio. Pelo fato de a riqueza se acumular em suas mãos, seus esforços próprios não serão suficientes para evidenciar sua opulência por meio desse método. Por isso, a ajuda de amigos e concorrentes é introduzida quando o indivíduo recorre à distribuição de presentes valiosos e à organização de festas e banquetes caros. Provavelmente presentes e banquetes tiveram outra origem diferente da ostentação ingênua, mas eles foram dotados desse propósito muito no início e mantiveram essa característica até hoje; tanto que a utilidade deles nesse sentido, há muito tempo, tem representado o fundamento concreto em que eles se baseiam. Festas dispendiosas, como os bailes e cerimoniais, são especialmente adaptados para servir a esse fim. Por esse método, o concorrente com quem o banqueteador deseja se comparar serve como um mero instrumento para alcançar seu objetivo. Ele pratica o consumo vicário à custa de seu anfitrião, ao mesmo tempo que presencia o consumo daquele excesso de itens bons que o dono da casa é incapaz de desfrutar sozinho, testemunhando também o treinamento do anfitrião em etiqueta.

Ao oferecer festas caríssimas, claro que também estão presentes outras motivações mais cordiais. O costume de reuniões festivas deve ter surgido por conta de motivos de convivência e religião; essas razões também estão presentes no curso da evolução, mas não se conservam como causas únicas. As festividades e os eventos de entretenimento modernos talvez continuem, de maneira discreta, a atender necessidades religiosas e as necessidades de recreação e de convivência, de maneira mais evidente, mas também servem a um propósito ínvido; embora servem-no de modo eficaz por terem um plausível alicerce não ínvido, com motivos admissíveis. No entanto, o efeito econômico desses encontros sociais não pode ser menosprezado, seja no consumo vicário de bens, seja na ostentação de conquistas difíceis e custosas no campo da etiqueta.

Conforme a riqueza se acumula, a classe ociosa evolui mais e mais em função e estrutura, surgindo uma diferenciação dentro da classe. Há um sistema relativamente elaborado de cargos e níveis, sendo essa diferenciação impulsionada pela herança de riquezas e pela consequente herança de nobreza, que leva à herança do ócio obrigatório e à nobreza com potencial suficiente para colocar em prática uma vida de ócio, que pode ser herdada sem o complemento da riqueza exigida para conservar um ócio digno. Afinal, sangue nobre pode ser transmitido sem bens suficientes para arcar com um consumo notadamente abundante de maneira confortável. Com isso, vemos o desabrochar de uma classe de cavalheiros ociosos, mas sem recursos, aos quais já nos referimos, que caem num sistema de escala hierárquica. Aqueles que estão mais próximos do maior ou dos maiores níveis da classe ociosa afortunada, seja quanto ao nascimento, seja quanto à riqueza, seja quanto a ambos, superam o nível dos descendentes mais distantes e dos financeiramente carentes. Essas castas inferiores, principalmente as dos cavalheiros ociosos desprovidos ou marginais, afiliam-se aos superiores por meio de um sistema de dependência ou lealdade. Dessa forma, eles melhoram sua reputação ou adquirem meios para levar uma vida ociosa à custa de seu mecenas, tornando-se seus cortesãos ou criados, servos, sendo alimentados e tolerados por seus padrinhos, tendo a função de provar o poder do mestre e de consumir de modo vicário sua riqueza indescritível. Ao mesmo tempo, muitos desses cavalheiros ociosos afiliados são homens de menos recursos, mas donos do próprio nariz; tanto que alguns mal podem ser considerados consumidores vicários (enquanto outros só o são parcialmente). Contudo, muitos dos que compõem os criados e os bajuladores do padrinho podem ser classificados como consumidores vicários incondicionais. Muitos desses, e também muitos da outra aristocracia inferior, por sua vez, atribuíram às próprias figuras um grupo mais ou menos abrangente de consumidores vicários por meio das pessoas de suas esposas e seus filhos, servos, criados etc.

Ao longo dessa estrutura escalonada de ócio vicário e consumo vicário, a regra diz que essas funções devem ser exercidas de tal maneira — ou sob tais circunstâncias ou insígnias — que apontem claramente para o mestre ao qual pertencem esse ócio ou consumo, e a quem reverterá o aumento consequente de idoneidade. O consumo e o ócio praticados por essas pessoas em prol de seus mestres ou padrinhos representam um investimento que visa a um aumento da própria fama. Quanto aos banquetes e às generosidades, é bastante óbvio, e a atribuição de boa reputação ao anfitrião ou ao padrinho acontece imediatamente, em função da notoriedade comum. Onde o ócio e o consumo são praticados de modo vicário por auxiliares e por criados, a atribuição ao padrinho da decorrente boa reputação é realizada porque esses bajuladores residem perto do mestre, facilitando para qualquer um identificar qual é a verdadeira fonte de tudo aquilo desfrutado pelos "encostados". À medida que o grupo cuja boa fama deve ser assegurada vai ficando maior, instrumentos mais notórios são exigidos para indicar a atribuição de mérito ao ócio exercido; então, para essa finalidade, uniformes, emblemas e librés entram em voga. Trajar uniformes ou librés implica um grau considerável de dependência, e pode até ser visto como um símbolo de servidão, real ou ostensível. Os indivíduos que usam uniformes e librés podem, *grosso modo*, ser divididos em duas categorias — os livres e os servis, ou os nobres e os ignóbeis. Os serviços por eles realizados são igualmente divisíveis em nobres e ignóbeis. Claro que a distinção, na prática, não é constatada com total coerência; os serviços inferiores menos degradantes e as funções nobres menos honrosas frequentemente se fundem na mesma incumbência. Mas a distinção geral não pode ser ignorada por esse motivo. O que pode nos deixar um pouco perplexos é o fato de que essa diferença fundamental entre nobre e ignóbil, que se baseia na essência do serviço ostensível executado, é permeada por uma distinção secundária, entre honroso e humilhante, com base no título nobiliárquico da pessoa para quem o serviço está sendo realizado ou a libré sendo vestida. Portanto, as funções legitimamente adequadas à classe ociosa são nobres; como os ofícios na administração pública, batalha, caça, cuidado com armas e equipamentos, entre outros — em resumo, ofícios que podem ser considerados como aparentemente predatórios. Por outro lado, ocupações que se encaixam na categoria dos industriais são ignóbeis — como artesanato ou outros serviços inferiores de esforço braçal e coisas do gênero. Mas um serviço indigno executado para uma pessoa muito distinta pode se tornar um trabalho bastante honroso; como, por exemplo, o ofício de uma dama de honra ou uma dama de companhia para a rainha, ou o mestre da cavalaria ou o cuidador de cães do rei, sendo que os dois últimos ofícios sugerem um princípio de certa generalidade. Sempre que, como nesses casos, o serviço inferior tratado tem relação direta com os ofícios da guerra e da caça, primordialmente de ócio, rapidamente se lhe confere um aspecto honroso. Dessa forma, grande honra pode vir a ser atribuída a um ofício que tenha uma natureza inferior.

No último período da evolução da indústria pacífica, o emprego de um grupo ocioso de soldados uniformizados pouco a pouco deixa de existir. O consumo vicário feito por dependentes que portam a insígnia de seu padrinho ou mestre resume-se a um grupo de lacaios de libré. Então, num nível intensificado, a libré passa a ser um símbolo de servidão, ou melhor, de servilismo. Há algo de aspecto honorífico sempre atribuído à libré do serviçal armado, mas esse aspecto honroso desaparece quando a libré se torna o único símbolo do lacaio, pois ela se torna algo detestável a quase todos que são obrigados a trajá-la. Ainda estamos pouco distantes de um estado de escravidão efetiva, por isso somos extremamente sensíveis ao estigma de qualquer tipo de servilismo. Essa antipatia se mostra presente até no caso das librés ou uniformes exigidos por algumas corporações como a vestimenta distintiva de seus cargos. Nos Estados Unidos, a aversão chega ao ponto de desprestigiar — de maneira sutil e discreta — aqueles funcionários públicos, militares e civis, que são obrigados a vestir uma libré ou uniforme.

Com o desaparecimento da servidão, o número de consumidores vicários associado a qualquer cavalheiro tende, em geral, a diminuir. O mesmo, é claro, também acontece, talvez numa dimensão até maior, quanto ao número de dependentes que praticam o ócio vicário em função do mestre. De maneira geral, embora nem plena nem coerentemente, esses dois grupos coincidem. A esposa ou a esposa principal foi o primeiro dependente a ser delegado para essas tarefas; e como se haveria de imaginar, na evolução posterior da instituição, quando o número de pessoas que normalmente realizavam essas tarefas começou a diminuir, a esposa se mantém nessa função. Nas camadas mais altas da sociedade, resta a obrigatoriedade de cumprir com um volume bem grande desses dois tipos de tarefa, continuando aqui a esposa, sem dúvida, auxiliada no trabalho por uma equipe relativamente numerosa de empregados. Mas conforme descemos os degraus dos estratos sociais, chegamos ao ponto no qual as tarefas do ócio e do consumo vicários cabem única e exclusivamente à esposa. Nas comunidades da cultura ocidental, encontramos essa conjuntura atualmente na classe média baixa.

Neste ponto ocorre uma curiosa inversão. Um fato comum de ser observado é que na classe média baixa não há a intenção de se praticar o ócio por parte do chefe de família. Mas, por força das circunstâncias, isso caiu em desuso. Todavia, a esposa de classe média ainda desempenha o ócio vicário, tudo para beneficiar o bom nome da família e de seu mestre. Ao descer pelos estratos sociais, em qualquer comunidade industrial moderna, o fato primordial — o ócio conspícuo do chefe de família — desaparece num ponto relativamente culminante, sendo reduzido na classe média por circunstâncias econômicas, para ganhar seu sustento por meio de ofícios que quase sempre possuem um forte caráter industrial, como no caso do homem de negócios comum atual. Mas o fato resultante — o ócio e o consumo vicários representados pela esposa, e a prática auxiliar de ócio vicário pelos lacaios — continua em voga como um convencionalismo, cujas demandas por notabilidade não toleram ser menosprezadas. Assim, não é nem um pouco incomum encontrar um homem se dedicando ao trabalho com a máxima assiduidade a fim de que sua esposa o represente da melhor maneira possível, com aquele grau de ócio vicário exigido pelo senso comum da época.

O ócio exercido pela esposa em tais casos não é, de forma nenhuma, uma simples manifestação de preguiça ou indolência. Ele quase invariavelmente ocorre disfarçado sob uma aparência de trabalho, tarefas domésticas ou eventos sociais, o que prova, em última análise, ter pouca ou nenhuma utilidade posterior além de exibir que ela não se ocupa (e não precisa se ocupar) com nenhuma atividade remunerada ou com algo de grande importância. Como já se notou quando tratamos das boas maneiras, a maior parte do rito habitual das tarefas domésticas realizadas com dedicação de tempo e esforço pela dona de casa da classe média têm esse aspecto. Não que os resultados do cuidado dela com os assuntos do lar, relacionados à decoração e à limpeza, sejam desagradáveis ao senso dos homens acostumados ao decoro da classe média, mas o primor desses cuidados de embelezamento e de asseio do lar é o requinte que foi talhado por meio de orientações seletivas de um código de etiqueta que exige exatamente essas evidências de desperdício de esforço. Esses cuidados são agradáveis para nós porque, antes de tudo, fomos ensinados a vê-los como algo bom. Investe-se nessas tarefas domésticas o máximo de dedicação para uma perfeita combinação de forma e cor e para outros fins que são classificados como estéticos, no sentido correto do termo; e não dá para negar que às vezes se alcançam resultados com considerável valor estético. Basicamente, o que mais queremos frisar aqui, com relação a essas amenidades da vida, os esforços da dona de casa são guiados pelas tradições que foram calcadas na lei do esbanjamento conspícuo de tempo e de dedicação. Se a beleza ou o conforto for alcançado — e se o for será uma circunstância mais ou menos fortuita —, provavelmente terá sido por meios e por métodos recomendados pela grande lei econômica do esforço inútil. A parcela mais estimada e "apresentável" da parafernália doméstica da classe média é composta, por um lado, de itens de consumo conspícuo e, por outro lado, de objetos que ostentem o ócio vicário exercido pela dona de casa.

A necessidade do consumo vicário sob responsabilidade da esposa continua em vigor, mesmo que numa dimensão pecuniária menor do que a exigida pelo ócio vicário. Num patamar ainda mais baixo, com pouca ou nenhuma pretensão de esforço inútil (em questão de limpeza cerimonial e elementos do tipo) é observável, certamente não há tentativa consciente de ócio ostensível e a decência ainda requer que a esposa consuma alguns bens de forma conspícua para beneficiar a reputação da família e de seu chefe. Por isso o resultado moderno da evolução de uma instituição arcaica, a esposa, que era, desde o princípio, submissa e vassala do homem, tanto de fato como na teoria — a produtora de bens para ele consumir —, tornou-se a consumidora protocolar dos bens que ele produz. Mas ela ainda inequivocamente continua sendo sua criada na teoria, pois a representação habitual de ócio e de consumo vicários é a marca perene do servo subordinado.

Esse consumo vicário praticado pelas famílias de classes média e baixa não pode ser visto como expressão direta do estilo de vida da classe ociosa, visto que os lares desse nível pecuniário não pertencem à classe ociosa. Longe disso, o estilo de vida da classe ociosa se expressa de maneira indireta, e encontra-se no topo da pirâmide social em termos de reputação. Sua conduta de vida e seus padrões axiológicos, portanto, proporcionam as normas de etiqueta para a comunidade, e a observância desses padrões, até certo ponto, passa a valer para todas as classes inferiores da sociedade. Nas comunidades civilizadas modernas, as linhas divisórias entre as classes sociais ficaram cada vez mais vagas e efêmeras, e onde quer que elas estejam presentes, a norma de etiqueta imposta pela classe superior estende sua influência coerciva sem muitos obstáculos ao longo da pirâmide social até os estratos mais humildes. O resultado é que os membros de cada estrato aceitavam como ideal de decência o padrão de vida usado pelo estrato logo acima, empenhando todos os esforços para corresponder a tal ideal. Sob pena de perder o bom nome e a reputação no caso de fracassar, eles devem se adaptar ao código aceito, pelo menos nas aparências.

    Em última instância, a boa reputação de qualquer comunidade industrial altamente organizada consiste na força pecuniária; e os meios para exibir essa força obtendo ou conservando o bom nome, são o ócio e o consumo conspícuos de bens. Desse modo, ambos os métodos se mantêm em voga até onde for possível descer nessa escala; e nos estratos inferiores, em que ambos os métodos são empregados, as duas atribuições são em grande medida delegadas à esposa e aos filhos da família. Ao verificar os níveis mais baixos da pirâmide social, onde qualquer tipo de ócio, mesmo o ostensível, tornou-se impraticável para a esposa, o consumo conspícuo de bens foi preservado e adotado pela esposa e pelos filhos. O homem da família também pode fazer algo nesse sentido, e de fato geralmente o faz; contudo, descendo aos níveis de indigência — nas comunidades marginais —, o homem, e as crianças também, neste caso, cessam o consumo de bens valiosos em favor das aparências, e a mulher se mantém praticamente como a única da decência pecuniária do lar. Nenhuma classe da sociedade, nem mesmo os mais miseráveis, abstém-se de todo consumo conspícuo habitual. Os últimos itens dessa categoria de consumo não são abdicados, a não ser que se esteja diante de grave necessidade. Muita miséria e mal-estar serão suportados antes que o último adorno ou o último indício de decência pecuniária seja dispensado. Não há classe nem país que se tenha rendido tão degradantemente à pressão dos desejos físicos com o intuito de negar a si próprio toda gratificação dessa necessidade superior ou espiritual.

A partir da análise prévia sobre a expansão do ócio e do consumo conspícuos, parece que a utilidade de ambos, no que concerne à reputação, reside no elemento do esbanjamento, comum a ambos. No primeiro caso, é um esbanjamento de tempo e de esforço; no segundo, um esbanjamento de bens. Ambos são métodos para demonstrar a posse de riqueza, sendo tradicionalmente aceitos como equivalentes. A escolha entre eles é uma simples questão de conveniência, exceto na medida em que possa ser afetado por outros padrões de decoro, advindos de fonte diversa. Em função da conveniência, a preferência pode tender a um ou ao outro, a depender da fase do desenvolvimento econômico. A questão é: qual dos dois métodos será mais eficaz para atingir as pessoas cujas convicções se deseja afetar? O costume respondeu a essa pergunta de diferentes formas, em diferentes circunstâncias.

Contanto que a comunidade, ou o grupo social, seja pequena e compacta o bastante para ser efetivamente afetada apenas pela notoriedade comum — ou seja, desde que o ambiente humano ao qual se exige que o indivíduo se adapte quanto à reputação esteja incluído em sua esfera de conhecidos e de falatórios entre vizinhos —, um dos métodos será tão efetivo quanto o outro. Por consequência, os dois terão igual serventia durante as primeiras fases da expansão social. Mas quando a diferenciação vai mais longe e faz-se necessário atingir um ambiente mais amplo, o consumo começa a influenciar o ócio como um instrumento comum de decência. Isso se aplica especialmente durante a tardia fase econômica pacífica. Os meios de comunicação e a mobilidade da população agora expõem o indivíduo à observação de muitas pessoas que não têm outros meios para julgar a reputação dele além da exposição de seus bens (e talvez de sua boa criação), coisa que ele pode fazer enquanto está sob direta observação.

A organização moderna da indústria opera na mesma direção, mas de maneira diversa. As exigências do sistema industrial contemporâneo costumam colocar indivíduos e famílias em justaposição entre aqueles que têm pouco contato de qualquer tipo e aqueles que se justapõem. Os vizinhos de um indivíduo, mecanicamente falando, quase sempre não são os vizinhos sob o aspecto social, nem mesmo conhecidos, mas ainda assim a admiração transitória deles possui um alto grau de utilidade. O único meio viável de impressionar os observadores indiferentes do cotidiano quanto à capacidade pecuniária do sujeito é uma demonstração incessante da capacidade de pagar. Na comunidade moderna, são também muito mais comuns as grandes aglomerações, onde há pessoas que desconhecem o cotidiano do indivíduo — em lugares como igrejas, teatros, salões de dança, hotéis, parques, comércios entre outros do tipo. A fim de impressionar essas pessoas e de manter a autocomplacência do cidadão aos olhos dos observadores, a assinatura distintiva da força pecuniária deve estar estampada com letras garrafais para ser vista por quem quer que seja. Portanto, nota-se que a atual tendência do desenvolvimento segue na direção de ampliar a utilidade do consumo conspícuo se comparado ao ócio.

Há de se notar também que a serventia do consumo como meio de notoriedade, assim como a insistência nesse quesito como elemento de decência, está em seu auge nas parcelas da comunidade em que o contato humano entre indivíduos é mais comum e a mobilidade da população é maior. O consumo conspícuo requer uma parte relativamente maior de renda da população urbana do que de quem habita as áreas rurais, e a demanda também é mais imperativa. Com isso, para manter razoavelmente as aparências, o habitante urbano se acostuma muito mais a viver precariamente do que o rural. Esse é o motivo por que, por exemplo, o fazendeiro americano, sua esposa e suas filhas são notavelmente menos estilosos na maneira de vestir, além de serem menos urbanos nos costumes do que a família de artesãos da cidade com renda equivalente. Não que a população da cidade seja naturalmente mais ávida pela complacência peculiar associada ao consumo conspícuo, nem que quem more na área rural não ligue para a decência pecuniária. Mas a justificativa para esses indícios, assim como para sua eficácia transitória, está mais presente na cidade. Consequentemente, este método é o mais utilizado e, na luta para superar um ao outro, a população urbana eleva à força seu padrão normal de consumo conspícuo; então, os gastos, que se tornam relativamente maiores nesse sentido, são necessários para indicar um determinado grau de decência pecuniária na cidade. A exigência de compatibilidade com esse padrão convencional mais alto passa a ser obrigatório. Assim, o padrão de decência fica mais alto, classe por classe, e essa exigência de aparência deve ser cumprida à risca, sob pena de rebaixamento de estrato social.

O consumo se converte em um elemento mais relevante ao padrão de vida na cidade do que no campo. Entre as populações rurais, o consumo é substituído, até certo ponto, pelas economias e pelos confortos domésticos, que se tornam conhecidos por meio dos mexericos entre vizinhos de forma suficiente para o propósito inicial da reputação pecuniária. Esses confortos domésticos e o ócio desfrutado — onde este é encontrado — devem ser obviamente classificados, na maioria das vezes, como itens de consumo conspícuo, e praticamente o mesmo pode ser dito a respeito das economias. As pequenas economias poupadas pela classe artesã, as poupanças, são, sem dúvida, um instrumento menos eficaz de exibicionismo, por conta do ambiente em que se está inserido, comparando com as poupanças das pessoas que vivem nas fazendas e em pequenos vilarejos, pois para esses, os acontecimentos da vida de todos, sobretudo em relação ao prestígio pecuniário, são conhecidos por todos. Por si só — assumindo-se o primeiro nível —, essa justificativa extra a que as classes trabalhadoras artesãs e urbanas são expostas talvez não desfalque muito as quantias economizadas, mas, levando-se em conta as medidas cumulativas em função do aumento do padrão decente de gastos, seu efeito de mudança de opinião sobre a tendência de poupar será imenso.

Uma ótima ilustração da maneira como funciona esse cânone da reputação é observada na prática de beber, de usar drogas recreativas e de fumar em locais públicos, ações bastante comuns entre trabalhadores e artesãos do interior, e na classe média baixa das populações urbanas em geral. Os tipógrafos podem ser tratados como uma classe à parte, para a qual essa forma de consumo conspícuo está muito em moda, acarretando certas consequências distintas que frequentemente são menosprezadas. Nesse quesito, os hábitos peculiares da classe são comumente atribuídos a algum tipo de deficiência moral indefinida conferida a ela ou a uma influência moralmente danosa supostamente exercida pela profissão, de alguma maneira incompreensível, sobre os homens empregados. A conjuntura real para os trabalhadores da composição, que trabalham nas salas de impressão de gráficas, pode ser resumida da seguinte forma: a habilidade adquirida é facilmente aproveitada em quase qualquer outra gráfica ou cidade. Em outras palavras, a inércia em virtude do treinamento especial é mínima. Além do mais, essa profissão requer inteligência e informações gerais acima da média, e, por isso, os tipógrafos são geralmente mais aptos do que a maioria para tirar proveito de qualquer flutuação na demanda por seu trabalho, independentemente de onde esteja. A inércia em razão de querer estar perto de casa, por conseguinte, é também pouco significativa. Ao mesmo tempo, os salários são altos o bastante para facilitar o deslocamento de um lugar para outro. O resultado é uma grande mobilidade do labor empregado na imprensa; talvez até maior do que qualquer outro setor profissional igualmente amplo e bem definido. Esses homens estão sempre em contato com novos grupos de conhecidos, com quem as relações firmadas são transitórias ou efêmeras, mas cuja admiração é valorizada por aquele período. A propensão humana à ostentação, reforçada por sentimentos de camaradagem, leva as pessoas a gastar livremente em coisas que atenderão às suas necessidades. Aqui, como em qualquer lugar, a norma se aproveita do costume assim que entra em uso, e incorpora ao padrão reconhecido de decência. O próximo passo é transformar esse padrão de decência no ponto de partida para um novo avanço na mesma direção — pois não há mérito na simples e vazia conformidade com um padrão de dissipação que faz jus, como é de se imaginar, a todos aqueles que pertencem ao ramo.

A maior prevalência da dissipação entre tipógrafos do que entre a média de trabalhadores é igualmente atribuível, pelo menos em certa medida, à grande facilidade de deslocamento e ao caráter mais transitório das relações de amizade entre profissionais nessa área. Mas a essência dessa elevada demanda por dissipação, em última análise, não é outra senão aquela propensão à manifestação de domínio e de decência pecuniária, o que torna o camponês-proprietário francês parcimonioso e frugal, induzindo o milionário americano a encontrar universidades, hospitais e museus. Se o cânone do consumo conspícuo não fosse compensado até certa medida por outras características da natureza humana (alheia a isso), qualquer poupança deveria ser logicamente impossível para uma população bem suprida, como as classes artesãs e trabalhadoras das cidades na atualidade, por maiores que fossem seus salários ou suas rendas.

Contudo, existem outros padrões de reputação e outros códigos de conduta, mais ou menos imperativos, além da riqueza e da sua manifestação, sendo que alguns deles enfatizam ou beneficiam o cânone amplo e fundamental do esbanjamento conspícuo. No contexto de um simples teste de efetividade da ostentação, deveríamos inicialmente esperar encontrar o ócio e o consumo conspícuo de bens dividindo entre si o campo da emulação pecuniária de maneira bem equilibrada. O ócio deveria gradualmente ceder espaço e tender à obsolescência conforme o desenvolvimento econômico avançasse e a comunidade aumentasse de tamanho. Ao passo que o consumo conspícuo de bens deveria gradualmente ampliar sua importância absoluta e relativa até ter absorvido todos os produtos disponíveis, deixando nada para trás além de uma mísera subsistência. Todavia, o verdadeiro curso do desenvolvimento foi um tanto diferente desse plano ideal. O ócio assumiu a dianteira logo de início e passou a ter um lugar na hierarquia muito superior ao consumo esbanjador de bens, tanto como um expoente direto da riqueza quanto como elemento do padrão de decência, durante a cultura semipacífica. A partir desse ponto, o consumo ganhou terreno até passar a ter uma inquestionável primazia, embora ainda estivesse longe de absorver toda a margem de produção acima do mínimo para a subsistência.

A ascendência primeira do ócio como instrumento de notoriedade advém da distinção arcaica entre ocupações nobres e ignóbeis. O ócio é honroso e torna-se imperativo porque, em parte, representa a desobrigação do trabalho ignóbil. A diferenciação arcaica das classes nobre e ignóbil é baseada numa distinção ínvida entre ocupações honoríficas ou degradantes, que evolui para um cânone imperativo de decência durante a fase inicial semipacífica. Sua ascendência é impulsionada pelo fato de que o ócio é uma evidência de riqueza tão ou mais eficaz do que o consumo. De fato, ele é tão eficaz no relativamente pequeno e estável ambiente humano onde o indivíduo é exposto naquele estágio cultural que, com a ajuda da tradição arcaica que menospreza todo trabalho produtivo, dá origem a uma imensa classe ociosa pobre que chega a limitar a produção da indústria da comunidade a um mínimo de subsistência. Essa extrema inibição da indústria é evitada porque o trabalho escravo, atuando sob uma coação mais rigorosa do que a da reputação, é obrigado a fornecer um produto para além do mínimo de subsistência da classe trabalhadora. O relativo declínio subsequente do ócio conspícuo como base para a reputação dá-se parcialmente por conta de uma efetividade relativa do consumo cada vez maior, servindo como evidência de riqueza; porém, em parte, decorre de outra força — exótica e antagonista até certo ponto — relacionada ao uso do esbanjamento conspícuo.

Esse fator exótico é o instinto de trabalho eficaz. Caso outras circunstâncias permitam, tal predisposição leva os homens a julgarem de maneira favorável a eficiência produtiva e a qualquer elemento que os humanos utilizem, predeterminando o repúdio do desperdício de matéria ou de esforço. O instinto de trabalho eficaz está presente em todos os homens e impõe-se até mesmo em circunstâncias adversas. Tanto que, embora algumas despesas possam ser verdadeiramente um esbanjamento, elas devem no mínimo ter alguma justificativa plausível em termos de propósito aparente. O modo com que, em determinadas circunstâncias, o instinto se manifesta por meio de um gosto pelas proezas e por uma discriminação ínvida entre as classes nobre e ignóbil já mencionamos em capítulo anterior. À medida que haja conflito com a lei do esbanjamento conspícuo, o instinto de trabalho eficaz se expressa não tanto pela insistência na relevância, mas por um permanente senso de repulsa e de impossibilidade estética daquilo que é obviamente fútil. Por ter a natureza de uma simpatia instintiva, sua orientação aborda, imediata e principalmente, os óbvios e aparentes descumprimentos de seus requisitos, que só acontecem com menos prontidão e menos limitações, pois são compreendidos apenas mediante análise.

Enquanto todo o trabalho continua a ser realizado exclusivamente ou comumente por escravos, a baixeza de todo esforço produtivo se apresenta como um constante obstáculo a impedir que o instinto de trabalho eficaz entre de fato em vigor na direção da utilidade industrial. Entretanto, quando a fase semipacífica (com escravidão e prestígio) passa para a fase pacífica da indústria (com trabalho remunerado e pagamentos em dinheiro), o instinto entra em cena de modo mais efetivo. Então, ele começa a influenciar veementemente as visões dos homens sobre o que é meritório, afirmando-se no mínimo como um cânone auxiliar da autocomplacência. Deixando todas as considerações irrelevantes de lado, essas pessoas adultas não passam atualmente de uma minoria em extinção, que não nutrem nenhum tipo de inclinação à conquista de algum objetivo ou que não se sentem motivadas a moldar objetos, fatos ou relações para o uso humano. A propensão pode, em larga medida, ser sobrepujada pelo incentivo obrigatório a um ócio de boa reputação, pode fugir da utilidade vergonhosa e, por conseguinte, pode vir a funcionar apenas no mundo do faz de conta, como, por exemplo, nos "deveres sociais", nas conquistas semiartísticas ou semiacadêmicas, no cuidado e na decoração da casa, em atividades de grupos de costura ou reforma de roupas, na proficiência em vestir-se bem, jogos de cartas, iatismo, golfe e vários outros esportes. Mas o fato de que possa, de acordo com o estresse das circunstâncias, manifestar-se em tolices não contradiz mais a presença do instinto do que a realidade do instinto materno animal quando uma galinha é induzida a sentar-se num ninho cheio de ovos de cerâmica.

Essa busca inquieta da atualidade por alguma forma de atividade significativa que não terá o vergonhoso ganho de produtividade, tanto individual quanto coletivo, marca uma diferença de atitude entre a classe ociosa moderna e aquela da fase semipacífica. Na fase primitiva, como já dissemos, a instituição dominante da escravidão e do prestígio agia irresistivelmente para desaprovar o esforço voltado para além dos fins inocentemente predatórios. Ainda era possível encontrar alguns empregos habituais para a predisposição à ação em termos de agressão impetuosa, repressão contra grupos hostis ou contra as classes submissas dentro do grupo, servindo para aliviar a pressão e para sugar a energia da classe ociosa sem recorrer a ofícios realmente úteis ou até aparentemente úteis. Até certo ponto, a prática da caça também servia ao mesmo propósito. Quando a comunidade evoluiu para uma organização industrial pacífica e a plena ocupação das terras reduziu as oportunidades para a caça a níveis inimagináveis, toda aquela energia acumulada para a busca de ofícios significativos teve de ser aplicada de uma outra maneira completamente distinta. A ignomínia atribuída ao esforço útil também deu início a uma fase menos intensa quando o trabalho obrigatório foi suprimido, e o instinto de trabalho eficaz chegou para se impor com mais perseverança e coerência.

O princípio do menor esforço mudou em certa medida, e a energia que antes encontrava vazão na atividade predatória agora segue, em parte, na direção de uma finalidade aparentemente útil. O ócio supostamente sem propósito passou a ser depreciado, sobretudo por uma grande parcela da classe ociosa de origem plebeia, que promove a discórdia com a tradição do *otium cum dignitate* [ócio como dignidade]. Mas aquele cânone da reputação que condena todo ofício com origem no esforço produtivo ainda está em vigor e não permitirá nada que vá muito além da praxe, essencialmente útil ou produtiva, relativo a qualquer função. A consequência é a implementação de uma mudança no ócio conspícuo praticado pela classe ociosa, não tanto material, mas formal. Uma reconciliação entre as duas exigências conflitantes é promovida por intermédio do faz de conta. Então surgem inúmeros preceitos complexos e deveres sociais de natureza cerimonial; muitas organizações são fundadas com o falacioso objetivo de aperfeiçoamento inserido em seus nomes oficiais. Há diversas idas e vindas e bastante discussão, a fim de que os interlocutores não tenham a oportunidade de refletir sobre qual é o efetivo valor econômico desse trânsito. Acompanhado do faz de conta das ocupações significativas, intrinsecamente entranhado em sua estrutura, há frequentemente e invariavelmente um elemento considerável de esforço deliberado voltado a alguma finalidade real.

Num contexto mais restrito do ócio vicário, uma mudança semelhante foi promovida. Em vez de simplesmente passar o tempo ao léu, como nos dias de ouro do sistema patriarcal, a dona de casa da fase pacífica tardia dedica-se com assiduidade aos cuidados com a casa. As características de maior destaque dessa evolução nos serviços domésticos já foram comentadas.

Ao longo de toda a evolução do gasto conspícuo com bens, com serviços ou com vidas humanas fica claramente subentendido que, para restabelecer de fato a boa fama do consumidor, ele deve ser realizado com frivolidades. Para ser respeitado, o gasto deve ser um esbanjamento. Nenhum mérito advém do consumo que apenas atenda ao necessário para a sobrevivência, exceto se a comparação for feita com o pobre miserável que nem sequer supre o mínimo de subsistência; porém, não há padrão de consumo que decorra de uma comparação dessas, a não ser o mais prosaico e nada atraente nível de decência. Ainda seria possível um padrão de vida que admitisse comparação ínvida, contanto que não seja relacionada à opulência; como, por exemplo, uma comparação multilateral com manifestações de força moral, física, intelectual ou estética, muito em voga atualmente e intrinsecamente vinculada à comparação pecuniária que quase não se pode distinguir entre ambas. Em especial no que diz respeito ao costume atual de avaliar demonstrações de força ou de proficiência intelectual e estética, frequentemente interpretamos uma diferença como estética ou como intelectual quando ela é apenas pecuniária.

O uso do termo "esbanjamento" é de certa forma bastante infeliz. Do modo como são utilizadas no dia a dia, as palavras sugerem um tom depreciativo. Usamos o termo por falta de palavras mais adequadas que descrevam da melhor maneira possível a mesma vastidão de razões e fenômenos, não devendo ser interpretadas com um senso de aversão, que pressupõe um gasto ilegítimo de produtos humanos ou de vida humana. Na perspectiva da teoria econômica, o gasto em questão não é nem mais nem menos legítimo do que qualquer outro. Empregamos aqui "esbanjamento" pelo fato desse gasto não trazer nenhum benefício à vida humana nem ao bem-estar humano, não porque seja um esbanjamento de esforços ou de gastos segundo o ponto de vista do consumidor individual que faz a escolha. Se essa for sua preferência, descarta-se o problema da utilidade relativa para o indivíduo em comparação com outras formas de consumo que não seriam repudiadas por conta de sua extravagância. Qualquer que seja a forma de gasto escolhida pelo consumidor e a finalidade buscada quando de sua escolha, tem utilidade para ele em virtude de sua preferência. Do ponto de vista do consumidor individual, o problema do esbanjamento não surge no contexto da teoria econômica propriamente dita. O uso da palavra "esbanjamento" como termo técnico, por isso, não dá a entender a depreciação das razões ou das finalidades almejadas pelo consumidor conforme esse cânone do esbanjamento conspícuo.

No entanto, por outras razões, vale ressaltar que os termos "esbanjamento" e "desperdício" na linguagem cotidiana implicam a depreciação do que é caracterizado como extravagância. Essa insinuação do senso comum é ela própria um afloramento do instinto de trabalho eficaz. A reprovação popular ao esbanjamento afirma que, para estar em paz consigo mesmo, o homem comum deve ser capaz de ver um fortalecimento da vida e do bem-estar em todo e qualquer esforço e entusiasmo humanos. A fim de merecer uma aprovação incondicional, qualquer fato econômico deve passar no teste da utilidade impessoal — vista em termos genericamente humanos. A vantagem relativa ou competitiva de um indivíduo em comparação com outro não satisfaz a consciência econômica, portanto o gasto competitivo não é aprovado.

    Para ser bem preciso, nada deveria ser contemplado pela esfera do esbanjamento conspícuo a não ser o gasto associado ao território de uma comparação ínvida pecuniária. Mas, para trazer qualquer item ou elemento a esse domínio, não é necessário que seja reconhecido como esbanjamento pela pessoa que realiza o gasto. Acontece com bastante frequência que um elemento do padrão de vida, definido como sendo primordialmente extravagante, acabe se fazendo necessário para a existência, segundo o entendimento do consumidor; e pode tornar-se tão indispensável quanto qualquer outro item da despesa habitual do consumidor. Entre os itens que por vezes entram nessa esfera e ilustram bem a maneira como esse princípio se aplica, estão carpetes e tapeçarias, pratarias, serviços de garçom em restaurantes, chapéus de seda, lençóis engomados, diversos artigos de joalheria e vestuário. Assim, formou-se o caráter indispensável desses elementos em razão do hábito e da convenção, porém não há o que falar quanto à classificação desses gastos como esbanjadores ou não, no sentido técnico da palavra. O teste ao qual todos os gastos devem ser submetidos, que visará dirimir essa controvérsia, é se eles contribuem diretamente para a melhora da vida humana como um todo e se ele promove o avanço do processo vital de maneira impessoal. Afinal, essa é a base da recompensa pelo instinto de trabalho eficaz, sendo este a última instância recursal em termos de verdade ou adequação econômica. É uma maneira de recompensar o bom senso desprovido de paixões e parcialidade. A questão, portanto, não é caso, de acordo com as circunstâncias existentes de hábito individual e costume social, um determinado gasto gere gratificação ou paz de espírito a um consumidor em particular; mas se, deixados de lado os gostos adquiridos e os cânones de decência usuais e convencionais, o resultado trará um ganho líquido em conforto ou em plenitude da vida. O gasto costumeiro deve estar classificado no domínio do esbanjamento à medida que o costume a ele relacionado decorre do hábito de fazer comparação ínvida pecuniária — uma vez que se compreende que não teria se tornado costumeiro e prescritivo sem o aval desse princípio da reputação pecuniária ou do sucesso econômico relativo.

    Claro que não é necessário que um determinado objeto de gasto seja exclusivamente extravagante para ser admitido na categoria de desperdício conspícuo. Um dado item pode ser útil e esbanjador ao mesmo tempo, e sua utilidade ao consumidor pode ser composta por uso e desperdício nas mais variadas proporções. Bens consumíveis e até bens produtivos costumam apresentar os dois elementos combinados como partes constituintes de suas utilidades, embora, de forma geral, o elemento do desperdício tenda a predominar em artigos para consumo, enquanto o contrário se aplica a artigos criados para o uso produtivo. Mesmo em artigos que parecem à primeira vista servir apenas como pura ostentação, sempre podemos detectar a presença de algumas finalidades úteis ao menos externamente; por outro lado, até mesmo em máquinas e ferramentas especiais feitas para algum processo industrial específico ou ainda para aplicações rudimentares da manufatura humana, os traços do desperdício conspícuo ou pelo menos do hábito da ostentação, normalmente ficam evidentes sob análise mais pormenorizada. Assim, seria arriscado afirmar que uma finalidade útil está sempre ausente da utilidade de qualquer item ou qualquer serviço, embora claramente a finalidade primordial e o elemento essencial deles seja o desperdício conspícuo; e seria apenas menos arriscado asseverar, quanto a qualquer produto essencialmente útil, que o elemento do desperdício não tem nenhuma relação com seu valor, imediata ou remotamente.

CAPÍTULO 5

O PADRÃO DE VIDA PECUNIÁRIO

Para a maior parte das pessoas, em qualquer comunidade moderna, o motivo imediato para efetuar gastos bem além do necessário para o conforto físico não é uma tentativa consciente para destacar o excesso de seu consumo visível, nem sequer é um desejo de estar à altura do padrão convencional de decência em relação à quantidade e à qualidade dos bens consumidos. Esse desejo não é guiado por um padrão rigidamente invariável, que deve ser atingido, mas não se tem nenhum incentivo para superá-lo. O padrão é flexível, podendo acima de tudo ser expandido indefinidamente, uma vez que haja tempo para possibilitar a adaptação a qualquer incremento na capacidade pecuniária e para a aquisição de novos mecanismos para um mais amplo nível de gastos que sucede tal incremento. É muito mais difícil reduzir o nível de gastos adotado do que alargar o padrão ao qual se está habituado como reflexo de uma ascensão financeira. Muitos itens inclusos nos gastos habituais provam, mediante escrutínio, ser quase puramente extravagantes, servindo apenas para trazer honra; porém, assim que incorporados ao padrão de consumo decente e, consequentemente, integrados ao estilo de vida da pessoa, torna-se bastante difícil abdicar deles tal como abdicar de muitos itens que proporcionam conforto físico, ou que podem até ser necessários à vida e à saúde. Em outras palavras, os honrosos gastos esbanjadores conspícuos que conferem bem-estar espiritual podem passar a ser mais indispensáveis do que muitos dos gastos que suprem apenas as necessidades "basais" para o bem-estar físico ou para a sobrevivência. Sabe-se também que é tão difícil reduzir um "alto" padrão de vida quanto diminuir um padrão já relativamente baixo — ainda que no primeiro caso a dificuldade seja moral, e na segunda hipótese possa envolver uma diminuição dos confortos da vida.

Contudo, embora o retrocesso seja difícil, sair de baixo e avançar nos gastos conspícuos é relativamente fácil; de fato, isso ocorre quase de maneira natural. Nos casos raros quando isso ocorre, uma falha em ampliar o consumo visível do indivíduo quando estão disponíveis os meios para tal aumento é sentida na apreensão popular em demandar explicações, e razões indignas de mesquinhez são imputadas àqueles que ficam aquém do padrão. Uma reação imediata a esse estímulo, por outro lado, é aceita como o efeito normal. Isso sugere que o padrão de gastos que comumente orienta nossos esforços não é a despesa média e balanceada já alcançada. É um ideal de consumo que reside um pouco além de nosso alcance, ou que requer um pouco de empenho para alcançá-lo. O motivo é a emulação — o estímulo de uma comparação ínvida que nos impulsiona a superar aqueles com quem temos o hábito da comparação. Fundamentalmente a mesma proposição é expressa na observação comum de que cada classe inveja e emula a classe imediatamente superior ao seu nível social, ao passo que raramente se compara com aqueles que estão abaixo ou num nível muito acima. Em outras palavras, nosso padrão de gastos decente, na outra extremidade da emulação, é definido pelo uso daqueles logo acima de nós em termos de reputação. Até que, dessa maneira, em especial numa comunidade onde as distinções de classe são relativamente vagas, todos os cânones de reputação e decência, além de todos os padrões de consumo, conseguem ser reconstituídos por meio de gradações inconscientes relacionadas aos costumes e aos hábitos de pensamento da classe social e pecuniária superior — a abastada classe ociosa.

Assim, está nas mãos dessa classe determinar, em linhas gerais, qual estilo de vida a comunidade aceitará como decente ou honroso, sendo sua responsabilidade, segundo as normas e os exemplos, apresentar esse plano de salvação social da melhor forma possível. No entanto, a classe ociosa superior só pode exercer essa função semissacerdotal se respeitar certas limitações materiais. A classe não pode, a seu critério, implantar uma repentina revolução ou efetuar uma inversão no hábito de pensamento da população em relação a exigências cerimoniais. Leva tempo para uma mudança qualquer permear a massa e mudar a postura habitual das pessoas, sendo, sobretudo, necessário tempo para mudar os hábitos das classes socialmente mais distantes daquele grupo seleto. O processo é mais lento na qual a mobilidade da população é menor ou na qual as distâncias entre as várias classes são maiores e mais abruptas. Todavia, caso haja tempo suficiente, o poder discricionário da classe ociosa no que tange a questões de forma e detalhes do estilo de vida da comunidade é bem amplo, mas, quanto aos princípios relevantes da reputação, as mudanças que podem ser proporcionadas estão restritas a uma estreita margem de tolerância. Os exemplos e as normas estabelecidos carregam a força da obrigatoriedade para todas as classes inferiores, mas, ao implementar os preceitos transmitidos para determinar a forma e o método da reputação — ao talhar os costumes e a atitude espiritual das classes inferiores —, essa prescrição autoritária atua constantemente no âmbito da orientação seletiva do cânone do desperdício conspícuo, suavizado de diversas formas pelo instinto do trabalho eficaz. A essas normas deve ser acrescentado outro princípio amplo da natureza humana — o *animus* predatório —, que, em termos de generalidade e de conteúdo psicológico, reside entre os dois fatores acima mencionados. O efeito deste último em moldar a estrutura da vida já reconhecida será discutido mais adiante.

O cânone da reputação, portanto, deve adaptar-se às circunstâncias econômicas, às tradições e ao grau de maturidade espiritual da classe específica, cuja estrutura de vida há de ser regulada. Acima de tudo, vale ressaltar que, por mais elevada que seja sua autoridade e por mais fiel que tiver sido às exigências fundamentais de reputação desde a sua origem, uma observância formal específica não poderá, sob nenhuma circunstância, manter-se em vigor caso, com a passagem do tempo ou com sua transmissão para uma classe pecuniária inferior, seja descoberto que ela vai de encontro à razão fundamental da decência entre pessoas civilizadas, a saber: operacionalidade com a finalidade de uma comparação ínvida a respeito do sucesso pecuniário.

É evidente que esses cânones de gastos têm grande peso em determinar o padrão de vida de qualquer comunidade e de qualquer classe. Não menos evidente, o padrão de vida que prevalece em qualquer época ou em qualquer nível social terá, por sua vez, grande peso quanto às formas de gastos que serão honrosas, e até que ponto essa necessidade "elevada" dominará o consumo de um povo. Nessa questão, o controle exercido pelo padrão de vida aceito é essencialmente de caráter negativo, pois, até certa medida, ele age puramente para prevenir o recuo numa escala de gasto conspícuo que se tornou habitual.

Um padrão de vida tem suas raízes no hábito. Ele é uma escala e um método habituais de reagir a determinados estímulos. A dificuldade existente no retrocesso em relação ao padrão a que se está acostumado é a dificuldade de romper com um hábito esculpido há muito tempo. A relativa facilidade com que se manifesta um determinado progresso no padrão significa que o processo da vida é um processo de atividade evolutiva, que prontamente seguirá numa nova direção quando e onde a resistência à autoexpressão diminuir. Porém, quando o hábito de expressão se tiver formado ao longo de uma linha de baixa resistência, o mecanismo de extravasamento ansiará a válvula de escape de sempre, mesmo após a ocorrência de uma mudança no ambiente por meio do qual a resistência externa aumentou significativamente. A facilidade de expressão ampliada numa dada direção, a qual chamamos de hábito, pode compensar um aumento considerável na resistência oferecida pelas circunstâncias externas, considerando o desenrolar da vida nessa dada orientação. Entre os diversos hábitos, maneiras ou direções habituais de expressão, que formarão o padrão de vida do indivíduo, há uma grande diferença em termos de persistência diante de circunstâncias contraditórias e em termos do nível de imperatividade com que o extravasamento ansiará determinada direção.

É o mesmo que dizer, na linguagem atual da teoria econômica, que embora os homens sejam relutantes em cortar seus gastos em determinada direção, eles são relutantes em cortá-los mais em certas orientações do que em outras; por isso é que, embora qualquer consumo de costume seja abandonado com relutância, há certas linhas de consumo que são abandonadas com uma relutância relativamente extrema. Os itens ou formas de consumo aos quais o consumidor se apega com maior tenacidade costumam ser as famosas necessidades da vida ou o mínimo de subsistência. Claro que o mínimo de subsistência não é uma cota de mercadorias rigidamente determinada, fixa e estipulada por tipo e quantidade, mas, para o presente propósito, pode ser compreendido como envolvendo um certo consumo agregado exigido, mais ou menos definido, para a manutenção da vida. Podemos partir da premissa de que esse mínimo é normalmente abandonado por último, no caso de um progressivo corte de gastos. Em outras palavras, de maneira geral, os hábitos mais antigos e arraigados que dominam a vida do indivíduo — aqueles costumes que afetam sua existência como um organismo — são os mais persistentes e imperativos. Em seguida, vêm os desejos elevados — hábitos individuais ou raciais criados *a posteriori* — numa gradação um tanto irregular, mas de maneira nenhuma invariável. Alguns desses desejos elevados, como por exemplo o uso habitual de certos estimulantes, a necessidade de salvação (no sentido escatológico) ou de boa reputação podem, em alguns casos, prevalecer sobre as carências menores ou mais elementares. Em geral, quanto mais longa a adaptação, mais difícil será largar o hábito, e quanto mais ele corresponder a formas habituais anteriores no processo da vida, mais persistente será o hábito na hora de impor-se. O hábito será mais forte caso os traços particulares da natureza humana envolvidos em sua atuação ou as aptidões particulares exercidas forem vastos e profundamente implicados no processo da vida ou estejam intimamente relacionados com a história de vida daquele grupo étnico em particular.

Os vários graus de facilidade com que os diferentes hábitos são formados no âmago dos mais diversos tipos de pessoas e os vários graus de relutância com que os diversos tipos de hábitos são abandonados, fazem-nos chegar à conclusão de que a formação de hábitos específicos não é uma simples questão de duração do período de adaptação. Aptidões e traços de temperamento herdados são quase tão importantes quanto o período de adaptação no processo de definir qual o leque de hábitos que passarão a dominar o estilo de vida do indivíduo. E o tipo predominante de aptidões transmitidas ou, em outras palavras, o tipo de temperamento relacionado ao elemento étnico dominante numa determinada comunidade irá decidir qual será o escopo e a forma de expressão do processo de vida habitual da comunidade. O quanto podem representar as idiossincrasias de aptidão transmitidas em termos de formação rápida e definitiva de hábitos em indivíduos é ilustrado pela extrema facilidade de formação do poderoso hábito do alcoolismo ou da disciplina religiosa, no caso de pessoas dotadas com essa aptidão específica. Mais ou menos o mesmo pode ser atribuído àquela facilidade de adaptação a um ambiente humano específico a que damos o nome de amor romântico.

Homens diferem no que diz respeito a aptidões transmitidas ou naquilo que concerne à relativa facilidade com que elas se desdobram em suas atividades diárias em determinadas direções. E os hábitos que correspondem a (ou decorrem de) uma aptidão específica relativamente forte ou de uma facilidade específica relativamente grande de expressão resultam em importantes consequências para o bem-estar da pessoa. O papel desse elemento da aptidão em determinar a relativa persistência dos vários hábitos que constituem o padrão de vida explica a extrema relutância com a qual os homens abdicam de qualquer gasto habitual em termos de consumo conspícuo. As aptidões ou tendências às quais um hábito desse tipo deve se referir como suas bases são aquelas cuja aplicação está compreendida na emulação, sendo que a tendência à emulação — à comparação ínvida — vem amadurecendo desde tempos imemoriais, um traço dominante da natureza humana.

Ela é facilmente colocada em atividade vigorosa, independentemente da forma, e impõe-se com grande perseverança, independentemente da maneira com que costumava se expressar. Depois que o indivíduo criou o hábito de ir em busca de sua expressão por uma certa linha de gasto honroso — depois que um determinado conjunto de estímulos passou a reagir diante de certo tipo de atividade e em certa direção, sob a orientação dessas profundas e atentas tendências à emulação —, ele abdica de tal gasto habitual com extrema relutância. Em contrapartida, sempre que o indivíduo adquire uma força pecuniária, ele é colocado numa posição em que seu processo de vida evolui num âmbito muito maior e com ainda mais profundidade; as antigas tendências da raça se impõem para determinar a direção seguida por esse novo desdobramento de vida. E essas tendências que já estão ativamente presentes sob alguma forma de expressão semelhante, auxiliadas pelas importantes sugestões proporcionadas por uma reconhecida estrutura de vida da época, para a aplicação dos meios materiais e oportunidades prontamente disponíveis — tudo isso terá fundamental relevância para moldar a forma e a direção às quais estará voltada a nova adesão do indivíduo à força agregada. Ou seja, em termos concretos, em qualquer comunidade em que o consumo conspícuo é um elemento estrutural da vida, um incremento na capacidade de pagar do indivíduo é bem capaz de assumir a forma de um gasto por uma linha reconhecida de consumo conspícuo.

Com exceção do instinto de autopreservação, a tendência à emulação é provavelmente a mais forte, vigilante e persistente dos motivos econômicos propriamente ditos. Numa comunidade industrial, essa tendência à emulação se expressa na emulação pecuniária. Isso, no que se refere às comunidades ocidentais civilizadas da atualidade, é virtualmente o mesmo que dizer que ela se expressa em alguma forma de desperdício conspícuo. O desejo pelo desperdício conspícuo, por conseguinte, fica pronto para absorver qualquer aumento na eficiência industrial ou na produção de bens da comunidade, depois que as necessidades físicas elementares tiverem sido satisfeitas. Onde esse resultado não é obtido, sob condições modernas, a razão para a discrepância deve ser comumente apurada numa taxa de crescimento da riqueza individual rápida demais para o hábito de gastos manter-se pareado, podendo levar o indivíduo em questão a adiar o consumo conspícuo do incremento a uma data posterior — normalmente com o objetivo de aumentar o efeito espetacular do gasto agregado contemplado. Com o aumento da eficiência industrial, que possibilita a obtenção de meios de subsistência com menos esforço, as energias dos membros industriosos da comunidade tendem a aumentar a produtividade para obter melhores resultados nos gastos conspícuos, em vez de retroceder a um ritmo confortável. A pressão não é reduzida com o aumento da eficiência industrial (que possibilita a diminuição da pressão), mas o incremento da produtividade é voltado para atender essa necessidade, que pode ser expandida indefinidamente, segundo o costume em geral atribuído na teoria econômica às necessidades mais elevadas ou espirituais. Foi devido, sobretudo, à presença desse elemento no padrão de vida que J.S. Mill foi capaz de dizer que "até o presente momento, é questionável se todas as invenções mecânicas já construídas aliviaram a labuta diária de qualquer ser humano".

  O padrão de gastos aceito pela comunidade ou pela classe à qual a pessoa pertence determina, em grande parte, qual será seu padrão de vida. Isso acontece logo que se recomenda como sendo bom e correto ao próprio bom senso, mediante a habitual contemplação e assimilação da estrutura de vida a que pertence. Entretanto, isso ocorre também de maneira indireta, por meio da insistência popular na conformidade com o nível de gasto aceito por questões de decoro, sob pena de sofrer com o desprezo e o ostracismo. Aceitar e pôr em prática o padrão de vida em voga é tanto aceitável quanto vantajoso, normalmente chegando ao ponto de ser indispensável ao conforto pessoal e ao sucesso na vida. O padrão de vida de qualquer classe, no que se refere ao elemento de desperdício conspícuo, costuma ser tão alto quanto a capacidade remuneratória permitida por ela própria — com uma tendência constante ao crescimento. Portanto, o que deve ser feito com relação às atividades de importância dos homens é redirecioná-las com determinação no sentido de que elas sirvam para conquistar a maior fortuna possível, e repudiar o trabalho que não gera nenhum ganho pecuniário. Ao mesmo tempo, o que deve ser feito em relação ao consumo é concentrá-lo nos temas que mais chamam a atenção dos observadores que se deseja atrair, enquanto as tendências e aptidões que não envolvem um gasto honorífico de tempo ou dinheiro ficam suspensas, pois tendem a cair em desuso.

Em virtude dessa discriminação em favor do consumo visível, a vida doméstica da maioria das classes se tornou relativamente desleixada, se comparada com o brilho da parte explícita de suas vidas que era conduzida diante dos olhos dos observadores. Como consequência secundária dessa discriminação, as pessoas costumam manter sua vida privada escondida dos olhares alheios. No que tange à parte de seu consumo que pode, de forma irrepreensível, ser realizada em segredo, elas evitam todo e qualquer tipo de contato com seus vizinhos. Por isso, as pessoas optam pela individualidade na vida doméstica, na maioria das comunidades industrialmente desenvolvidas; daí também, deriva o hábito da privacidade e do recato, que são características bastante proeminentes no código de conduta das classes mais elevadas em todas as comunidades. A baixa taxa de natalidade de classes sobre as quais recaem exigências de gasto respeitável com maior premência é igualmente decorrente das exigências de um padrão de vida baseado no desperdício conspícuo. Assim, o consumo conspícuo e o consequente aumento nas despesas, requerido para a manutenção respeitável de uma criança, é bastante significativo e age como um poderoso dissuasor. É provavelmente o mais eficaz dos métodos contraceptivos malthusianos.[1]

O efeito desse fator do padrão de vida, tanto na questão do corte de gastos nos elementos de consumo indefinidos voltados ao conforto e à manutenção físicos quanto na escassez ou ausência de crianças, é talvez visto com maior clareza em meio às classes envolvidas nas atividades acadêmicas. Em razão de supostas superioridade e escassez de dotes e conquistas que caracterizam suas vidas, essas classes são, por convenção, submetidas a um nível social mais alto do que seus níveis

---

1. O termo "malthusiano" vem de Thomas Robert Malthus (1766-1837), economista inglês, que em 1798 publicou seu controverso *Ensaio sobre o Princípio da População*. Ele defendeu que as populações descontroladas aumentam em progressões geométricas, enquanto o suprimento de alimentos é governado por progressões aritméticas. Assim, a perspectiva sombria: excesso de pessoas e pouquíssimo alimento para sustentar as necessidades humanas.

pecuniários podem sustentar. No caso delas, o nível de gasto decente é de intensidade proporcionalmente alta e deixa uma consequente margem excepcionalmente estreita disponível para outras finalidades de vida. Por força das circunstâncias, o próprio senso habitual do que é bom e certo nessas questões e as expectativas da comunidade no sentido de decência pecuniária entre os letrados são excessivamente altos — medidos pelo grau predominantemente de opulência e de capacidade remuneratória da classe em relação às classes não acadêmicas socialmente equiparadas. Em qualquer comunidade moderna em que não há monopólio sacerdotal dessas ocupações, as pessoas do universo acadêmico são inevitavelmente colocadas em contato com classes financeiramente superiores. O alto padrão de decência pecuniária em vigor nessas classes é difundido para as classes acadêmicas com pouca atenuação de seu rigor. Como consequência, não há classe da comunidade que gaste uma maior proporção de seu patrimônio em esbanjamento conspícuo do que esses indivíduos.

CAPÍTULO 6

CÂNONES PECUNIÁRIOS DE REFINAMENTO

Já foi repetida mais de uma vez a advertência de que, embora a norma reguladora do consumo seja em grande parte um requisito para o esbanjamento conspícuo, não se deve considerar que o motivo pelo qual o consumidor age em quaisquer daqueles casos seja esse princípio em sua forma mais banal e simplória. Normalmente seu motivo é o desejo de ajustar-se ao uso amplamente aceito para evitar despertar atenção e comentários indesejados, para assim viver à altura dos códigos de decência aceitos em relação ao tipo, quantidade e grau dos bens consumidos, bem como no emprego decente de seu tempo e esforço. Na prática, esse sentido de uso vinculativo está presente nos motivos do consumidor e exerce uma força limitante direta, em especial no que diz respeito ao consumo realizado sob os olhos dos observadores.

Entretanto, um elemento considerável de dispêndio vinculativo é observável também no consumo que, de forma alguma, torna-se conhecido por estranhos — como, por exemplo, artigos de roupa íntima, alguns itens de alimentação, utensílios de cozinha e outros aparelhos domésticos concebidos para o serviço, e não para exibição.

Sob a vigilância seletiva da lei do desperdício conspícuo, surge um código de reconhecidos cânones de consumo, cujo objetivo é manter o consumidor num certo padrão de dispêndio e desperdício em seu consumo de bens e na dedicação de tempo e energia. Essa expansão do uso vinculativo tem um efeito imediato sobre a vida econômica, mas também tem um resultado indireto e mediato sobre outros aspectos da conduta. Hábitos mentais relacionados à expressão da vida em qualquer sentido que seja afetam inevitavelmente, também em outros sentidos, a perspectiva habitual do que é bom e certo na vida. No contexto do complexo orgânico de hábitos mentais, que compõem a essência da consciência de vida individual, o interesse econômico não se encontra isolado e distinto de outros interesses. Inclusive isso já foi dito a respeito de sua relação com os cânones de respeitabilidade.

O princípio do desperdício conspícuo orienta a formação dos hábitos mentais quanto àquilo que é honesto e respeitável em relação à vida e aos bens do indivíduo. Com isso, esse princípio permeia outras normas de conduta que não estão precipuamente ligadas ao código de honra pecuniário, mas direta ou incidentalmente a uma relevância econômica de relativa magnitude. Portanto, o cânone do desperdício honroso pode, imediata ou remotamente, influenciar o senso de dever, o senso de beleza, o senso de serventia, o senso de adequação devocional ou ritualística e o senso científico da verdade.

Não há necessidade imediata de entrarmos aqui numa discussão sobre os aspectos específicos, ou a maneira específica, com que o cânone de gasto honroso geralmente permeia os cânones de conduta moral. Essa questão recebeu ampla atenção e foi bastante ilustrada por aqueles que têm a função de observar e repreender quaisquer desvios em relação ao código moral aceito. Nas comunidades modernas, em que a característica econômica e legal dominante na vida da comunidade é a instituição da propriedade privada, uma das características que mais salta aos olhos com relação ao código moral é o aspecto sagrado da propriedade. Não é preciso dizer, nem ilustrar muito, para que a maioria concorde com a premissa de que o hábito de manter inviolável a propriedade privada é permeado pelo outro hábito de angariar riquezas em benefício da boa reputação, que haverá de ser conquistada por meio do consumo conspícuo. A maioria das infrações contra a propriedade, principalmente violações de certa magnitude, é regida por essa ideia. É também público e notório que nas infrações que resultam do grande número de propriedades do infrator normalmente não há penalidades extremas ou a desonra extrema caso a infração fosse baseada apenas no código moral primitivo. O ladrão ou vigarista que obteve grande fortuna por meio de um delito tem mais chance de livrar-se de uma penalidade rigorosa do que o chamado "ladrão de galinhas". Além disso, ele ainda irá angariar para si boa reputação a partir do aumento de sua riqueza e por gastar o dinheiro adquirido irregularmente de maneira semelhante. Aplicar o fruto de seu saque com sofisticação agrada, sobretudo, pessoas de um senso refinado de decoro, chegando ao ponto de atenuar o senso de torpeza moral com que sua conduta malversada é vista. Deve-se notar também — indo direto ao ponto — que todos nós estamos inclinados a ignorar um crime contra a propriedade alheia no caso de um homem que, no afã de prover meios de vida "decentes" para sua esposa e seus filhos, acaba por cometer esse ato. Se ainda for acrescido o fato de que a esposa sempre foi "educada com luxo", essa justificativa será mais uma circunstância atenuante. Em outras palavras, tendemos à indiferença para uma infração cujo objetivo seja o de possibilitar que a esposa do infrator realize por ele a quantidade de consumo vicário de tempo e de bens materiais que lhe é exigida pelo padrão de decência pecuniária. Nesse caso, o costume de aquiescer ao nível habitual de desperdício conspícuo permeia o costume de menosprezar violações contra a propriedade, chegando ao ponto de, por vezes, não ficar claro se tal ato deve ser enaltecido ou reprovado. Isso é especialmente verdadeiro quando o ato de dilapidação envolve um considerável elemento de natureza predatória ou pirata.

 Esse tópico não demanda muito mais delongas; mas não custa salientar que todo aquele expressivo código moral que se reúne em torno do conceito de uma propriedade inviolável é, em si mesmo, um precipitado psicológico do mérito tradicional da riqueza. Além disso, vale ressaltar que essa riqueza, tida como sagrada, é especialmente valorizada em benefício da boa reputação a ser obtida por meio de seu consumo conspícuo.

A relevância da decência pecuniária em relação ao espírito científico ou à busca pelo conhecimento será abordado em mais detalhes em um próximo capítulo. Além disso, quanto ao senso de mérito e de adequação devocional ou ritual nesse contexto, pouco precisa ser dito. Tal tópico também será abordado *en passant* em capítulo posterior. De qualquer maneira, esse uso do dispêndio honroso tem muita influência na formação das preferências populares no que diz respeito ao que é certo e meritório em questões sagradas, e o modo como o princípio do desperdício conspícuo afeta algumas das mais comuns observâncias e presunções religiosas poderá, em seguida, ser tratado com maior atenção.

Claro que o cânone do desperdício conspícuo é responsável, em grande medida, pelo que pode ser chamado de consumo religioso; como, por exemplo, a despesa de construções sagradas, vestimentas e outros artigos do mesmo tipo. Mesmo em cultos modernos nas quais as liturgias preferem templos não construídos manualmente, os edifícios sagrados e outras propriedades voltadas ao culto construídas e decoradas com vistas a possuir um nível respeitável de gasto dispendioso. E não precisamos nos dedicar muito à observação ou introspecção — sendo que ambas servirão a nosso propósito — para nos assegurar de que o esplendor oneroso das casas de adoração gera considerável empolgação e efeito estimulante no hábito de pensamento do adorador. Esses elementos terão o condão de corroborar o mesmo fato se refletirmos sobre como o sentimento de vergonha abjeta com que qualquer evidência de indigência ou miséria quanto ao lugar sagrado, que afeta todos os fiéis. Os acessórios voltados a qualquer prática religiosa não podem ser vistos como algo reprovável financeiramente. Tal requisito é imperativo, qualquer que seja o alcance desses acessórios no quesito estético ou quanto a outras utilidades.

Também é importante notar que em todas as comunidades, principalmente nas regiões onde o padrão de decoro pecuniário para moradias não é alto, o local do santuário é mais ornamentado, com arquitetura e decoração ostensivamente dispendiosas, do que as residências da congregação. Isso ocorre em quase todas as denominações e em quase todos os cultos, sejam cristãos ou pagãos, mas com mais frequência em cerimônias mais antigas e maduras. Ao mesmo tempo, o santuário em geral contribui pouco, quando contribui, para o conforto físico dos membros. Com efeito, a estrutura sagrada não só tem uma pequena função de trazer bem-estar material aos membros, se compararmos com suas casas humildes, como todos os homens detectam um senso de que aquilo é correto e iluminado em relação ao verdadeiro, ao belo e que o bem requer que todo gasto com o santuário não seja de maneira nenhuma destinado ao conforto do adorador. Se qualquer elemento de conforto for admitido nas dependências do santuário, deverá, pelo menos, ser disfarçado de forma escrupulosa sob uma máscara de austeridade ostensiva. Nas mais respeitáveis casas de adoração modernas, onde não são poupados gastos de espécie alguma, o princípio da austeridade é levado ao extremo de tornar as dependências do lugar um meio de mortificação da carne, em especial nas aparências. Poucas são as pessoas de gosto refinado na questão do consumo religioso para quem esse desconforto austero e dispendioso não representa algo intrinsecamente bom e correto. O consumo religioso possui a natureza do consumo vicário. Esse cânone da austeridade religiosa é baseado na respeitabilidade pecuniária do consumo ostensivamente dispendioso, fundamentada no princípio de que o consumo vicário não deve conduzir, de maneira ostensiva, ao conforto do consumidor vicário.

    O santuário e suas dependências nutrem parte dessa austeridade em todos os cultos quando o santo ou deus a que o santuário é destinado não esteja presente, fazendo uso da propriedade para satisfazer o gosto luxuoso que lhe é atribuído. O caráter da parafernália sacra é um pouco diferente a esse respeito nos cultos em que os hábitos de vida atribuídos à divindade são mais parecidos com aqueles de um monarca patriarcal terreno — que é concebido para fazer uso desses bens consumíveis pessoalmente. Nesse último caso, o santuário e suas dependências adotam mais a moda voltada aos bens destinados para o consumo conspícuo de um mestre ou de um proprietário temporal. Por outro lado, nas ocasiões quando os aparatos sagrados são somente adotados a serviço da divindade, ou seja, quando eles são consumidos de forma vicária por seus servos em virtude dessa divindade, as propriedades sagradas adquirem o caráter adequado aos bens destinados unicamente ao consumo vicário.

Neste último caso, o santuário e o aparato sacro são bem artificiais para não aumentar a sensação de conforto ou plenitude de vida do consumidor vicário, ou, pelo menos, para não dar a impressão de que a finalidade desse consumo é o conforto do consumidor — já que a finalidade do consumo vicário não é melhorar a vida do consumidor, mas a reputação pecuniária do mestre, que se beneficia do consumo realizado. Por isso, as vestimentas sacerdotais são caríssimas, ornamentadas e inconvenientes, e, nos cultos em que o sacerdote servidor da divindade não tem a intenção de servi-la como seu consorte, a indumentária tende a ser ainda mais austera e desconfortável. E é assim que elas devem ser.

Não é apenas para estabelecer um padrão religioso de dispêndio decente que o princípio do desperdício invade o domínio dos cânones de utilidade ritual. É também uma questão tanto material quanto formal, recorrendo tanto ao ócio vicário quanto ao consumo vicário. O comportamento sacerdotal é, na melhor das hipóteses, reservado, calmo, superficial e não contaminado por inclinações aos prazeres sexuais. Essas características se aplicam é claro, em diferentes medidas, a diferentes cultos e denominações, mas, na vida sacerdotal, dentre todos os cultos antropomórficos, são mais visíveis as marcas de um consumo vicário do tempo.

O mesmo cânone dominante do ócio vicário também está bastante presente nos detalhes externos das observâncias religiosas, que precisam apenas ser salientados para que se tornem óbvios para qualquer observador atento. Todo ritual tem uma impressionante tendência a reduzir-se a um ensaio de fórmulas, sendo que a evolução delas pode ser notada em cultos mais amadurecidos, que têm, ao mesmo tempo, vida e garbo mais austeros, ornados e sóbrios. No entanto, também é perceptível nas formas e nos métodos de adoração das seitas mais novas, cujos refinamentos em relação aos sacerdotes, vestimentas e santuários são menos exigentes. O ensaio do serviço (o termo "serviço" traz consigo uma proposta interessante para o tema em questão) torna-se cada vez mais superficial conforme o culto fica mais velho e consistente, e essa superficialidade do ensaio é bastante satisfatória para a preferência da correção religiosa. E por um bom motivo, pois o fato de ser superficial vai dizer pontualmente que o mestre — para quem é executado — é exaltado para além da necessidade vulgar de um serviço realmente útil por parte de seus servos, que sendo improdutivos, levam a uma implicação honrosa para o mestre que eles assim continuem sendo. A essa altura não é preciso ressaltar a estreita analogia entre a função sacerdotal e a função do lacaio. Isso é aprazível para nosso senso do que é apropriado nessas questões, em ambos os casos, reconhecendo a óbvia superficialidade do serviço, que é uma mera execução pró-forma. Não deveria haver nenhuma demonstração de agilidade ou manipulação correta na execução do ofício sacerdotal, o que pode sugerir uma capacidade para se desligar do trabalho.

Nisso tudo existe sem dúvida uma implicação óbvia quanto ao temperamento, preferências, propensões e hábitos de vida imputados à divindade por seus adoradores, que vivem sob a tradição desses cânones de reputação pecuniária. Por meio do hábito de pensamento dominante dos homens, o princípio do desperdício conspícuo tem enviesado as noções dos adoradores sobre a divindade e quanto à relação existente entre o ser humano e ela. Com certeza, nos cultos mais primitivos, esse entremear da beleza pecuniária fica mais evidente, mas ela é visível em todos os casos. Todos os povos, em qualquer fase cultural ou grau de conhecimento, ficam satisfeitos ao alcançar um nível, ainda que irrisório, de formação autêntica relativa à personalidade e aos locais habituais de suas divindades. Ao examinar a imaginação para enriquecer e preencher a imagem da presença e do estilo de vida da divindade, eles costumam imputar-lhe características que formam o ideal de um homem nobre. E ao buscar a comunhão com a divindade, integram-se os métodos de abordagem da maneira mais semelhante ao ideal divino presente na mente dos homens da época. Aqui se considera que a presença divina é inserida com toda a graça e da melhor maneira possível, de acordo com determinados métodos aceitos e com o acompanhamento de certas circunstâncias materiais, que, na visão popular, são especialmente adequados com a natureza divina. Esse ideal popularmente aceito de postura e parafernália adequadas à comunhão é, sem dúvida, moldado até certa medida pela visão popular do que é intrinsecamente valoroso e belo para a conduta e para o ambiente humano em todas as ocasiões de intercâmbio digno. Nesse contexto, seria enganoso tentar analisar o comportamento religioso ao remeter todas as evidências da presença de um padrão pecuniário de reputação diretamente à norma subliminar de emulação pecuniária. Por conseguinte, também seria enganoso atribuir à divindade, como é popularmente compreendido, um caráter invejoso para seu status pecuniário, um hábito de evitar e condenar circunstâncias e ambientes degradantes apenas pelo fato de que estão num nível pecuniário inferior.

Assim mesmo, depois de feitas todas as concessões possíveis, parece que os cânones de reputação pecuniária, de modo direto ou indireto, afetam real e materialmente nossas noções dos atributos da divindade, assim como nossas noções sobre quais são os costumes e as circunstâncias adequados para a comunhão divina. Considera-se que a divindade deve ser especialmente serena e ter hábitos de uma vida ociosa. E sempre que sua morada é ilustrada com imagens poéticas, seja para educar, seja para apelar à fantasia religiosa, o devoto "pintor de palavras", como é de sua natureza, expõe perante a imaginação dos observadores um trono com uma profusão de insígnias de opulência e poder, cercado por um grande número de serviçais. Nas representações mais comuns de abóbadas celestes, a função desse grupo de serviçais é a do ócio vicário, sendo que o tempo e o esforço deles são, em grande parte, dedicados a um ensaio industrialmente improdutivo das características e das façanhas meritórias da divindade, com o fundo da representação preenchido pelo brilho de metais preciosos e das variedades mais caras de pedras preciosas. Somente nas expressões mais grosseiras da fantasia religiosa essa intromissão dos cânones pecuniários nos ideais religiosos alcança expressão máxima. Um caso extremo ocorre na iconografia das populações negras do sul dos Estados Unidos. Os "pintores de palavras" da região são incapazes de rebaixar-se a qualquer elemento que seja menos valioso do que ouro; tanto que, nesse caso, a insistência em relação à beleza pecuniária proporciona um efeito impactante com o uso do amarelo — de tal forma que chega a ser insuportável para um gosto mais sóbrio. Não obstante, é bem provável que não haja culto em que os ideais de mérito pecuniário não sejam suscitados para complementar os ideais de adequação cerimonial com o objetivo de orientar a concepção dos homens sobre o que é certo em relação ao aparato sacro.

Do mesmo modo, considera-se que — e o sentimento é correspondido — os serviçais sacerdotais da divindade não deveriam se envolver em trabalhos industrialmente produtivos; esse tipo de ofício — qualquer atividade que seja para o uso humano tangível — não deve ser realizado na presença divina, nem mesmo dentro das dependências do santuário.

Afinal, quem quer que entre em um local sagrado deverá estar purificado de todo e qualquer aspecto industrial profano, eliminando os rastros de suas roupas ou da pele, e suas vestimentas deverão ser mais caras do que os trajes do dia a dia. Além disso, nos feriados reservados em homenagem à divindade ou para comungar com ela, nenhum trabalho para o proveito humano poderá ser desempenhado por quem quer que seja. Até mesmo os subalternos pagãos e os familiares mais distantes deverão prestar-se ao ócio vicário durante o sétimo dia da semana.

Em todas as expressões do senso dos homens pouco instruídos sobre aquilo que é adequado e correto na disciplina religiosa e nas relações com o divino, a presença efetiva dos cânones de reputação pecuniária é claramente suficiente, independentemente se os cânones têm efeito religioso mediato ou imediato sobre o julgamento.

Esses cânones de respeitabilidade tiveram um efeito semelhante, mas muito mais profundo e mais especificamente determinável no senso popular de beleza ou de serventia dos bens consumíveis. Os requisitos do decoro pecuniário influenciaram, em grande parte, esses sensos em relação aos artefatos de uso ou de beleza. Artefatos são, até certo ponto, preferidos para o uso em razão de sua natureza de desperdício conspícuo, sendo percebidos como úteis quase na mesma proporção em que são vistos como extravagantes e mal adaptados ao seu uso ostensivo.

A utilidade de artefatos valiosos para a beleza depende muito do quanto esses itens são dispendiosos. Segue uma ilustração cotidiana para exemplificar essa dependência: uma colher de prata trabalhada à mão, com um valor comercial de dez a vinte dólares,[1] não é melhor em termos de serventia — no primeiro sentido da palavra — do que uma colher do mesmo material de fabricação mecânica. Muito provavelmente também não seja mais útil do que uma colher de fabricação mecânica feita com algum metal "inferior", como alumínio, cujo valor não ultrapassa dez a vinte centavos. Na verdade, o primeiro dos dois utensílios é geralmente menos eficiente para seus propósitos rotineiros do que o último. Certamente os antagonistas prontamente dirão que,

---

[1]. N. do T.: Importante lembrar que esses valores eram de grande quantia à época. Corrigidos, equivalem a cerca de 300 a 600 dólares atuais.

tendo em conta esse ponto de vista, um dos principais usos, se não o principal, das colheres mais caras está sendo ignorado: as colheres forjadas manualmente gratificam nosso refinamento, nosso senso de beleza, enquanto aquelas fabricadas em máquinas, com metais inferiores, não têm outra serventia senão a mera praticidade grosseira. Não há dúvida de que os fatos são exatamente como os apresentados pelos antagonistas; porém, fica evidente, ao refletirmos, que essas objeções são mais plausíveis do que conclusivas. Parece (1) que, embora os materiais para a confecção das duas colheres sejam distintos, sendo que cada uma é bela e útil para o propósito a que servirá, o material da colher feita à mão é cerca de cem vezes mais custoso do que o feito com metal inferior, sem superar tanto esta última quanto à beleza intrínseca de brilho e coloração, não apresentando grande vantagem na questão de suas serventias mecânicas; (2) caso uma inspeção mais detalhada demonstrasse que a colher supostamente feita à mão fosse, em verdade, apenas uma ótima imitação de bens forjados manualmente — mas uma cópia tão bem feita que daria a mesma impressão, em seus mínimos detalhes, para qualquer um que não tivesse um olho muito bem treinado —, então a utilidade do artefato, inclusive a gratificação derivada de sua contemplação como objeto de beleza, seria imediatamente minorada em oitenta a noventa por cento ou até mais; (3) se as duas colheres fossem tão idênticas em aparência, ainda que observadas de perto, a ponto de apenas o menor peso de uma delas deixar transparecer qual seria o item espúrio, dificilmente a identidade de forma e cor acrescentaria algum valor à colher feita à máquina, tampouco aumentaria a gratificação do "senso de beleza" do usuário ao contemplá-la, contanto que a colher mais barata não fosse uma bugiganga malfeita e que pudesse ser adquirida a um custo nominal.

O caso da colher é típico. A gratificação superior derivada do uso e da contemplação de produtos mais caros e supostamente mais belos é, na maior parte das vezes, uma gratificação de nosso senso de opulência sob a máscara da beleza. O maior apreço que atribuímos ao artigo superior é uma admiração referente a seu caráter honorífico superior, o que é muito mais frequente do que uma nula consideração sofisticada por sua beleza. A exigência do desperdício conspícuo não costuma estar presente de maneira consciente em nossos cânones de preferência, mas, sem dúvida nenhuma, está presente como norma limitadora que ressalta e sustenta nosso senso daquilo que é belo e orienta nossa discriminação a respeito do que pode ser legitimamente aceito como belo ou não.

 É aqui, onde o belo e o honroso se encontram e se mesclam, que a diferenciação entre serventia e desperdício se torna mais difícil em qualquer caso concreto. Frequentemente um artefato que serve a um propósito honroso de desperdício conspícuo é, ao mesmo tempo, um objeto belo, sendo que a mesma aplicação prática em relação a sua utilidade para o propósito anterior pode — e quase sempre o faz — proporcionar beleza de forma e coloração ao artefato. A questão, porém, fica mais complicada pelo fato de que muitos objetos, como, por exemplo, pedras e metais preciosos e alguns materiais usados para adornos e decoração, devem sua utilidade como itens de desperdício conspícuo a uma utilidade prévia na condição de objetos de beleza. O ouro, por exemplo, tem um alto grau de beleza sensual; muitos, senão a maioria, dos trabalhos artísticos valiosíssimos são intrinsecamente belos, embora muitas vezes com restrição material. O mesmo ocorre com materiais utilizados para vestimentas, com algumas estruturas e muitos outros elementos de nível inferior. Salvo por sua beleza intrínseca, é pouco provável que esses objetos fossem cobiçados como são ou tivessem se tornado predominantemente objetos de orgulho a quem os possui ou utiliza. Entretanto, a utilidade desses itens para seus detentores normalmente se deve menos a sua beleza intrínseca do que à honra conferida por sua posse e consumo ou pelo fato de afastarem uma possível desonra.

 Para além de sua serventia em outras situações, esses objetos são belos e têm sua própria utilidade. Nesse contexto, eles são valiosos caso possam ser apropriados ou dominados; por conseguinte, são cobiçados como posses valiosas, sendo que o prazer exclusivo proporcionado por eles gratifica o senso de superioridade pecuniária do indivíduo, ao mesmo tempo que recompensa o senso de beleza do proprietário quando se dedica a contemplá-los. No entanto, a beleza, no sentido primitivo da palavra, é mais uma questão de ocasião do que de motivo para sua posse ou valor comercial. "Tanto quanto sua imensa beleza sensual, a raridade e o preço das gemas agregam um toque de distinção, o que jamais teriam se fossem baratas." De fato, considerando as situações sob tal aspecto, há relativamente pouca motivação para a posse e para o uso exclusivo desses objetos belos, à exceção do seu caráter honroso enquanto itens de desperdício conspícuo. Quase todos os objetos dessa classe, sem considerar alguns itens de adorno pessoal, poderiam ser tão úteis a todas as outras finalidades quanto aqueles vistos como honrosos, fossem eles ou não de posse do observador. E mesmo em relação aos ornamentos pessoais, deve ser acrescentado que sua finalidade principal é propiciar um charme maior a quem os utiliza (ou possui) em comparação àqueles que são obrigados a viver sem eles. A serventia estética dos objetos de beleza não é grandemente nem universalmente ampliada em razão de sua posse.

A generalização da presente discussão se fundamenta no fato de que qualquer objeto de valor, a fim de instigar nosso senso de beleza, deve obedecer aos requisitos tanto de beleza quanto de exorbitância. Mas isso não é tudo — o cânone da exorbitância também afeta tanto nossas preferências que acaba por mesclar, de maneira indissociável, as marcas do excesso (para nossos padrões) com as características de beleza do objeto, e classifica o efeito resultante como uma mera apreciação da beleza. As marcas de exorbitância passam a ser aceitas como características de beleza dos artefatos caros. Eles nos agradam pelo fato de serem sinais de honrosa abundância, e o prazer que nos proporcionam se mistura com aquele oferecido pela beleza de forma e de coloração do objeto; tanto que diversas vezes dizemos que um artigo de vestuário, por exemplo, é "simplesmente encantador", quando, na verdade, após uma análise do valor estético de tal roupa, seria o mesmo que dizer que ela é financeiramente honrosa.

A mistura e a confusão relacionadas aos elementos de exorbitância e beleza talvez sejam mais bem exemplificadas por artigos de vestuário e mobiliário doméstico. O código de respeitabilidade em questões de vestimenta decide quais são as formas, cores, materiais e aspectos gerais das roupas mais adequados e aceitos da época. Desviar-se desse código é um atentado contra nosso refinamento, já que supostamente seria o mesmo que desviar-se da verdade estética. A aprovação que buscamos por meio de trajes estilosos jamais deve ser encarada como pura invenção. Com facilidade e na maioria das vezes com total sinceridade, nós achamos esses elementos agradáveis ao olhar exatamente por estarem na moda. Enchimentos de vestidos felpudos e cores chamativas, por exemplo, às vezes nos ofendem quando a moda é usar cores neutras e um acabamento cintilante. Um gorro estiloso do modelo mais recente, sem dúvida nenhuma, aguça muito mais nossa sensibilidade do que um gorro igualmente estiloso do ano anterior; apesar de que, quando visto pela perspectiva de um quarto de século mais tarde, será, a meu ver, bem difícil atestar a beleza de um em detrimento do outro. Portanto, de novo, deve ser ressaltado que, considerando-se apenas a justaposição física com a forma humana, o brilho da cartola ou do sapato de couro de um cavalheiro não terá mais a mesma beleza intrínseca do que uma luva desgastada, embora com o mesmo brilho intenso. Ainda assim, ninguém contesta que todas as pessoas bem-nascidas (nas comunidades civilizadas do Ocidente) apegam-se instintiva e despretensiosamente ao item que é dito ter extrema beleza, sentindo repulsa pelo outro, como se fosse uma ofensa ao seu bom gosto. Para quem quer que fosse, duvido muito que pudesse ser levado a usar uma cartola da sociedade civilizada, salvo por alguma urgência, que não fosse em razão de motivos estéticos.

Por conta do hábito constante de uma percepção apreciativa pelas marcas da exorbitância dos bens e por ter o costume de associar beleza com reputação, pode acontecer de um belo item que não seja tão caro ser considerado sem beleza. Então, em virtude disso, por exemplo, algumas flores lindas passam a ser convencionalmente vistas como ervas daninhas; outras que podem ser cultivadas com relativa facilidade são aceitas e admiradas pela classe média baixa, que não pode arcar com esse tipo de luxo dispendioso; porém, essas variedades são rejeitadas por sua vulgaridade por aqueles que têm mais condições de pagar por flores caras e que foram educados para escolher produtos de beleza pecuniária na banca dos floristas. Ao passo que outras flores, sem nenhuma beleza intrínseca superior, são cultivadas a um custo bastante alto e atraem grande admiração de amantes de flores, cujas preferências se tornaram amadurecidas pela orientação crítica de um ambiente refinado.

A mesma variação em termos de preferência, de uma classe social para outra, também é perceptível quanto a outros tipos de bens consumíveis, como, por exemplo, é o caso de móveis, casas, áreas residenciais e jardins. A diversidade de pontos de vista com relação àquilo que é belo, nas mais variadas classes de bens, não se trata de diversidade da norma de acordo com a qual o corrente senso simplório de beleza se relaciona. Não se trata de uma diferença inerente aos atributos estéticos, mas uma distinção no código de respeitabilidade, o qual especifica quais objetos se encaixam no escopo de consumo honorável para a classe a que o crítico pertence. É uma diferença nas regras de etiqueta referentes aos tipos de coisas que podem, sem menosprezar o consumidor, ser consumidas em conformidade com os objetos reconhecidamente primorosos e de bom gosto. Assim, essas tradições, permitindo algumas variações a serem observadas em razão de outros aspectos, são determinadas de maneira quase rígida pela média pecuniária da classe em questão.

Nosso cotidiano proporciona diversas ilustrações curiosas de como o código pecuniário de beleza de artigos comuns varia de classe para classe, assim como a maneira com que o senso convencional de beleza se emancipa do senso pouco instruído pelos requisitos de reputação pecuniária. Um bom exemplo são os gramados, grandes jardins ou terrenos com a grama bem aparada, que seduzem despretensiosamente a preferência dos povos ocidentais. Eles parecem apelar principalmente às preferências de classes abastadas naquelas comunidades em que o elemento dólico-loiro[2] predomina em nível considerável. Sabe-se bem que um gramado tem elementos de beleza sensual apenas por ser um objeto de percepção, e como tal, sem dúvida, atrai os olhares de praticamente todas as raças e todas as classes; porém, talvez ele seja ainda mais belo aos olhos do dólico-loiro do que aos dos outros homens. O maior encanto por um pedaço de relva que esse elemento étnico tem em relação a outros elementos da população, combinado com algumas outras características do temperamento dólico-loiro, indica que esse elemento racial foi, há muito tempo, um povo pastoral que habitava uma região de clima úmido. O gramado aparado é lindíssimo aos olhos de um povo que herdou um enorme prazer na contemplação de um pasto bem preservado ou um terreno coberto por gramíneas.

2. Em *A Teoria da Classe Ociosa*, Veblen foca nos efeitos da *seleção* sobre o comportamento de diferentes grupos sociais. Em ensaios posteriores, ele faz distinções baseadas na *adaptação*, à medida que os grupos se conformam com a mudança de hábitos. Para ele, era uma questão de ênfase o fato de a pessoa ver as mudanças destrutivas ocorrendo durante a fase predatória secundária como resultado de mutações dentro da raça ou de a pessoa continuar a enfatizar o tipo original do bom selvagem.

CÂNONES PECUNIÁRIOS DE REFINAMENTO

Por um propósito estético, o gramado é um pasto para vacas e, em alguns casos, até hoje — em que a exorbitância de circunstâncias correlatas afasta qualquer possibilidade de economia —, o idílio dos dólico-loiros é revivido ao colocar uma vaca em um gramado ou terreno privado. Nos casos em que a vaca faz uso do pasto, é bom que ela seja de uma raça bem cara. A sugestão vulgar de parcimônia, quase inseparável da vaca, é uma objeção permanente ao uso decorativo desse animal. Por isso, em todos os casos, exceto quando os entornos luxuosos negam essa sugestão, o uso da vaca como objeto de refinamento deve ser evitado. Onde a predileção por algum gado específico para satisfazer a insinuação do pasto for muito forte para ser suprimida, o lugar da vaca é geralmente cedido a um substituto mais ou menos inadequado, como veados, antílopes ou algum animal exótico do tipo. Esses substitutos, nesses casos, embora menos belos do que a vaca aos olhos pastorais do homem ocidental, acabam sendo preferidos, pois, como são mais caros ou mais fúteis, aumentam a consequente reputação. Não são vulgarmente lucrativos, tanto de fato quanto sugestivamente.

Parques públicos, é claro, encaixam-se na mesma categoria dos gramados. Eles também, na melhor das hipóteses, são imitações de pastos, sendo naturalmente melhor conservados pelo pastoreio, e o gado na relva não é, por si só, um complemento à beleza do lugar, uma vez que quase não é preciso insistir com alguém que já tenha visto um pasto bem conservado. Mas vale notar, como expressão do elemento pecuniário presente na preferência popular, que raramente recorre-se a esse método de conservação de terrenos públicos. Por melhor que ágeis trabalhadores consigam fazer sob a supervisão de um jardineiro bem treinado, é uma reprodução aproximada de um pasto, mas o resultado invariavelmente acaba ficando aquém do efeito artístico típico de uma pradaria. No entanto, para a percepção popular mediana, uma manada de gado insinua tanta parcimônia e utilidade do que a sua presença num jardim público, que chega a ser percebida como algo demasiado inferior, a ponto de ser intolerável. Esse método de manutenção dos jardins é relativamente pouco dispendioso sendo consequentemente indecoroso.

Dentro dessa mesma noção, existe outra característica dos jardins públicos. Há uma demonstração diligente de exorbitância aliada ao faz de conta de simplicidade e de serventia nua e crua. Jardins privados também apresentam essa mesma aparência, não importando se são geridos ou estejam na posse de pessoas cujas preferências tenham sido formadas de acordo com os hábitos de vida da classe média ou das tradições da classe alta de um período não posterior à infância da atual geração. Jardins que dialogam com o bom gosto instruído da classe alta contemporânea não apresentam essas características em níveis tão marcantes. O motivo para a diferença existente entre as preferências dos bem-nascidos de gerações passadas e das vindouras reside na constante mutação da situação econômica. Uma diferença semelhante é perceptível em outros aspectos, como nos ideais aceitos para os jardins ornamentais. Em muitos países, até a última metade do século, somente uma ínfima parcela da população possuía riqueza suficiente para isentá-los da parcimônia. Em razão de meios de comunicação imperfeitos, essa pequena fração foi dispersada e seus membros não tiveram como manter contato entre si. Por conseguinte, não houve como a preferência evoluir sem seguir à risca o senso de exorbitância. Não prosperou nenhuma tentativa de conter a aversão pela parcimônia vulgar no contexto da preferência dos bem-nascidos. Onde quer que o senso de beleza corriqueiro pudesse se manifestar, ainda que esporadicamente, para validar os arredores pouco dispendiosos ou parcimoniosos, faltaria a "confirmação social" que só pode ser dada por um grupo considerável de pessoas com ideias afins. Com isso, não houve nenhum tipo de parecer eficaz da classe alta que ignorasse evidências de possível economicidade no gerenciamento de jardins, consequentemente não houve divergência considerável entre a classe ociosa e o ideal da classe média baixa na aparência dos jardins ornamentais. Ambas as classes formaram seus ideais com igual temor pela falta de reputação pecuniária perante os olhos da outra.

Atualmente uma divergência nos ideais está começando a ficar aparente. A parcela da classe ociosa que costumava ser isenta do trabalho e das preocupações pecuniárias há mais de uma geração está agora grande o bastante para formar e sustentar uma opinião em questões de gosto. O incremento da mobilidade de seus membros também facilitou que houvesse "confirmação social" dentro da classe, na qual a ausência de parcimônia é algo tão comum quanto ter perdido boa parte de sua utilidade como base para o decoro pecuniário. Por conseguinte, os cânones de preferência contemporâneos da classe superior não insistem de maneira sistemática em que haja uma demonstração incessante de economicidade e uma exclusão rígida da aparência de parcimônia. Assim, uma predileção pelo rústico e "natural" em parques e jardins públicos manifesta-se nesses níveis sociais e intelectuais mais elevados. Essa predileção é, em larga medida, um afloramento do instinto industrial, atingindo seus objetivos em diversos graus de coerência. Raramente passa incólume, sendo que, às vezes, transforma-se em algo não muito diferente daquele faz de conta de incivilidade a que já nos referimos.

Uma inclinação por apetrechos com praticamente nenhuma utilidade, que sugere explicitamente o uso imediato e parcimonioso deles, manifesta-se até nas preferências da classe média — mas é mantida sob controle pela dominância inquebrantável do cânone da futilidade respeitável. Por conta disso, ela funciona de diversas maneiras para simular serventia — em apetrechos como cercas rústicas, pontes, pérgolas, pavilhões e recursos decorativos do tipo. Um exemplo dessa simulação de serventia, em que talvez possamos encontrar o maior distanciamento dos primeiros lembretes do senso de beleza econômica, é trazido a nossos olhos por meio de cercas e treliças rústicas de ferro fundido, ou por entradas de garagens tortuosas acima do nível do chão.

A classe ociosa seleta superou o uso dessas variantes pseudoprestativas de beleza pecuniária, pelo menos em alguns aspectos. Mas a preferência daqueles que mais recentemente ascenderam à classe ociosa propriamente dita, advindos das classes média e baixa, ainda demanda beleza pecuniária para suplementar a beleza estética, mesmo em relação a objetos que são admirados *a priori* pela beleza natural que lhes pertence.

A preferência popular nessas questões costuma prevalecer quando observamos uma grande apreciação pelo trabalho de topiaria nos jardins ornamentais e canteiros públicos. Talvez a ilustração mais patente da predominância da beleza pecuniária sobre a beleza estética na preferência da classe média seja encontrada na reconstrução da área recentemente ocupada pela Exposição Universal de 1893.[3] Fica evidente que a exigência da exor-

---

3. Realizada em Chicago em 1893, trata-se da muito popular Feira Mundial que comemorou a "descoberta" da América por Cristóvão Colombo (daí o nome "colombiana") em 1492. A exposição, projetada por Daniel Burnham, que apresentava exposições das mais novas tecnologias e também antropológicas, ficou famosa como "A Cidade Branca".

bitância respeitável ainda está bastante presente, mesmo onde se evitam demonstrações extravagantes. Os efeitos artísticos que de fato foram implementados nesse trabalho de reconstrução divergem diametralmente do efeito que essas mesmas áreas teriam se não fossem influenciadas pelos cânones pecuniários de preferência. Até mesmo a classe mais abastada da população local vê o avanço do trabalho com uma aprovação incondicional que, nesse caso, sugere haver pouca ou nenhuma discrepância entre as preferências das classes superior e baixa ou média da cidade. O senso de beleza na população, considerando essa cidade representativa da cultura pecuniária avançada, é bem desconfiado quanto a qualquer desvio do grande princípio cultural do desperdício conspícuo.

O amor pela natureza, talvez tomado emprestado de um código de preferência da classe superior, expressa-se ocasionalmente de maneira inesperada sob a guia desse cânone de beleza pecuniária, levando a resultados que podem, à primeira vista, parecer incongruentes para um observador incauto. A prática comum de plantar árvores em áreas devastadas dos Estados Unidos, por exemplo, tem sido levada a cabo como ato de investimento honroso mesmo em áreas densamente arborizadas; tanto que, não raro, vemos vilarejos ou fazendas cortando suas árvores nativas para, logo em seguida, realizar o replantio de certas variedades introduzidas dentro das propriedades ou ao longo das vias públicas. Dessa forma, bosques de carvalho, olmo, faia, nogueira, pinheiro, tília e bétula são desmatados para dar vez a mudas de bordo canadense, algodoeiro e salgueiro. Tem-se em mente que a consequente economia financeira por deixar as florestas intocadas não proporciona a dignidade que poderia haver com o investimento em novidades que teriam um propósito decorativo e honorífico.

A mesma orientação que permeia as preferências em decorrência da reputação pecuniária pode ser identificada nos padrões hegemônicos de beleza nos animais. O papel desempenhado por esse cânone de preferência ao atribuir à vaca seu lugar na noção popular de estética já foi mencionado. Algo semelhante também ocorre com outros animais domésticos, à medida que eles vão se tornando minimamente úteis para a comunidade — como, por exemplo, aves de granja, porcos, gados de corte, ovelhas, cordeiros e cavalos de carga. Eles pertencem à classe dos bens produtivos e servem a um propósito útil e, muitas vezes, lucrativo; por isso, nem sempre a beleza lhes é imediatamente atribuída. A situação é diferente com animais domésticos que normalmente não têm propósito industrial: pombos, papagaios e outras aves engaioladas, gatos, cães e cavalos velozes. Esses últimos costumam ser itens de consumo conspícuo e, por conseguinte, são honoríficos por natureza e podem ser considerados legitimamente belos. As classes superiores criaram a convenção de admirar esses animais, enquanto as classes financeiramente inferiores — e aquela seleta minoria da classe ociosa que deixou de sentir repulsa pela parcimônia — conseguem ver beleza em todos os tipos de animais, sem delimitar uma linha pecuniária entre o que é belo e o que é feio.

No caso desses animais domésticos honrosos e considerados belos, há uma base subsidiária de mérito sobre a qual deveríamos falar. Salvo pássaros que pertencem à classe honorífica de animais domésticos, que devem o lugar ocupado nessa categoria tão somente ao seu caráter não lucrativo, os animais que merecem especial atenção são gatos, cães e cavalos velozes. O primeiro proporciona menos reputação do que os outros dois citados, porque tem preços menos exorbitantes, podendo inclusive ter finalidades úteis. Ao mesmo tempo, o temperamento do gato não se encaixa no critério de propósito honroso. Ele vive com o homem em pé de igualdade, desconhece qualquer relação de status — o mais antigo fundamento para todas as distinções de valor, honra e reputação — e não se presta a ficar fazendo comparações ínvidas entre o dono e seus vizinhos. A exceção para a última regra ocorre no caso de produtos tão escassos e luxuosos como o gato angorá, que possui um razoável valor honorífico com base na exorbitância e, por isso, reivindica beleza por meio de critérios pecuniários.

Os cães têm certa vantagem no sentido de sua inutilidade assim como na questão de seu comportamento mais dócil. Em sentido amplo, costuma-se dizer que o cão é o melhor amigo do homem e sua inteligência e fidelidade devem ser admiradas. O sentido dessa afirmação é que o cachorro é servo do homem e possui o dom da subserviência inquestionável, além da presteza de um escravo para perceber o humor de seu mestre. Aliando essas características, que combinam bem com a presente relação de status — e que, para a presente finalidade, devem ser registradas como características pragmáticas —, o cão possui certos aspectos de valor estético duvidosos. Ele é o animal doméstico mais sujo de que se tem conhecimento e com péssimos hábitos de higiene. Esses fatos só compensam por ele ter uma atitude servil e bajuladora em relação ao dono, estando sempre pronto para causar danos e/ou desconforto a qualquer um que se aproxime. O cão, portanto, cai nas nossas graças por ensejar nossa propensão à dominação; e como ele também é um artigo extravagante, sem oferecer praticamente nenhuma finalidade industrial, acaba garantindo seu posto como um item que oferece boa reputação. Ao mesmo tempo, os cães são associados em nosso imaginário como seres relacionados à caça — uma nobre atividade e expressão do honroso impulso predatório.

Assim, partindo desse ponto de vista, qualquer beleza manifesta em sua forma ou movimento e quaisquer traços mentais louváveis que o animal possa ter são constantemente apreciados e engrandecidos. Até mesmo raças de cães que apresentam grotescas deformidades por conta da ação de seus criadores são consideradas, por muitos, como genuinamente belas. Essas raças de cães — e o mesmo pode ser dito de outros animais que padecem nas mãos de criadores — têm seu valor estético avaliado e classificado quase na mesma proporção do grau de bizarrice e instabilidade que a deformidade em voga assume em cada caso. Para o presente objetivo, essa utilidade diferencial, nessas bases, pode ser convertida em termos de maior escassez e consequentes gastos. O valor comercial de monstruosidades caninas, como as raças predominantes de cães de companhia tanto de homens quanto de mulheres, respalda-se no alto custo de produzi-los, sendo o valor deles para seus donos embasado, sobretudo, na utilidade deles como itens de consumo conspícuo. Indiretamente, ao refletir sobre a exorbitância honrosa deles, um valor social acaba sendo atribuído aos animais; portanto, por meio de uma simples substituição de palavras e ideias, eles passam a ser admirados e considerados belos. Como nenhuma atenção dedicada a esses animais tem efeito vantajoso ou útil, então eles também oferecem boa reputação. Além disso, como o costume de dar-lhes atenção não é criticado, a ação pode vir a se tornar um apego persistente com características de benevolência. Tanto que, em relação à afeição dedicada aos animais de estimação, o cânone da exorbitância pode ser observado, ainda que não tão intensamente, como norma que orienta e determina a escolha do objeto e o que se sente por ele. O mesmo também acontece, como veremos a seguir, em relação à afeição por pessoas, embora a maneira com que essa norma atue seja ligeiramente diferente.

O caso dos cavalos velozes é bastante parecido com o dos cães. No geral, eles são caros, dispendiosos e inúteis — para a finalidade industrial. Não importa qual seja o uso produtivo que possam oferecer, seja na promoção do bem-estar da comunidade, seja ajudando e facilitando o estilo de vida dos homens, eles acabam atuando apenas em exibições de força e movimentação elegante que entretêm o senso estético popular. Claro, uma serventia importante. O cavalo não é dotado de aptidão espiritual para a dependência servil na mesma medida que o cachorro, mas ele atende com eficácia o impulso do mestre em transformar as forças "ativas" do ambiente de forma a trazer vantagens para si, expressando sua individualidade dominante por meio delas. O cavalo veloz é, ao menos, um cavalo de corrida em potencial, de nível alto ou baixo; e como tal ele é particularmente pragmático para seu proprietário. A utilidade do cavalo veloz está, acima de tudo, em sua eficácia como meio de emulação, ao satisfazer o senso de agressividade e dominação do dono quando vê seu animal superar o do vizinho. Pelo fato de tal uso não ser lucrativo, mas demasiado — e ostensivamente — extravagante na maioria das vezes, ele é honroso. Por isso, o cavalo veloz passa a ser presumido como um forte sinal de boa reputação. Além disso, o cavalo de corrida propriamente dito tem uma função igualmente não industrial, mas honrosa, como instrumento de apostas.

Portanto, o cavalo veloz é esteticamente afortunado, porque o cânone pecuniário de boa reputação reconhece a liberdade de apreciá-lo, qualquer que seja seu grau de beleza ou serventia. Ele tem a pretensão de consentir com o princípio do desperdício conspícuo e ter o respaldo da atitude predatória em benefício da dominação e da emulação. Além disso, o cavalo é um belo animal, embora o cavalo de corrida atraia, ainda que não no mesmo nível, pessoas de preferências insipientes que não pertencem nem à classe dos entusiastas do turfe, nem à classe cujo senso de beleza fica suspenso em razão do constrangimento moral atribuído aos apostadores dessas corridas. Para essa ausência de refinamento, o cavalo mais belo é aquele que sofreu menos alterações radicais do que o cavalo de corrida, o qual teve de enfrentar a seleção evolutiva estipulada pelo criador. Mesmo assim, quando um escritor ou palestrante — principalmente os dotados de maior eloquência — precisa ilustrar a graça e serventia de um animal, para uso retórico, costuma recorrer à imagem do cavalo, deixando normalmente claro, antes de terminar sua exposição, que, na verdade, tinha em mente um cavalo de corrida.

É importante ressaltar que o crescente apreço por raças de cães e cavalos, como aquele de pessoas de preferências moderadamente refinadas nessas questões, há também outra distinta e mais direta linha de atuação dos cânones de respeitabilidade da classe ociosa. Nos Estados Unidos, por exemplo, as preferências da classe ociosa são, até certo ponto, baseadas na utilização e nos costumes que prevalecem — ou que passaram a predominar — na classe ociosa da Grã-Bretanha. Isso ocorre mais com cavalos do que com cães. Com os primeiros, em especial cavalos para montaria — que na melhor das hipóteses têm a mera função de objetos de ostentação —, não haverá dúvida, entre a maioria das pessoas, de que o cavalo é mais bonito, já que ele tem um ar mais "britânico". Afinal, para efeitos de reputação, a classe ociosa britânica é a classe ociosa superior deste país, assim como aquela que influencia as camadas mais baixas da sociedade. Esse mimetismo nos métodos para perceber o que é belo e na formação do juízo de preferências não precisa resultar numa predileção espúria, muito menos hipócrita e fingida. E essa predileção é uma atribuição de preferências tão importante e essencial quando se respalda nesse pilar e está amparada em qualquer outro fundamento. A diferença é que essa opção é uma preferência pelo correto que proporciona boa reputação, não pelo esteticamente verdadeiro.

Vale dizer que o mimetismo vai muito além do mero senso de beleza em relação à aparência dos equinos. Estão considerados também o manejo com os animais e com as habilidades de equitação, tanto que a postura correta, ou respeitável, de sentar-se no animal é igualmente determinada pelo costume dos ingleses pela marcha equestre. Para mostrar como podem ser imprevisíveis as circunstâncias que determinam o que poderá ou não ser atraente de acordo com o cânone de beleza pecuniário, é preciso ressaltar que esse jeito de sentar à moda inglesa e a maneira de trotar particularmente incômoda (fazendo com que seja necessário manter uma postura estranha) são resquícios de uma época quando as estradas inglesas eram cheias de lama e atoleiros, sendo praticamente intransitáveis para um cavalo percorrê-las com uma marcha confortável. Desse modo, uma pessoa de bom gosto, ao manejar cavalos atualmente, tem de despender grande esforço com animais de caudas aparadas, numa postura desconfortável e um trote enfadonho só porque as estradas inglesas, durante a maior parte do último século, eram intransitáveis para um cavalo passear com uma marcha mais, digamos, "equestre", ou para um animal constituído para mover-se facilmente em campos abertos e com terra firme — terrenos onde os cavalos se desenvolveram.

Não foi apenas em relação aos bens consumíveis — além dos animais domésticos — que os cânones de preferência foram influenciados pelos cânones de reputação pecuniária. Algo semelhante pode ser dito quanto à beleza das pessoas. A fim de evitar quaisquer matérias controversas, aqui não daremos muita ênfase à predileção popular, assim como não trataremos do porte digno (ocioso) da compleição corpulenta, vulgarmente associada à opulência nos homens maduros. Essas características são, até certo ponto, aceitas como elementos de beleza pessoal. Por outro lado, existem certos elementos da beleza feminina que entram nesse contexto, com um caráter tão concreto e específico que chega ao ponto de aceitar a existência de uma apreciação discriminada, item por item. Nas comunidades do período do desenvolvimento econômico, quando as mulheres são valorizadas pela classe superior em razão de seus serviços, é quase uma regra que o ideal de beleza feminina seja uma mulher robusta com pernas e braços grossos. O critério primordial de admiração é a constituição física, ao passo que o formato do rosto fica apenas em segundo plano. Um bom exemplo desse ideal de perfeição na antiga cultura predatória são as donzelas dos poemas de Homero.[4]

Esse ideal sofre mudanças profundas no período evolutivo posterior, quando a função da esposa de classe alta, no âmbito das convenções sociais, passa a ser um simples ócio vicário. Em seguida, o ideal engloba características que deveriam ser fruto de uma vida ociosa sistematicamente imposta. O ideal almejado, nesse contexto histórico, pode ser inferido a

---

4. Veblen contrasta o tipo moderno da "senhora" neurastênica com um rosto irretocável valorizado pela classe ociosa com a "mulher" forte, ativa e cheia de vontade exemplificada por figuras como Hécuba, Cassandra, Andrômaca, Penélope, Circe e Nausicaa.

partir de descrições de mulheres bonitas feitas por poetas e escritores da época cavalheiresca. Considerando o escopo das convenções sociais daqueles dias, as damas de alto nível deveriam estar sob uma tutela perpétua e serem rigorosamente isentas de qualquer tipo de trabalho útil. Decorrente desse período cavalheiresco e romântico, o ideal de beleza se concentra, sobretudo, no rosto, exaltando seus traços finos, a delicadeza das mãos e dos pés, com formas longilíneas e a cintura esbelta. Nas representações artísticas das mulheres daquele tempo e nos trabalhos de imitadores românticos modernos do sentimento e pensamento cavalheirescos, a cintura é afinada para insinuar extrema debilidade. O mesmo ideal continua vigorando para uma parcela considerável da população de comunidades industriais modernas, mas é preciso ressaltar que esse padrão persistiu com maior intensidade naquelas comunidades modernas menos desenvolvidas em questões econômico-sociais e naquelas que apresentavam vestígios perceptíveis de status e das instituições predatórias. Em outras palavras, o ideal cavalheiresco foi melhor preservado nas comunidades que sobreviveram sem um mínimo de modernização. Resquícios desse ideal romântico ou descuidado manifestam-se em abundância nas preferências das classes abastadas dos países continentais.

Nas comunidades modernas que alcançaram os mais altos níveis de desenvolvimento industrial, a classe ociosa superior acumulou tanta riqueza que não havia a necessidade de compelir as mulheres ao trabalho produtivo vulgar. Nesse contexto, o status das mulheres como consumidoras vicárias começa a já não ser tão apreciado pelas pessoas; e por conta disso, o ideal de beleza feminina, que antes admirava a donzela frágil, delicada, transparente e patologicamente magra, passa a enaltecer mulheres do tipo arcaico, que não renega a forma de suas mãos e pés, nem mesmo outros aspectos mais grosseiros de sua pessoa. No decorrer da evolução econômica, o ideal de beleza entre os povos do Ocidente mudou da mulher com presença física para a donzela frágil, voltando ao primeiro modelo — tudo isso obedecendo às alterações nas condições da emulação pecuniária. Em um primeiro momento, as exigências para emulação demandavam escravos saudáveis; depois passaram a demandar uma performance conspícua de ócio vicário e, por isso, uma óbvia debilidade. Entretanto, o cenário atual está começando a deixar de exigir essa fragilidade, visto que, em razão da maior eficiência da indústria moderna, o ócio das mulheres atingiu um grau de reputação tão ínfimo que não servirá mais como sinal distintivo do mais alto nível pecuniário.

Exceto por esse controle geral desempenhado pela norma do desperdício conspícuo sobre o ideal de beleza feminina, existem alguns pontos que merecem ser citados a fim de demonstrar detalhadamente como é possível exercer uma exagerada pressão sobre o senso de beleza dos homens em relação às mulheres. Já mencionamos que, nas fases da evolução econômica quando o ócio conspícuo é visto como meio de conquistar boa reputação, o ideal exigia mãos e pés delicados e diminutos, além de uma cintura esbelta. Essas características, associadas aos outros defeitos na estrutura corporal que costumam acompanhá-las, comprovam que tal pessoa é incapaz de fazer esforços úteis e, portanto, seu proprietário deve sustentar sua condição ociosa. Ela é inútil e dispendiosa, transformando-se, por conseguinte, numa evidência valiosa de força pecuniária. O resultado é, para esse período cultural, as mulheres passam a querer modificar suas aparências físicas a fim de adequarem-se ao máximo às preferências ditadas pelo padrão erudito da época. Desse modo, guiados pelo cânone de decoro pecuniário, os homens acham atraentes os aspectos patológicos decorrentes dessa influência artificial. Assim, podemos citar como exemplos a cintura espremida, que se espalhou e esteve por muito tempo em moda nas comunidades de cultura ocidental, e os pés deformados das chinesas. Ambas as mutilações são, sem dúvida, repugnantes aos olhos descuidados. Conseguir aceitar esse tipo de fato demanda hábito. Mesmo assim, não se questiona o desejo que essas características despertam nos homens adaptados ao estilo de vida que encara esses aspectos como itens honoríficos admitidos pelas exigências da reputação pecuniária. Assim, são itens de beleza pecuniária e cultural que vêm cumprir seu dever como elementos do ideal de feminilidade.

A conexão aqui indicada entre o valor estético e o valor pecuniário ínvido certamente não está presente na consciência do avaliador. Até o momento, uma pessoa, ao formar seu juízo de preferências, reflete sobre o fato de que o objeto de beleza em análise é extravagante e de grande reputação, podendo, por isso, ser considerado legitimamente belo. Até o momento, um juízo de valores não é um juízo de valores de boa-fé e não pode ser levado em consideração nesse tocante. A conexão aqui salientada entre a reputação e a percepção de beleza dos objetos está além do efeito que a reputação tem sobre o hábito de pensamento do avaliador. Ele tem o hábito de conceber diversos tipos de juízos de valor — econômico, moral, estético ou quanto à reputação — em relação aos objetos a seu redor, e sua atitude de aprovação em relação a um dado objeto. Por qualquer razão que seja, tende a interferir no grau de sua valorização do objeto, quando tiver de avaliá-lo para fins estéticos. Principalmente quando a avaliação está intimamente relacionada tanto a motivos estéticos quanto à reputação. E essas avaliações baseadas na estética e na reputação não são tão divergentes como se poderia imaginar. Há uma grande tendência de que surja confusão entre esses dois tipos de avaliação, porque o valor dos objetos que rendem boa reputação não costuma ser distinguido no discurso pelo uso de um termo descritivo específico. O resultado é que os termos de uso familiar para designar categorias ou elementos de beleza são aplicados a esse elemento de mérito pecuniário, e a confusão de ideias correspondente acaba sendo a sequência natural dos fatos. Dessa forma, as demandas para obter boa reputação fundem-se, na percepção popular, com as demandas do senso de beleza, sendo que a beleza não acompanhada pelos sinais reconhecidos de boa reputação não será aceita como tal. Porém, as condições para a reputação pecuniária e para a beleza, no sentido primitivo, não possuem nenhuma correspondência entre si. Por conseguinte, a erradicação dos financeiramente incapazes de nosso entorno leva a uma supressão quase total daquele leque considerável de elementos de beleza que acabam não se adequando às exigências pecuniárias.

As normas subjacentes de refinamento fazem parte de uma evolução ancestral, provavelmente muito anterior ao advento das instituições pecuniárias que estão sendo discutidas aqui. Consequentemente, por conta da prévia adaptação seletiva dos hábitos mentais dos homens, os padrões de beleza acabam, na maioria das vezes, melhor correspondidos por estruturas e artifícios baratos que sugerem com simplicidade tanto a função que exercerão quanto o método para atingir suas finalidades.

Talvez seja adequado recordar o posicionamento da psicologia moderna. A beleza exterior parece ser uma questão de capacidade de percepção. A proposição poderia, quem sabe, ser tranquilamente ampliada. Se a abstração é feita por associação, sugestão e "expressão", classificada como elementos da beleza, então a beleza presente em qualquer objeto percebido implica que a mente revele prontamente sua atividade perceptiva nas direções oferecidas pelo objeto em questão. Porém, as direções em que a atividade prontamente se revela ou se expressa são as direções a que a mente se tornou propensa por meio do hábito estreito e duradouro. No que diz respeito aos elementos essenciais da beleza, esse hábito é tão estreito e duradouro que induziu não apenas à citada tendência de percepção da forma como, do mesmo modo, a uma adaptação quanto à estrutura e à forma fisiológicas. Com relação ao interesse econômico estar envolvido na formação do padrão de beleza, começa como uma sugestão ou expressão de conformidade com um dado propósito, como uma manifestação, logo se tornando uma subserviência implícita ao processo de vida. Essa expressão de capacidade econômica ou serventia econômica em relação a qualquer objeto — a chamada beleza econômica do objeto — pode ser mais bem retratada por uma sugestão elegante e inequívoca de sua função e de sua eficácia para as finalidades materiais da vida.

Por essa razão, os objetos de uso mais simples e sem adornos são os melhores esteticamente falando. Entretanto, como o cânone de reputação pecuniária rejeita poupar gastos com artigos apropriados ao consumo individual, a satisfação de nossos anseios por itens belos deve ser buscado por meio de concessões. Os cânones da beleza devem ser evitados com a ajuda de algum artifício que será capaz de comprovar a realização de um gasto extravagante de boa reputação, ao mesmo tempo que cumpre as exigências de nosso senso crítico daquilo que é útil, belo ou, pelo menos de algum hábito que às vezes possa fazer esse senso. No caso, um senso de refinamento secundário é o senso de inovação, que é complementado, em sua função substitutiva, pela curiosidade com que os homens veem artifícios engenhosos e intrigantes. Por isso, quase todos os objetos considerados belos, cumprindo o dever como tal, exibem uma notável engenhosidade de design e são projetados para intrigar o observador — para desconcertá-lo com insinuações irrelevantes do improvável —, ao mesmo tempo que evidenciam uma dedicação de trabalho excessiva que deveria dar a eles a mais plena eficácia para sua finalidade econômica ostensiva.

Exemplos que estão além do alcance dos hábitos e dos objetos do nosso cotidiano podem ilustrar esse fato, ou seja, estão fora do alcance de nossa parcialidade. São os incríveis mantos de penas do Havaí ou os famosos cabos entalhados de enxós cerimoniais presentes em diversas ilhas da Polinésia. Ambos são inegavelmente belos, tanto no sentido de que oferecem uma agradável composição de forma, linhas e cores, quanto no sentido de que evidenciam grande habilidade e engenhosidade de planejamento e confecção. Ao mesmo tempo, tais artigos são claramente inadequados a qualquer outra finalidade econômica. No entanto, nem sempre a evolução de artifícios engenhosos e intrigantes, orientados pelo cânone do desperdício de energia, atinge um resultado tão brilhante. O resultado é frequentemente uma supressão quase completa de todos os elementos que poderiam ser vistos como expressões de beleza ou de serventia, sendo substituídas por evidências de desperdício de engenhosidade e labor, reforçadas por uma inépcia conspícua. Até mesmo muitos dos objetos que nos cercam no cotidiano e muitos artigos cotidianos de vestimenta e ornamento, tidos como intoleráveis a não ser que seja enfatizada a imposição da tradição. Ilustrações dessa substituição de engenhosidade e extravagância no lugar da beleza e da serventia podem ser vistas, por exemplo, na arquitetura doméstica, nos artesanatos caseiros, em vários artigos de vestuário e especialmente em indumentárias femininas ou sacerdotais.

O cânone da beleza requer a expressão do genérico. A "inovação" em virtude das exigências do desperdício conspícuo permeia esse cânone da beleza, no sentido de que ela torna o aspecto dos objetos de nossa preferência um amontoado desconexo de idiossincrasias; e elas estão, além disso, sob a vigilância seletiva do cânone da exorbitância.

Esse processo de adaptação seletiva dos projetos à finalidade do desperdício conspícuo, com a consequente substituição da beleza pecuniária pela beleza estética, afetou sobretudo a evolução da arquitetura. Seria dificílimo encontrar uma residência civilizada moderna ou um edifício público que possa ostentar algo melhor do que uma relativa inutilidade aos olhos de qualquer um que dissocie os elementos de beleza dos elementos de desperdício honorífico. A incontável variedade de fachadas de prédios e casas das classes mais altas presentes em nossas cidades é uma ilimitada variedade de pobreza arquitetônica e de sinais de constrangimento dispendioso. Considerados como objetos de beleza, os muros das laterais e dos fundos dessas estruturas, que permanecem intocados pelas mãos do artista, costumam representar a melhor característica dessas construções.

Tudo aquilo que foi dito a respeito da influência da lei do desperdício conspícuo sobre os cânones de preferência também se aplica, ainda que com algumas variações de terminologia, a sua influência sobre nossas noções da serventia dos bens para finalidades diferentes da estética. Os bens são produzidos e consumidos como instrumento para o pleno desabrochar da vida humana, e a utilidade deles consiste principalmente na eficiência que possuem para atingir seus fins, que são, antes de qualquer coisa, a plenitude da vida do indivíduo em termos absolutos. Contudo, a propensão humana à emulação fez com que o consumo de bens se transformasse numa comparação ínvida, dotando os bens consumíveis, a partir daí, de uma utilidade secundária, ou seja, agora passando a ser evidência de relativa capacidade de pagar. Essa utilidade indireta, ou secundária, dos bens consumíveis confere um aspecto honorífico ao consumo e consequentemente também aos bens que melhor traduzem essa finalidade emulativa do consumo. Por sua vez, o consumo de bens caros é meritório, e os bens que contêm um elemento considerável de custo muito além daquilo que lhes proporcionará serventia em razão de sua finalidade mecânica são honoríficos. Portanto, os sinais de alto custo supérfluo dos bens são sinais de valor — de grande eficácia para a finalidade indireta e ínvida que será traduzida pelo seu consumo; por outro lado, bens são humilhantes, fato que, consequentemente, torna-os pouco atraentes caso apresentem uma adaptação demasiado modesta à finalidade mecânica pretendida e não incluam uma margem de extravagância da qual depende uma comparação ínvida complacente. Assim, essa utilidade indireta valoriza muito as "melhores" classes de mercadorias, de forma que, para atrair o senso de utilidade civilizado, um artigo deve possuir uma módica quantia dessa utilidade indireta.

Embora os homens tenham passado a reprovar costumes simples pelos indícios de sua incapacidade de gastar muito e revelarem seu fracasso pecuniário, eles acabaram cedendo ao hábito de reprovar itens baratos como se eles fossem intrinsecamente desonrosos ou indignos só porque eram baratos. Conforme a passagem do tempo, cada geração foi herdando essa tradição do gasto meritório da geração anterior, ao passo que a geração posterior, por sua vez, amadurecia e fortalecia o tradicional cânone de reputação pecuniária relativo às mercadorias consumidas. Até que finalmente alcançamos um nível tão grande de convicção quanto à ignomínia de todas os itens modestos que passamos a não ter mais dúvidas para formular a máxima "barato e nojento". O hábito de louvar o caro e reprovar o barato foi tão cuidadosamente incutido em nossa mente que, de maneira instintiva, insistimos na exorbitância dispendiosa, pelo menos até certo ponto, de tudo aquilo que consumimos, mesmo no caso de bens que são consumidos na total privacidade e sem a menor intenção de serem expostos. Todos sentimos, com plena sinceridade e sem nenhum tipo de dúvida, nossos espíritos enaltecidos caso tenhamos, ainda que no aconchego do lar, apreciado nossa refeição diária com o auxílio de talheres de prata forjados de maneira artesanal, em pratos de porcelana chinesa pintados à mão (quase sempre de gosto artístico duvidoso) apoiados sobre toalhas de mesa caríssimas. Qualquer retrocesso em relação ao padrão de vida que estamos acostumados a considerar honroso é percebido como uma grave violação a nossa dignidade humana. Por isso também, nos últimos doze[5] anos, velas têm sido uma fonte de luz bem mais agradável na hora do jantar do que qualquer outra. A luz de velas, atualmente, é mais suave, menos incômoda aos olhos dos bem-nascidos, do que a lamparina a óleo, gás ou elétrica. Essa situação não podia ser mencionada há trinta[5] anos, quando as velas eram as fontes de iluminação mais baratas para o uso doméstico. Atualmente as velas só fornecem uma luz aceitável ou eficaz para iluminação cerimonial.

Um sábio político ainda vivo concluiu resumidamente essa questão no seguinte ditado: "Um casaco ordinário torna ordinário um homem." Provavelmente não há ninguém que não perceba o poder convincente dessa máxima.

O hábito de procurar por sinais de exorbitância supérflua em bens de consumo e de exigir que todos os bens ofereçam algum tipo de utilidade indireta ou ínvida, leva a uma mudança de padrões pelos quais a utilidade dos bens é medida. O elemento honorífico e o elemento de eficácia bruta não se separam na hora do consumidor avaliar as mercadorias, com ambos compondo a serventia agregada não analisada dos bens. De acordo com o padrão de serventia resultante,

---

5. As datas tem como base a publicação original do livro.

nem um único artigo passará na inspeção de suficiência material. Para que haja total e irrestrita aceitabilidade por parte do consumidor, ele deverá apresentar o elemento honorífico. Com isso, os fabricantes dos artigos de consumo direcionam seus esforços para a produção de mercadorias que atendam a essa demanda pelo elemento honorífico. Assim farão com toda a boa vontade e entusiasmo, já que eles próprios são influenciados pelo mesmo padrão axiológico dos bens e ficariam bastante contrariados se vissem itens sem o devido acabamento honorífico. Então atualmente nenhum bem é produzido ou fornecido sem que esteja presente, em maior ou menor grau, o elemento honorífico. Caso um consumidor queira, ao estilo de Diógenes[6] insistir na eliminação de todos os elementos honoríficos ou extravagantes de seus hábitos de consumo, vai ficar impossibilitado de suprir suas necessidades mais triviais nos mercados modernos. De fato, mesmo que essa pessoa dependesse diretamente dos próprios esforços para atender suas necessidades, acharia bastante difícil, se não impossível, abster-se dos hábitos mentais vigentes. Dessa forma, seria pouco provável conseguir suprir o consumo diário de necessidades básicas sem incorporar instintivamente ou por descuido, em seus produtos caseiros, algum aspecto desse elemento honorífico e semidecorativo de mão de obra supérflua.

Podemos reparar que, na hora de escolher produtos de utilidade no mercado, os clientes são guiados mais pelas aparências e pelo bom acabamento dos itens do que por algum sinal de serventia. Para que qualquer artigo seja vendido, deve-se dedicar uma atenção especial à mão de obra que lhe dará sinais de razoável exorbitância, além daquela que lhe proporcionará eficiência em relação ao uso material a que se destina. Esse hábito de evidenciar o custo elevado no cânone da serventia objetiva, sem dúvida, aumentar o custo agregado dos bens de consumo. Assim, acende um alerta interno a fim de evitarmos coisas baratas, pois

---

6. Diógenes (morto por volta de 320 a.C.) fundou a filosofia dos cínicos, que rejeitavam as convenções sociais e defendiam uma vida ascética de pobreza. Ele é famoso por ter percorrido as ruas noturnas de Atenas com uma lanterna — em busca de um homem honesto.

identificamos certa correlação entre mérito e custos. Costuma haver um esforço constante do consumidor para comprar produtos com a utilidade necessária e o preço mais vantajoso possível; porém, a demanda pela aparência de alto custo acabou se tornando a praxe como forma de comprovar e complementar a serventia dos produtos, pois leva o cliente a rejeitá-los como itens de baixa qualidade pelo fato de não possuírem um grande elemento de desperdício conspícuo.

Vale acrescentar que boa parte das características dos bens de consumo que figuram no imaginário popular como sinais de utilidade, que nos referimos como sendo elementos de desperdício conspícuo, atrai o gosto do consumidor por outras razões além da simples exorbitância. Essas características costumam dar indícios de trabalho eficaz e habilidoso, mesmo que não contribuam tanto para a serventia dos bens. Com certeza, é por isso que qualquer sinal de serventia honorífica, num primeiro momento, entra na moda e depois se equipara a um elemento constitutivo do valor de um artigo. Uma simples demonstração de mão de obra eficiente já é agradável por si só, mesmo quando seu resultado mediato é fútil, visto que a janela de tempo não é levada em consideração. Sabemos que o senso artístico se deleita ao contemplar um trabalho habilidoso, mas há de se ressaltar também que nenhuma evidência de mão de obra habilidosa ou adaptação engenhosa e eficaz dos meios para atingir um fim, conquistará, no longo prazo, a aprovação do consumidor civilizado moderno, a menos que ela tenha a sanção do cânone do desperdício conspícuo.

A postura aqui assumida é reforçada de maneira oportuna pela posição que os equipamentos mecânicos possuem na economia do consumo. A ideia central da diferença significativa entre os bens de fabricação mecânica e os bens artesanais com mesmas finalidades é, normalmente, que os primeiros atendem à finalidade principal de modo mais adequado. Eles são produtos mais bem feitos — demonstram uma adaptação melhor dos meios para atingir os fins. No entanto, isso não evita que sejam menosprezados, pois não passam no teste do desperdício honorífico. O trabalho artesanal ou manual é um meio de produção mais extravagante; portanto, os bens advindos desse método são mais úteis para o propósito da reputação pecuniária. Dessa maneira, sinais de trabalho manual passam a ser honoríficos, e os bens que exibem tais sinais são classificados como sendo de melhor qualidade do que seu análogo industrializado. Geralmente, senão sempre, os sinais honoríficos do trabalho artesanal são pequenas imperfeições e irregularidades na forma dos artigos forjados manualmente, demonstração de onde o artesão tropeçou na execução. O critério para identificar a superioridade dos bens artesanais, por conseguinte, está na margem de imperfeição do profissional, que jamais deve ser tão ampla a ponto de exibir um trabalho malfeito. Afinal, seria prova de baixo preço, nem tão estreita a ponto de sugerir a precisão ideal obtida apenas pela máquina, pois isso também seria evidência de baixo custo.

A valorização dessas evidências de imperfeição honorífica, à qual os bens artesanais devem muito de seu charme e destaque aos olhos dos bem-nascidos, é uma questão de sensibilidade e precisão. Requer treinamento e a formação de hábitos mentais relacionados àquilo que podemos chamar de traços distintivos dos bens. Artigos de uso diário fabricados em máquinas quase sempre são admirados e preferidos exatamente pela perfeição excessiva com que se apresentam aos olhos de indivíduos prosaicos e malnascidos que não dão a devida atenção aos pormenores do consumo elegante. A inferioridade cerimonial dos produtos industrializados tem por fim mostrar que somente a perfeição na habilidade artesanal, presente em qualquer acabamento inovador, não é suficiente para garantir aceitação e a preferência permanente dos objetos no gosto das pessoas. A inovação deve ser sustentada pelo cânone do desperdício conspícuo. Qualquer característica no traço distintivo dos bens, por mais satisfatória e adequada ao trabalho eficaz, não será tolerada caso seja repugnante para essa norma da reputação pecuniária.

A inferioridade ou impureza cerimonial nos bens de consumo devido a seu "prosaísmo" ou, em outras palavras, por causa de seu baixo custo de produção, tem sido levada muito a sério por diversas pessoas. A rejeição aos produtos industrializados é muitas vezes baseada na desaprovação ao prosaísmo de tais bens, pois tudo que é prosaico está dentro do alcance (pecuniário) de muitos. Por conseguinte, seu consumo não é honroso, pois não atende à finalidade de uma comparação ínvida favorável em relação a outros consumidores. Logo, o consumo de tais bens, ou sua simples visão, passa a ser associado a uma repulsa pelas classes inferiores, que leva o indivíduo a afastar-se de seu estado contemplativo impregnado de um senso de mesquinhez que é extremamente desagradável e deprimente para uma pessoa com grande sensibilidade. Nas pessoas em que o refinamento se manifesta de forma obrigatória, mas que não possuem o dom, o hábito ou o interesse para discernir os fundamentos dos variados juízos de valor, a libertação do senso do que é honroso funde-se com o senso da beleza e o senso da serventia — da maneira já citada; a avaliação amalgamada resultante objetiva a um juízo a respeito da beleza ou da serventia do objeto, conforme a tendência ou o interesse do avaliador, influenciando a compreender o objeto de acordo com um desses aspectos. Não é raro, quando os sinais de baixo custo ou prosaísmo são reconhecidos como sinais categóricos de inépcia artística, então, de um lado, um código ou uma tabela de propriedades estéticas, e as abominações estéticas, de outro, é assim estruturado para orientar as preferências de bom gosto.

Como já salientamos, os artigos baratos, e consequentemente desprezíveis, do consumo diário em comunidades industriais modernas são comumente produtos industrializados, ou seja, fabricados em máquinas. A característica geral dos traços distintivos desses artigos de fabricação mecânica, quando comparados com artigos de fabricação artesanal, é sua maior perfeição na manufatura e maior precisão na execução detalhada do projeto. Com isso, as imperfeições visíveis dos bens artesanais, por serem honoríficas, são consideradas marcas de superioridade no que se refere à beleza e à serventia. O enaltecimento de tudo o que é defeituoso surgiu com John Ruskin e William Morris,[7] eloquentes porta-vozes dessa ideia em sua época, por meio da

---

7. Ruskin (1819-1900), crítico de arte e reformista social que, ao lado de Morris (1834-96), lamentou a substituição do artesanato por objetos feitos à máquina. Morris foi um poeta, artista, socialista e fundador de uma famosa empresa de decoração dedicada à beleza estética em todos os itens (do papel de parede ao mobiliário e ao design de livros) com base nas tradições estabelecidas pelos artesãos medievais. Suas visões sociais, como as de Ruskin, ligavam a saúde da arte com o repúdio ao capitalismo industrial e ao retorno ao artesanato caseiro. Em 1896, Veblen conheceu Morris na Inglaterra e decidiu que não se importava com ele.

divulgação da importância das imperfeições e do esforço em vão. Logo em seguida, foi promovido o retorno dos artesanatos e da fabricação doméstica. Grande parte do trabalho e das especulações desse grupo de homens, como mencionamos em várias oportunidades, não teria sido possível num tempo quando os bens visivelmente mais perfeitos não eram baratos.

Claro que tudo que pretendemos dizer ou que pode ser dito está relacionado ao valor econômico dessa escola de ensinamentos estéticos. Nada do que está escrito aqui deve ser visto como depreciativo, mas como uma descrição da tendência efetiva desses ensinamentos no consumo e na produção de bens de consumo.

A maneira como a tendência dessa evolução das preferências afetou a produção pode talvez ser exemplificada de modo mais contundente na manufatura de livros, tema em que Morris se ocupou durante os últimos anos de sua vida. Entretanto, o trabalho da Kelmscott Press[8] de maneira evidente continua válido, embora com menos intensidade, quando tratamos da atual produção editorial artística no geral — em relação a tipografia, papel, ilustrações, materiais de revestimento e o processo de encadernação. A exigência por excelência apresentada pelos produtos mais recentes da indústria editorial está embasada, em certa medida, no nível de sua aproximação com as imperfeições da época quando o processo de manufatura dos livros era uma luta desigual travada com os materiais refratários por conta de equipamentos escassos. Esses produtos, como demandam mão de obra artesanal, são mais caros e utilizados menos para o uso em comparação com os livros feitos apenas com o fim da serventia. Por isso, eles alegam a seu favor a capacidade do comprador para consumir livremente e para desperdiçar tempo e energia. A partir disso, as gráficas atuais estão retornando ao "velho estilo", utilizando estilos tipográficos mais ou menos obsoletos, que são menos legíveis, mas dão um aspecto mais bruto à página do que as fontes "modernas". Até mesmo um periódico científico, com nenhuma

---

8. Editora fundada por Morris em 1890, que imprimiu edições limitadas de livros finos, usando seus próprios desenhos e decorações ornamentadas, incluindo o famoso Kelmscott Chaucer de 1896.

finalidade aparente a não ser apresentar de maneira mais eficaz a ciência tratada, cedeu de tal maneira às exigências dessa beleza pecuniária que acabou publicando suas teses científicas com fontes antigas, em papel vergê, com bordas grosseiramente aparadas. Porém, livros que não estão aparentemente preocupados com a apresentação eficaz de seu conteúdo vão mais além. Dessa forma, temos uma tipografia moderadamente grosseira, impressa num papel artesanal e desgastado, de margens excessivas e folhas aparadas, sendo que as costuras da encadernação são de uma imperfeição minuciosa e elaborada inaptidão. A Kelmscott Press chegou a níveis absurdos — apenas pela perspectiva da utilidade pura — ao publicar livros para o uso moderno, editados com ortografia obsoleta, impressos com caligrafia gótica e pergaminhos encadernados com correias. Outra característica distintiva que define bem o lugar econômico desses livros artísticos é o fato de que essas obras mais elegantes são, no seu auge, impressos em edições limitadas, sem dúvida, uma garantia — um tanto tosca, é verdade — de que esse livro é raro e que, por isso, é caro e proporciona uma distinção pecuniária a seu comprador.

 O maior atrativo desses livros-produto ao comprador de livros de gosto requintado não está, é claro, num reconhecimento consciente e ingênuo de seu alto preço e descuido refinado. Neste caso, como no caso paralelo da superioridade dos artigos artesanais em relação aos produtos fabricados por máquinas, a razão consciente dessa predileção é uma excelência intrínseca atribuída ao item mais excêntrico e mais caro. A maior excelência imputada ao livro que imita produtos antigos e processos rudimentares tem em vista, principalmente, uma utilidade superior no quesito estético, mas não é raro encontramos um amante de livros bem-nascido insistindo que o produto mais grosseiro é também mais útil como veículo de palavra impressa. No que relaciona-se ao valor estético superior do livro decadente, as chances são de que a opinião do amante de livros tenha certo embasamento. O livro é projetado somente visando sua beleza, e o resultado costuma ser um sucesso por parte do designer. Contudo, insistimos que o cânone de preferências, de acordo com o qual o designer trabalha, é um cânone formado sob a tutela da lei do desperdício conspícuo, que age seletivamente para eliminar qualquer cânone de preferências que não esteja em harmonia com essas demandas. Em outras palavras, embora o livro decadente seja belo, existem limites fixos para o designer trabalhar por demandas não estéticas. O produto, caso seja bonito, deve também, ao mesmo tempo, ser caro e estar mal adaptado ao uso pretendido. No entanto, esse cânone de preferências, obrigatório para o designer gráfico, não é baseado inteiramente na lei do desperdício em sua forma primordial, pois o cânone é, até certo ponto, formado de acordo com aquela expressão secundária do temperamento predatório, veneração pelo que é arcaico ou obsoleto, que num determinado momento de sua evolução passou a ser chamado de classicismo.

A partir da teoria estética, deve ser muito difícil, se não impraticável, traçar uma linha divisória entre o cânone do classicismo ou a admiração pelo arcaico e o cânone da beleza, pois, para o propósito estético, essa distinção não precisa ser delimitada, já que ela não existe de fato. Para uma teoria das preferências, a expressão de um ideal aceito de arcaísmo, seja lá qual for seu fundamento, será talvez melhor classificado como um elemento de beleza, não sendo necessário questionar sua legitimidade. Mas para a finalidade em questão — determinar quais fundamentos econômicos presentes nos cânones de preferência reconhecidos e o que representam para a distribuição e para o consumo dos bens — a distinção não vai muito além desse ponto.

A posição ocupada pelos produtos feitos à máquina no estilo de consumo civilizado serve para ressaltar a natureza da relação que subsiste entre o cânone do desperdício conspícuo e o código de etiqueta no consumo. Nem em questões de arte e refinamento propriamente ditos, nem no que se relaciona ao atual senso de serventia dos bens, esse cânone age como princípio de inovação e de iniciativa. Ele não pretende entrar no futuro como um princípio criativo, que faz inovações e acrescenta novos itens de consumo e novos elementos de custo. O princípio em questão é, de certa forma, uma lei mais negativa do que positiva, sendo mais regulador do que criativo. Muito raramente, qualquer uso ou costume tem início ou origem ligado diretamente a ele, e sua atuação é meramente seletiva. O dispêndio conspícuo não oferece razões diretas para a variação e o crescimento, mas a conformidade a essas exigências é uma condição para a sobrevivência de tais inovações, além de outros motivos. Independentemente de como os usos, costumes e métodos de gastos cresçam, estão todos sujeitos à ação seletiva dessa norma de reputação, e o nível com que eles se conformam com essas exigências é um teste de sua adaptabilidade para sobreviver na competição com outros usos e costumes semelhantes. Sendo todos os outros fatores iguais, o uso ou o método obviamente mais dispendioso tem melhores chances de sobreviver diante dessa lei. Entretanto, a lei do desperdício conspícuo não explica a origem das variações, apenas a persistência de tais formas à medida que são aptas a sobreviver sob essa dominação. Ela age para preservar o apto, não para originar o aceitável, e sua função é provar todos os elementos e apegar-se àquele que é bom para sua finalidade.

CAPÍTULO 7

O VESTUÁRIO COMO EXPRESSÃO DA CULTURA PECUNIÁRIA

Para melhor ilustrar o que vimos até aqui, convém mostrar em mais detalhes como os princípios econômicos já apresentados podem ser aplicados aos fatos cotidianos de forma prática no processo vital. Com esse objetivo, nenhuma linha de consumo nos oferece exemplo mais claro do que o esbanjamento com vestimentas. A regra do desperdício conspícuo de bens encontra sua melhor expressão nos artigos de vestuário, embora os outros princípios similares de reputação pecuniária também sejam exemplificados com tais apetrechos. Alguns métodos para exaltar a notoriedade pecuniária atendem a sua finalidade de maneira eficaz, e outros métodos estão em moda a qualquer hora e em qualquer lugar. No entanto, a extravagância das roupas tem uma vantagem sobre a maioria dos outros métodos: nossa indumentária está sempre à mostra e indica, logo de cara, nosso padrão pecuniário para quem quiser ver. Além do mais, é indiscutível que o esbanjamento concebido para exibição faz parte do dia a dia, sendo talvez mais universalmente colocado em prática no momento de vestir-se do que em qualquer outra atividade. Ninguém terá dificuldade em concordar com o fato de que a maioria dos gastos com vestuário realizados por todas as classes é feita para evocar uma aparência respeitável, e não para a simples proteção física do indivíduo. Sem falar que provavelmente em nenhum outro caso pode ser percebido com tanta veemência o senso de desleixo como quando não nos vestimos à altura dos padrões impostos pela sociedade. Mais ainda com relação às roupas do que com qualquer outro item de consumo, as pessoas chegam ao ponto de abdicar até mesmo do próprio conforto ou de necessidades básicas para terem condições de arcar com o que é considerado uma quantidade decente de desperdício conspícuo; de modo que não é nada incomum ver aqueles que, diante de um clima rigoroso, não utilizam a proteção adequada só para manter uma aparência bem vestida. O valor comercial dos bens usados para vestimenta em qualquer comunidade moderna é baseado muito mais em razão da moda e da reputação obtida pelo produto do que na utilidade mecânica que a roupa se propõem, proteger o corpo do usuário. A necessidade de vestir-se bem é, acima de tudo, uma necessidade "mais elevada" ou espiritual.

Essa necessidade espiritual de vestir-se bem não é de forma nenhuma — nem mesmo parcialmente — uma tendência primitiva à exibição ou esbanjamento. A lei do desperdício conspícuo orienta o consumo de vestuário e outras mercadorias, sobretudo de maneira indireta, moldando os cânones de preferência e de decência. Como regra geral, o motivo consciente do usuário ou comprador para o traje ostensivamente extravagante é a necessidade de encaixar-se ao costume estabelecido e de atender às expectativas do padrão reconhecido de bom gosto e reputação. Não se trata apenas do indivíduo precisar ser orientado pelo código de vestimenta para evitar o constrangimento advindo de atenção e comentários indesejados, embora isso já tenha bastante peso em nossas decisões. Entretanto, a necessidade de realizar gastos exorbitantes com roupas está tão impregnada em nosso hábito de pensamento que sentimos uma repulsa instintiva caso o traje não seja caro o suficiente. Sem sequer nos darmos ao trabalho de refletir ou analisar, sentimos que o que é barato também é indigno. "Um casaco ordinário torna ordinário um homem." "Barato e asqueroso" é um axioma que continua valendo em termos de vestuário, mais até do que em relação a outras linhas de consumo. No que se relaciona tanto ao bom gosto quanto à serventia, um item de vestuário ordinário é visto como inferior, seguindo a máxima "barato e asqueroso". Vemos algo como belo ou mesmo como útil mais ou menos na mesma proporção de quanto eles são caros. Com pouquíssimas e insignificantes exceções, qualquer um de nós tende a preferir um artigo caro feito à mão, tanto em questão de beleza quanto em utilidade, a uma imitação barata, independentemente de quão próximo ao original de alto custo seja o artigo falsificado, que ofende nossa sensibilidade por ele ficar aquém em forma, cor ou qualquer outra característica visual. O objeto ofensivo pode ser uma imitação tão parecida com o original que chega a desafiar a avaliação do mais crítico especialista; mesmo assim, logo que o engodo é detectado, seu valor estético e comercial despencam imediatamente. Não só isso, podemos até afirmar, sem incorrer em risco de contradição, que o valor estético de uma roupa falsificada, após a farsa ser detectada, diminui quase na mesma proporção com que a falsificação é mais barata do que a peça original. O traje é remetido a uma casta estética inferior, pois ela cai para um nível pecuniário igualmente inferior.

Contudo, a função do vestuário como evidência de poder aquisitivo não se esgota apenas com a demonstração de que o usuário consome bens valiosos além do que é necessário para o bem-estar físico. O simples desperdício conspícuo de bens é, na medida do possível, eficaz e satisfatório, sendo uma boa evidência *prima facie* de sucesso pecuniário e, por conseguinte, evidência *prima facie* de reconhecimento social. Mas o vestuário abre possibilidades mais sutis e abrangentes do que essa evidência bruta e imediata do mero desperdício conspícuo. Se além de mostrar que o usuário pode consumir com liberdade e extravagância, pode também ficar demonstrado, ao mesmo tempo, que ele não necessita alcançar um salário para arcar com a própria subsistência, ampliando de maneira significativa a evidência do reconhecimento social. Como resultado, nossas vestimentas, para que atendessem suas finalidades de modo eficaz, deveriam não só ter um alto custo, mas também deixar claro para todo e qualquer observador que a pessoa não tinha nenhum tipo de envolvimento com o trabalho produtivo. No processo evolucionário por meio do qual nosso sistema de vestuário desenvolveu-se até sua perfeita e admirável adaptação atual a seu propósito, esse indício subsidiário recebeu a devida atenção. Um exame minucioso daquilo que se compreende popularmente por "vestuário elegante" demonstra que este é planejado, nos mínimos detalhes, para dar a impressão de que o usuário não tem o hábito de realizar nenhum tipo de esforço útil. Nem é preciso dizer que nenhum traje pode ser considerado elegante ou mesmo decente, se parecer que o usuário é submetido a algum trabalho braçal por meio de sujeira ou desgaste. O efeito agradável de vestimentas limpas e alinhadas é importante, se não fundamental, em razão dessas características serem sinais de ócio — o indivíduo não é obrigado a manter contato com nenhuma espécie de processo industrial. Muito do charme atribuído aos sapatos de couro, aos tecidos impecáveis, à cartola lustrosa e à bengala adornada, que tanto exaltam a dignidade natural de um cavalheiro, advém dos sinais indiscutíveis de que o usuário não pode, quando trajado dessa maneira, sequer chegar perto de qualquer atividade que esteja direta e imediatamente ligada à utilidade humana. O traje elegante atinge sua finalidade de elegância não só por ser caro, mas também porque ele é a insígnia do ócio. Não apenas mostrando que o usuário é capaz de consumir produtos com custos relativamente altos como prova, mas também que ele consome sem produzir nada.

As roupas das mulheres vão ainda mais longe do que as dos homens, no que se refere à demonstração de o usuário estar isento da atividade produtiva. É desnecessário observar o fato de que os chapéus femininos mais elegantes são ainda mais eficazes do que as cartolas masculinas para tornar impossível o trabalho produtivo. O sapato da mulher acrescenta o famoso salto francês à evidência do ócio mandatório proporcionada por seu envernizado: esse salto alto, sem dúvida nenhuma, torna qualquer trabalho braçal — mesmo o mais simples e básico — extremamente difícil de ser executado. O mesmo também se aplica, porém em um grau ainda maior, às saias e seus detalhes drapeados que caracterizam a vestimenta feminina. A principal razão para nosso enorme apreço pelas saias é que justamente elas são caras e dificultam cada movimento feito por quem as veste, impossibilitando que a pessoa realize qualquer função útil. Do mesmo modo, podemos citar o costume das mulheres de usar cabelos excessivamente longos.

No entanto, o vestuário feminino não apenas supera os trajes do homem moderno no que diz respeito a isentar suas usuárias do trabalho braçal. Também existe um aspecto bastante peculiar que o distingue de qualquer outro adotado pelos homens e seus costumes: a categoria dos adereços, da qual o espartilho faz parte como típico exemplo. Na teoria econômica, o espartilho é, mais do que qualquer coisa, uma mutilação perpetrada com a finalidade de reduzir a vitalidade da mulher e torná-la clara e permanentemente incapacitada para o trabalho. É verdade que o espartilho torna a usuária menos atraente, mas essa perda é compensada pelo ganho em reputação, advinda do incremento visível em extravagância e debilidade. Em sentido amplo, podemos determinar que a feminilidade da indumentária das mulheres resume-se, de maneira significativa, a um obstáculo mais eficaz para a atividade utilitária oferecido pelos adereços destinados especificamente a elas. Essa diferença entre o vestuário masculino e o feminino é aqui ressaltada meramente como um aspecto peculiar. A razão para sua existência será discutida mais adiante.

Sendo assim, temos o amplo princípio do desperdício conspícuo como a vasta e predominante norma de vestuário. Derivado desse princípio, e como seu corolário, obtemos uma segunda norma que chamamos de ócio conspícuo. Na confecção do vestuário, essa diretriz atua na modelagem de diversos adereços que mostrarão que a usuária, segundo a conveniência, não irá ou não poderá, envolver-se em atividades produtivas. Além desses dois princípios, há um terceiro de menor poder vinculativo que vira a cabeça de qualquer um que parar para pensar no assunto. O vestuário não deve ser apenas ostensivamente caro e inconveniente, mas deve também estar de acordo com a época. Nenhuma explicação satisfatória foi dada até hoje sobre o fenômeno das mudanças na moda. A exigência imperativa de usar as roupas mais atuais e aprovadas pela sociedade, assim como o fato de que essa moda aprovada muda constantemente, de estação para estação, é bastante familiar a todos nós, mas nunca foi apresentada uma teoria sobre esse fluxo efêmero. Certamente podemos atestar, com perfeita coerência e veracidade, que esse princípio da novidade é outro corolário da lei do desperdício conspícuo. Não há dúvida de que, se cada vestimenta for permitida apenas por um curto período, e se nenhuma das peças da última estação puder ser transmitida e utilizada durante a estação corrente, o esbanjamento com vestuário aumentará substancialmente. Tudo isso pode até ser bom, mas só tem pontos negativos. Basicamente, essa ideia nos permite afirmar apenas que a norma do desperdício conspícuo exerce uma vigilância determinante em tudo aquilo que se relaciona a nossas roupas, de modo que qualquer mudança na moda deve se adequar à demanda da extravagância. Ela não nos dá o motivo para criar e aceitar uma mudança nos estilos prevalecentes, além de não explicar por que a conformidade a um determinado estilo, numa determinada época, é forçosamente necessária como sabemos ser.

Em benefício de um princípio criativo, capaz de motivar invenções e inovações na moda, devemos nos remeter a um motivo primitivo e não econômico, junto com o qual surgiram os itens de vestuário — a ornamentação. Sem querermos nos aprofundar numa longa discussão sobre como e por que esse motivo se impõe sob a orientação da extravagância, podemos afirmar, em linhas gerais, que cada inovação subsequente na moda é um esforço para alcançar alguma forma de exibição que será mais agradável a nosso senso de forma e cor — ou de efetividade — do que a substituída por ele. Os estilos inconstantes são a expressão de uma incansável busca por algo que deverá ser aprovado por nosso senso estético, mas, como cada inovação está sujeita à ação seletiva da norma do desperdício conspícuo, a variedade com que a inovação pode ocorrer é um tanto restrita. A inovação deve ser não só mais bela, ou talvez menos ofensiva, do que aquela que substituiu como também alcançar o padrão aceito de exorbitância.

À primeira vista, pareceria que o resultado dessa constante luta para alcançar a beleza no vestuário deveria ser uma abordagem gradual à perfeição artística. Naturalmente era de se esperar que a moda devesse apresentar uma tendência bem definida na direção de um ou mais tipos de indumentária especialmente convenientes à forma humana. Dessa forma, podemos até achar que temos motivo suficiente para ter a esperança de que hoje, após tanta criatividade e tantos esforços voltados às roupas durante todos esses anos, a moda tivesse alcançado relativas perfeição e estabilidade, aproximando-se bastante de um permanente ideal artístico válido. Porém não é o caso. De fato, seria muito arriscado afirmar que a moda atual é essencialmente mais conveniente do que aquela de há dez, vinte, cinquenta ou cem anos. Por outro lado, não se pode negar que os estilos em uso há dois mil anos eram mais convenientes do que os modelos mais elaborados e complexos atuais.

Como a exposição que acabamos de oferecer não explica a moda em sua totalidade, então teremos de nos aprofundar no tema. Sabe-se muito bem que certos estilos e tipos de trajes mantêm-se relativamente inalterados em diversas partes do mundo como, por exemplo, entre os japoneses, chineses e outras nações orientais; da mesma forma, entre os gregos, romanos e outros povos antigos do Leste Europeu e do Oriente Médio. Além deles, posteriormente entre os camponeses de quase todos os países da Europa. Esses trajes populares ou nacionais são vistos por seus especialistas, na maior parte das vezes, como mais adequados, mais convenientes, mais artísticos do que os estilos efêmeros do vestuário civilizado moderno. Não obstante, no geral, eles também costumam ser menos extravagantes em aparência, ou seja, outros elementos não relacionados à demonstração de gastos são mais facilmente detectados em sua estrutura.

Esses trajes praticamente inalterados costumam ser bastante restritos a locais específicos, e sofrem ligeiras e sistemáticas variações de lugar para lugar. Em todos os casos, eles foram elaborados por povos ou por classes mais pobres que nós, e sobretudo pertencem a países, regiões e épocas em que a população — ou ao menos a classe a que pertence o traje em questão — é relativamente homogênea, inalterada e inerte. Em outras palavras, trajes inalterados que passam no teste do tempo e da perspectiva são elaborados sob circunstâncias em que a norma do desperdício conspícuo se manifesta de modo menos imperativo do que nas grandes e civilizadas cidades modernas, cuja população atual, razoavelmente abastada e volante, define o ritmo da moda. Dessa maneira, os países e classes que elaboraram trajes artísticos e inalterados estabeleceram, portanto, que a emulação pecuniária entre eles fosse na direção de uma competição voltada mais ao ócio conspícuo do que ao consumo conspícuo de bens. Tanto é assim que, em geral, isso passa a ditar que a moda seja menos estável e menos conveniente nas comunidades em que o princípio de um desperdício conspícuo de bens se manifeste de forma mais imperativa, fato que ocorre em nossa sociedade. Tudo isso aponta para um antagonismo entre extravagância e vestuário artístico. Em termos práticos, a norma do desperdício conspícuo é incompatível com a exigência de que o vestuário deva ser belo ou conveniente. E esse antagonismo proporciona uma explicação para aquela mudança incessante na moda, para a qual não se aplicam nem o cânone da exorbitância nem o da beleza.

O padrão de reputação exige que o vestuário demonstre gastos exorbitantes, mas toda exorbitância é ofensiva para o gosto local. Os princípios psicológicos já apontaram para o fato de que todos os homens e mulheres, talvez até em maior grau, abominam futilidades, tanto realizando esforços quanto gastos — assim como dizem que a natureza abomina o vácuo. Todavia, o princípio do desperdício conspícuo requer que haja um gasto obviamente fútil, e a resultante exorbitância conspícua no vestuário é, portanto, necessariamente feia. Por essa razão, achamos que todas as inovações em termos de vestuário, cada detalhe acrescentado ou alterado, lutam para não serem reprovadas quando demonstram uma finalidade ostensível, ao mesmo tempo que a exigência do desperdício conspícuo impede a intencionalidade dessas inovações em tornarem-se algo que não seja mais do que uma clara pretensão. Mesmo em seus voos mais livres, a moda raramente (ou nunca) consegue deixar de parecer a simulação de um uso relativamente ostensivo. No entanto, a utilidade ostensiva dos detalhes elegantes no vestuário é sempre um faz de conta aparente; logo, sua enorme futilidade é empurrada goela abaixo a ponto de tornar-se insuportável, por isso, refugiamo-nos num novo estilo. Mas o novo estilo deve estar de acordo com as exigências de dispêndio honroso e futilidade. Em seguida, sua futilidade se torna tão repugnante quanto a do antecessor, sendo que o único remédio permitido pela lei do desperdício é buscar alívio em alguma nova criação, igualmente fútil e igualmente insustentável. Dessa forma, vêm a feiura essencial e as constantes mudanças dos trajes elegantes.

Após ter esclarecido o fenômeno da mutação da moda, o próximo passo a ser dado é fazer a explicação corresponder aos fatos cotidianos. Entre eles está o famoso apreço, que todo homem tem pelos estilos que estão na moda independentemente da época. Um novo estilo entra na moda e se mantém na preferência popular por uma estação e, contanto que continue sendo uma novidade, as pessoas continuam achando o novo estilo atraente. A moda atual é percebida como bela. Isso se deve, por um lado, ao alívio que ela proporciona por ser diferente do que veio antes; por outro, ao fato de conceder boa reputação. Como indicamos no capítulo anterior, o cânone de reputação pecuniária determina, até certo ponto, nossas preferências, tanto que ele orienta tudo que será aceito como conveniente até a novidade desgastar-se ou até que a garantia de boa reputação seja transferida para uma nova estrutura que terá a mesma finalidade geral. A realidade de que a suposta beleza ou "charme" dos estilos em voga é efêmera e artificial só pode ser confirmada em razão de que nenhuma das muitas transformações da moda será capaz de superar o teste do tempo. Quando vistas em retrospectiva de pouco mais de cinco anos, nossas mais belas modas nos parecem grotescas ou até repugnantes. Nosso apego transitório a qualquer produto que seja mais recente possui fundamentos que vão muito além da estética, e ele só perdura pelo período necessário que nosso senso estético duradouro demanda para impor-se e rejeitar os últimos adereços indigestos.

O processo para desenvolver uma náusea estética pode durar mais ou menos tempo, sendo que o período exigido, em qualquer dos casos, é inversamente proporcional ao grau de repugnância intrínseca ao estilo considerado. Essa relação temporal entre repugnância e instabilidade que permeia a moda leva-nos a inferir que quanto mais rápido os estilos sucedem e substituem uns aos outros, mais ofensivos eles são ao bom gosto. Portanto, a presunção é de que, quanto mais a comunidade, em especial suas classes mais abastadas, evolui em termos de riqueza, de mobilidade e de amplitude do contato interpessoal, mais imperativa será a manifestação da lei do desperdício conspícuo quanto ao vestuário; mais o senso de beleza tenderá a ser suspenso ou sobrepujado pelo cânone de reputação pecuniária; mais rapidamente a moda sofrerá transformações e adaptações; e mais grotescos e intoleráveis serão os variados estilos que sucessivamente entrarão na moda.

Pelo menos resta ainda um ponto nessa teoria do vestuário que falta ser discutida. A maioria das situações expostas podem ser aplicadas tanto aos trajes masculinos quanto aos femininos, embora, em tempos modernos, boa parte delas ocorra com maior intensidade entre as mulheres. Porém, o vestuário feminino difere substancialmente do masculino num ponto específico. No caso das roupas femininas, há uma necessidade muito maior de exibir características que evidenciem a desobrigação ou a incapacidade das mulheres em desempenhar qualquer função vulgarmente produtiva. Essa característica da indumentária feminina é bastante curiosa, não só porque arremata a teoria do vestuário, mas também por confirmar tudo o que já dissemos sobre o status econômico das mulheres no passado e no presente.

Como vimos na discussão sobre o status da mulher segundo o ócio vicário e o consumo vicário, no curso da evolução econômica, consumir indiretamente em nome do chefe do lar tornou-se a principal função da mulher, e os adereços que compõem sua vestimenta são planejados com esse objetivo em mente. Então, em razão do trabalho produtivo ser considerado particularmente depreciativo para as mulheres de boa reputação, grandes esforços foram dedicados à confecção das roupas femininas, para que o observador tenha a impressão (quase sempre fictícia) de que a usuária não quer e não pode ter o hábito de exercer trabalhos úteis. As regras de etiqueta exigem que as mulheres respeitáveis se abstenham de todo tipo de esforço útil e que demonstrem ser ainda mais ociosas do que os homens da mesma classe social. Testemunhar uma mulher bem-nascida tendo que sustentar seu padrão de vida por meio de um trabalho útil abalaria qualquer um. Isso não é "coisa de mulher". O "lugar da mulher" é dentro do lar, que ela deverá "embelezar" e para o qual ela deverá ser o "principal ornamento". O homem chefe da casa não é visto atualmente como um ornamento para o lar. Essa característica, aliada ao outro fato de que o código de etiqueta exige uma atenção constante em demonstrar a extravagância da vestimenta e de outros acessórios femininos, reforça ainda mais a visão insinuada anteriormente. Por conta de suas raízes patriarcais, nosso sistema social faz com que a função da mulher seja de evidenciar, de maneira bastante peculiar, o poder aquisitivo daquela casa. De acordo com os modernos costumes civilizados, o bom nome do lar onde a mulher vive deverá ser a maior preocupação dela; e o sistema de dispêndio honroso e ócio conspícuo, principal sustentáculo desse bom nome, é o que pode ser chamado de "coisa de mulher". Num mundo ideal, como ainda tende a acontecer na vida das classes de maior capacidade financeira, essa atenção ao desperdício conspícuo de tempo e energia costuma ser a única função econômica da mulher.

No estágio do desenvolvimento econômico em que as mulheres ainda eram, em sentido pleno, propriedades privadas dos maridos, o desempenho do ócio e do consumo conspícuos passaram a fazer parte das obrigações que lhes eram imputadas. Como as mulheres não eram senhoras de si mesmas, o gasto e o ócio praticados por elas contribuíam mais para a reputação de seus senhores do que para a própria; por conseguinte, quanto mais gastadeiras e obviamente improdutivas fossem as mulheres do lar, mais benéfica e eficaz seria sua existência para o propósito da boa reputação do lar ou de seu chefe. Tanto é assim que se exigia das mulheres não apenas que apresentassem provas de uma vida ociosa, mas também que fossem incapazes para qualquer tipo de atividade útil.

É nesse momento que o vestuário dos homens deixa de ter a mesma utilidade que o das mulheres, por uma razão bastante evidente. O desperdício e o ócio conspícuos são respeitáveis por fornecerem evidência de poder pecuniário, que é respeitável ou honroso porque, em última análise, indica sucesso e força superior. Logo, provas de desperdício e ócio trazidas à tona pelo próprio indivíduo não conseguem, de modo coerente, assumir a forma almejada nem chegar ao ponto de dar indícios de incapacidade ou desconforto visível — já que a exibição, nesse caso, não demonstraria força superior, mas inferioridade, destruindo, assim, a própria finalidade. Por isso, onde quer que o gasto extravagante e a evidência de ausência de esforços sejam normalmente ou de maneira regular conduzidos para demonstrar um desconforto muito óbvio ou uma falta de habilidade física induzida voluntariamente, a inferência imediata é de que o indivíduo considerado não desempenha gastos extravagantes, e só aparenta ser incapaz com o fim de obter vantagens pessoais na forma de reputação pecuniária, mas em nome de outra pessoa a ele submetida numa relação de dependência econômica — que em última instância deve ser reduzida, dentro da teoria econômica, a uma relação de servidão.

Agora, aplicando esse conceito ao vestuário das mulheres e colocando a teoria em termos concretos: o salto alto, a saia, os chapéus incômodos, o espartilho e o desprezo completo pelo conforto da usuária representam um aspecto óbvio de toda a indumentária da mulher civilizada, sendo muitos dos itens que efetivamente comprovam que, no moderno estilo de vida civilizado, a mulher ainda é em tese dependente financeiramente do homem. Talvez num sentido utópico, ela ainda seja propriedade do homem. O motivo essencial para o ócio conspícuo e todos esses trajes por parte das mulheres reside no fato de que elas são serviçais que, na diferenciação das funções econômicas, são submetidas à função de exaltar o poder aquisitivo de seus mestres.

Nesse sentido, há uma semelhança incontestável entre as vestes das mulheres e as dos serviçais domésticos, principalmente os serviçais de libré. Em ambos os casos, existe uma demonstração elaborada de extravagância desnecessária, de forma que também podemos notar uma imensa falta de consideração pelo conforto do usuário. Porém, a vestimenta da dama vai mais além — no que se refere à requintada insistência em querer exibir sua ociosidade ou mesmo na fragilidade da usuária — do que o uniforme dos empregados domésticos. E é assim de propósito, pois, em teoria, de acordo com o estilo de vida ideal da cultura pecuniária, a senhora da casa é a chefe dos empregados do lar.

Além dos serviçais, atualmente reconhecidos como tais, há pelo menos mais uma classe de pessoas cujos trajes se assemelham ao da classe servil, apresentando muitos aspectos que compõem a feminilidade do vestuário das mulheres: a classe sacerdotal. As vestimentas sacerdotais demonstram, de maneira acentuada, todas as características que foram descritas como evidência de um status servil e de uma vida vicária. Ainda mais impactante que o hábito usado por um padre no cotidiano, os ornamentos, assim chamados adequadamente, são enfeites grotescos e inconvenientes, que, na aparência, parecem desconfortáveis ao ponto da aflição. Espera-se que o padre, ao mesmo tempo, abstenha-se de esforços úteis e, quando estiver diante do público, conserve um semblante de desgosto impassível, muito semelhante a um serviçal doméstico experiente. O rosto barbeado do padre reforça ainda mais tal aspecto. Essa conformidade da classe sacerdotal com a classe dos serviçais, tanto em postura quanto em vestimenta, deve-se à semelhança das duas classes em relação à função econômica. Na teoria econômica, o padre é um criado particular que atua de modo construtivo em benefício da pessoa da divindade cujas roupas ele utiliza. Suas vestimentas possuem características bastante exuberantes, como se quisessem manifestar de maneira verossímil a dignidade de seu mestre, mas a intenção subjacente é mostrar que a indumentária pouco ou nada contribui com o conforto físico de quem a utiliza, pois constitui um item de consumo vicário, e a reputação obtida por esse consumo deve ser atribuída ao mestre, não ao servo.

A linha divisória entre as roupas das mulheres, dos sacerdotes e dos servos, de um lado, e as vestimentas dos homens, de outro, nem sempre pode ser observada com consistência na prática, mas dificilmente alguém dirá que essa divisão não esteja presente, quase de maneira incontestável, no hábito do pensamento popular. Claro que também existem homens livres — e não são poucos — que, em sua ânsia cega pela reputação por meio do uso de trajes impecáveis, ultrapassam a linha imaginária entre as roupas masculinas e femininas, chegando ao ponto de adornar-se com acessórios obviamente desenhados para afligir a carcaça mortal; porém, qualquer pessoa percebe imediatamente que esse tipo de acessório para os homens está longe de ser normal. Temos o costume de dizer que esses itens de vestuário são "afeminados" e, por vezes, chegamos a ouvir comentários de que esse ou aquele cavalheiro com roupas primorosas está vestido tão bem quanto um serviçal.

Certas discrepâncias aparentes, segundo essa teoria do vestuário, merecem uma análise mais detalhada, principalmente quando elas apontam uma tendência mais ou menos evidente nas fases mais tardias e mais maduras do vestuário. A moda do espartilho apresenta uma possível exceção à regra citada como ilustração. No entanto, uma análise mais minuciosa mostrará que essa aparente exceção é, na verdade, uma constatação da regra de que a moda de qualquer elemento ou aspecto do vestuário decorre de sua utilidade como evidência de condição financeira. Sabe-se bem que, nas sociedades mais avançadas industrialmente, o espartilho é utilizado apenas em estratos sociais com boas condições de vida. As mulheres das classes mais pobres, em especial aquelas de comunidades rurais, não costumam utilizá-lo exceto em ocasiões especiais. Nessas classes, as mulheres têm de trabalhar duro, portanto, não lhes é muito agradável ficar sacrificando o corpo com o único objetivo de exibir um pretenso ócio. Assim, o uso dessa peça do vestuário em ocasiões especiais ocorre em razão de uma imitação do cânone de decoro da classe alta. Acima dessa camada inferior de indigência e trabalho braçal, o espartilho era, até há uma ou duas gerações, quase indispensável para todas as mulheres de reputação irrepreensível, entre elas as mais respeitáveis e mais ricas. Essa regra continuaria válida contanto que ainda inexistisse uma classe rica o suficiente para estar além da imputação de qualquer necessidade de trabalho braçal e, ao mesmo tempo, ampla o bastante para compor uma estrutura social isolada e autossuficiente cuja massa proporcionaria uma base para regras especiais de conduta dentro da classe, reforçada somente pela opinião da respectiva classe. Porém, a esta altura, houve um avanço tão amplo da classe ociosa com grande riqueza que qualquer depreciação relativa à imposição de trabalhos braçais seria uma calúnia inofensiva e dispensável. Além disso, o espartilho, em larga medida, caiu em desuso dentro dessa classe.

    Segundo essa regra, as exceções da desobrigação do uso do espartilho são mais aparentes do que reais. São elas as classes abastadas de países com estrutura industrial inferior — do tipo arcaica e semi-industrial — ao lado dos novos-ricos das classes superiores de sociedades industriais mais avançadas. Estes últimos ainda não tiveram tempo para despojar-se dos cânones plebeus de preferência e reputação, que trouxeram o antigo padrão de vida inferior. O resquício de uso do espartilho é bastante comum, por exemplo, nas classes sociais mais abastadas de cidades americanas que rapidamente ascenderam a altos níveis de opulência. Se a palavra for usada como termo técnico, sem nenhum tom de menosprezo, poderemos dizer que o uso do espartilho persiste, em boa parte, durante o período do esnobismo — o intervalo cheio de incertezas de quem está no processo de ascensão na cultura pecuniária de um nível inferior para um superior. Em outras palavras, em todos os países que herdaram o costume do espartilho, ele continua em uso, onde quer que seja, contanto que preserve sua finalidade de servir para comprovar o ócio honorífico ao dar indícios de incapacidade física de quem o veste. Certamente a mesma regra se aplica a outras mutilações e restrições que diminuam a eficiência visível do indivíduo.

Algo bem parecido também ocorre em relação a diversos itens de consumo conspícuo. E realmente parecem ser aplicáveis de maneira tímida em inúmeras características do vestuário, principalmente se tais características estiverem relacionadas a um marcante desconforto ou derem a aparência de que o usuário está desconfortável. Nos últimos cem anos, é perceptível a tendência, sobretudo na evolução do vestuário masculino, à suspensão de meios de dispêndio e do uso de símbolos de ócio que poderiam ser incômodos ou ainda que até poderiam ter finalidades convenientes para a época, mas sua manutenção nas classes superiores atuais seria extremamente supérflua. Por exemplo, o uso de perucas, laços dourados e a prática de barbear-se constantemente. Inclusive ultimamente, tem havido um leve retorno do rosto barbeado entre os nobres, mas isso parece ser uma prática transitória dos mais desavisados para imitar a moda imposta aos serviçais domésticos, sendo bem provável que esse estilo siga o mesmo caminho das perucas de nossos antepassados.

Esses indícios, além de outros bastante semelhantes no que diz respeito à ousadia salientada a todo observador relacionada com a inutilidade habitual das pessoas que os utiliza, têm sido substituídos por outros meios mais capciosos de expressar o mesmo fato. Isto é, meios não menos explícitos aos olhos experientes daquele pequeno e seleto círculo cuja admiração sempre é buscada. O mais antigo e primitivo método de exibicionismo perdurava enquanto o público que admirava o exibicionista era formado por uma grande parte da comunidade sem o devido treinamento para discernir variações sutis nas evidências de riqueza e de ócio. O método de exibicionismo passa por um refinamento quando uma parcela suficientemente ampla da classe abastada — que exerce o ócio a fim de adquirir a habilidade de interpretar os sinais mais sutis da extravagância — desenvolve-se. Roupas "espalhafatosas" se tornam ofensivas àqueles de bom gosto, como se revelassem um desejo indevido de conquistar e impressionar as sensibilidades destreinadas da ralé. Para o indivíduo bem-nascido, elas possuem uma reputação ainda mais honrosa, concedida pelo senso erudito dos membros de sua própria classe superior, pois advêm de ganhos materiais. Como a classe ociosa abastada cresceu bastante ou o contato do indivíduo da classe ociosa com membros de sua própria classe expandiu-se tanto a ponto de conceber um ambiente humano suficiente para a finalidade honorífica, desenvolve-se uma tendência a excluir os elementos inferiores da população de todo contexto, ainda que como espectadores, cujo aplauso ou constrangimento deveria ser buscado. O resultado é um refinamento dos métodos, um embasamento em adereços mais sutis e uma espiritualização do contexto simbólico do vestuário. Por essa classe ociosa superior definir o ritmo para todas as questões de decoro, para o restante da sociedade, o resultado também é um aprimoramento gradual da estrutura do vestuário. Conforme a comunidade se desenvolve em termos de riqueza e cultura, o poder aquisitivo é ostentado por meios que exigem um discernimento cada vez mais apurado por parte do observador, sendo o aprimoramento desse discernimento um elemento fundamental na alta cultura pecuniária.

CAPÍTULO 8

ISENÇÃO INDUSTRIAL E CONSERVADORISMO

A vida do homem em sociedade e das outras espécies é uma batalha pela existência e um processo de adaptação seletiva. Consequentemente a evolução da estrutura social tem funcionado como um processo de seleção natural de instituições. O progresso que foi e tem sido alcançado nas instituições humanas e no caráter humano pode ser descrito, em linhas gerais, como uma seleção natural de hábitos de pensamento mais adaptados e como um processo de adaptação forçada dos indivíduos a um ambiente que se transformou paulatinamente a partir do crescimento da comunidade e das instituições dinâmicas que não são apenas o resultado de um processo seletivo e adaptativo, definidor dos tipos predominantes de atitudes e aptidões espirituais, mas, ao mesmo tempo, dos métodos especiais de vida e de relações humanas, que, por conseguinte, são também fatores eficazes de seleção. Isso ocorre porque as instituições dinâmicas contribuem para uma seleção mais aprimorada de indivíduos dotados do temperamento mais adaptado e para uma adaptação aprimorada de hábitos e de temperamentos individuais para o ambiente dinâmico por meio da formação de novas instituições.

As forças que moldaram a evolução da vida humana e da estrutura social podem, em última análise, ser resumidas em termos de tecido biológico e ambiente material. Entretanto, para a finalidade em questão, essas forças podem ser melhor determinadas em termos de um ambiente — humano e não humano — e de um indivíduo com uma compleição física e mental mais ou menos definida. De forma genérica, essa pessoa é mais ou menos variável, sobretudo, sem dúvida, regida por uma regra de conservação seletiva das variações favoráveis, que são selecionadas, em grande medida, por uma conservação seletiva das origens étnicas. Na história de qualquer comunidade cuja população foi formada por uma mistura de diversos elementos étnicos, alguns dos muitos tipos de corpos e temperamentos persistentes e relativamente estáveis acabam se tornando dominantes em algum momento. As condições gerais — inclusive as instituições vigentes num dado momento — favorecerão a sobrevivência e dominância de um tipo de caráter em detrimento do outro; e o tipo de homem selecionado para prosseguir e para aprofundar-se na elaboração das instituições herdadas moldará consideravelmente essas instituições a sua imagem e semelhança. Entretanto, para além da seleção, como aquela entre tipos de caráter e hábitos mentais relativamente estáveis, não há dúvida de que existe, ao mesmo tempo, um processo de adaptação seletiva de hábitos de pensamento dentro da escala geral de aptidões que é característica do tipo (ou tipos) étnico dominante. Pode existir uma variação no caráter fundamental de qualquer população por meio da seleção entre tipos relativamente estáveis, mas há também uma variação em razão da adaptação detalhada no âmbito do tipo e da seleção entre visões habituais específicas relativas a uma determinada relação social ou a grupo de relações.

Contudo, para o presente propósito, a questão quanto à natureza do processo adaptativo — seja primordialmente uma seleção entre tipos estáveis de temperamento e caráter, seja uma adaptação dos hábitos mentais dos homens a circunstâncias dinâmicas — é menos importante do fato de que, por meio de um ou outro método, as instituições mudam e evoluem. Isso porque, diante de circunstâncias dinâmicas, elas têm a natureza habitual de reagir aos estímulos proporcionados por essas circunstâncias em transformação. A evolução dessas instituições é a evolução da sociedade. Afinal, as instituições são essencialmente hábitos de pensamento dominantes que dizem respeito a relações particulares e funções particulares do indivíduo e da comunidade. Além disso, o estilo de vida, que é formado pelo conjunto das instituições vigentes numa determinada época ou num determinado momento da evolução de qualquer sociedade, pode, sob o critério psicológico, ser amplamente descrito como uma atitude espiritual ou uma filosofia de vida dominante. No que tange a seus aspectos genéricos, essa atitude ou filosofia de vida espiritual é, em última análise, resumida em termos de um tipo de caráter dominante.

As condições gerais atuais moldam as instituições do amanhã por meio de um processo seletivo e coercivo, influenciando a perspectiva habitual dos homens em relação ao mundo a sua volta, modificando ou fortalecendo, assim, um ponto de vista ou uma atitude mental herdada do passado. As instituições — em outras palavras, os hábitos mentais ou o hábito de pensamento — orientadas pelo estilo de vida dos homens são, dessa forma, preestabelecidas num período anterior, mais ou menos remotamente distante, mas, em todo caso, elaboradas e preestabelecidas no passado. Dessa forma, instituições são produtos do processo passado — adaptadas de circunstâncias passadas — e, por isso, nunca atendem plenamente às exigências do presente. Inevitavelmente esse processo de adaptação seletiva jamais consegue acompanhar o ritmo das constantes transformações das condições gerais em que a comunidade se encontra, indepente do momento que seja. O ambiente, as condições e as exigências de vida, que colocam em prática a adaptação e a práxis da seleção, mudam todos os dias; e cada condição sucessiva da comunidade, por sua vez, tende à obsolescência assim que se estabelece. Assim, quando um passo evolutivo é dado, o passo em si representa uma mudança nas condições gerais, demandando uma nova adaptação, que se torna o ponto de partida para um novo passo de adequação e assim segue sem fim.

Portanto, há de ser ressaltado que, embora isso pareça um truísmo entediante, as instituições de hoje — o atual estilo de vida aceito — não se adequam completamente à condição geral presente. Ao mesmo tempo, o hábito de pensamento corrente dos homens tende a persistir indefinidamente, a não ser que as circunstâncias imponham uma mudança. Assim, essas instituições que foram herdadas — hábitos mentais, pontos de vista, atitudes, aptidões mentais ou o que quer que seja — são, por conseguinte, elas mesmas um fator de conservação. Este é o fator de inércia social, inércia psicológica e conservadorismo.

A estrutura social muda, evolui e adapta-se a uma situação diversa apenas se houver uma mudança no hábito de pensamento das várias classes da comunidade ou, em última instância, existir uma mudança no hábito de pensamento dos indivíduos que formam a comunidade. A evolução da sociedade é, *grosso modo*, um processo de adaptação mental dos indivíduos à pressão das circunstâncias que não mais tolerarão hábitos mentais submetidos aos preceitos de um diferente conjunto de circunstâncias do passado. Para a presente finalidade, esta não é uma questão de grande importância, seja esse processo adaptativo um processo de seleção e sobrevivência dos tipos étnicos perseverantes, seja um processo de adaptação individual e herança de traços adquiridos.

O progresso social, sobretudo quando visto pela perspectiva da teoria econômica, consiste numa contínua e progressiva abordagem que objetiva uma quase perfeita "adequação das relações interiores às relações exteriores", mas essa adaptação nunca chega a concretizar-se, já que as "relações exteriores" estão sujeitas a mudanças sucessivas decorrentes da dinâmica constante que ocorre nas "relações interiores". Entretanto, o grau de perfeição pode ser maior ou menor, dependendo da facilidade com que uma adequação é obtida. Uma readequação do hábito de pensamento dos homens para se ajustar às exigências da condição geral modificada é, *grosso modo*, realizada tardia e relutantemente, e apenas sob a repressão exercida por uma condição que tornou insustentáveis as perspectivas aceitas. A readequação das instituições e das perspectivas habituais a um ambiente modificado é realizada para reagir à pressão exterior, sendo naturais reações a estímulos externos. A liberdade e a facilidade de readequação, ou seja, a capacidade para crescimento dentro da estrutura social, portanto, dependem em grande parte do grau de liberdade com que a condição geral, a qualquer tempo, influencia os membros individuais da comunidade — o grau de exposição dos membros individuais às forças limitantes do ambiente. Se qualquer parcela ou classe da sociedade for resguardada da ação do ambiente de alguma maneira essencial, ela adaptará suas perspectivas e estilos de vida mais lentamente à condição geral modificada. Desse modo, ela tenderá a retardar o processo de transformação social. A classe ociosa abastada está numa posição extremamente resguardada em relação às forças econômicas que implicam mudanças e readequações. Com isso, pode-se dizer que as forças que implicam uma readequação das instituições, especialmente no caso de uma comunidade industrial moderna, são, em última análise, de natureza econômica em sua quase totalidade.

Qualquer comunidade pode ser vista como um mecanismo industrial ou econômico, cuja estrutura fundamental é feita daquilo que chamamos de instituições econômicas. Elas são métodos habituais para dar prosseguimento ao processo vital da comunidade em contato com o ambiente físico onde vive. Quando determinados métodos de desenvolvimento da atividade humana tiverem evoluído nesse ambiente, a vida da comunidade irá se manifestar com certa facilidade da forma de costume. A comunidade usufruirá das forças do ambiente para suas próprias finalidades de acordo com os métodos aprendidos no passado e incorporados nessas instituições. Porém, à medida que a população aumente e se expandam o conhecimento e as habilidades dos homens em controlar as forças da natureza, os modos habituais de relação entre os membros do grupo e o modo frequente de dar continuidade ao processo vital do grupo, não geram mais o mesmo resultado anterior. Assim, as condições de vida resultantes não são distribuídas e alocadas, entre os seus diversos integrantes, da mesma maneira — ou com a mesma eficácia — que antes. Se o estilo cujo processo vital do grupo era conduzido de acordo com as condições prévias gerava, *grosso modo*, o melhor resultado possível — dadas as circunstâncias —, sob a óptica da eficiência ou facilidade do processo vital do grupo, então o mesmo estilo de vida inalterado não conseguirá, nesse sentido, o melhor resultado possível diante das novas condições. Diante das condições alteradas de população, de habilidade e de conhecimento, as facilidades da vida conduzidas de acordo com o estilo tradicional podem não ser inferiores àquelas que estejam ao abrigo das condições prévias. Entretanto, é bem provável que seja pior do que seria, caso o estilo de vida fosse alterado para adequar-se às condições modificadas.

O grupo é formado por indivíduos, e a vida do grupo é a vida dos indivíduos conduzida, ao menos aparentemente, de maneira privada. O estilo de vida aceito pelo grupo é o consenso dos pontos de vista sustentados pelo conjunto desses indivíduos quanto àquilo que é certo, bom, conveniente e belo em relação aos vários aspectos da vida humana. Após a redistribuição das condições de vida que advém do método modificado de lidar com o ambiente, o resultado não é uma mudança uniforme das facilidades de vida em todo o grupo. As condições modificadas podem aumentar as facilidades para o grupo em geral, mas a redistribuição costuma resultar numa diminuição delas ou da plenitude de vida para alguns membros do grupo. Para que haja um incremento nos métodos técnicos, na população ou na organização industrial, será necessário, no mínimo, que alguns dos membros da comunidade mudem seus hábitos de vida, caso queiram participar com facilidade e eficácia dos métodos industriais modificados. No momento que fazem, serão incapazes de viver à altura dos preceitos estabelecidos quanto aos hábitos de vida corretos e belos.

Qualquer um que passou por uma mudança nos hábitos de vida e nas relações habituais com seus companheiros sentirá a discrepância entre o modo de vida exigido pelas demandas recém-criadas e o estilo de vida tradicional ao qual ele está acostumado. Os indivíduos nessa situação são aqueles que têm os maiores incentivos para reintroduzir o estilo de vida preestabelecido, sendo mais facilmente persuadidos a adotar novos padrões, pela necessidade de sobrevivência desses indivíduos nessa situação. A pressão exercida pelo ambiente sobre o grupo, implica uma readequação do estilo de vida e impõem sobre os membros do grupo exigências pecuniárias. Devido a esse fato — de que forças externas são, em grande parte, traduzidas na forma de exigências pecuniárias ou econômicas —, podemos dizer que as forças que importam uma readequação das instituições, em qualquer comunidade industrial moderna, são principalmente forças econômicas ou, mais especificamente, forças que se materializam na forma de pressão pecuniária. Uma readequação como essa é essencialmente uma mudança nas perspectivas dos homens quanto àquilo que é bom e certo. Vale ressaltar que o meio para se implementar uma mudança na concepção dos valores daquilo que é bom e certo, na maioria das vezes, é a pressão das exigências pecuniárias.

Qualquer mudança na visão dos homens sobre o que é bom e certo na humanidade, na melhor das hipóteses, ocorre apenas tardiamente. Sobretudo quando a mudança for na direção daquilo que chamamos de progresso. Em outras palavras, na direção da divergência com a posição arcaica — com a posição que pode ser considerada o ponto de partida de qualquer passo na evolução social da comunidade. O retrocesso ou o retorno a uma perspectiva com a qual a raça se acostumou no passado, é muito mais fácil. Isso é especialmente verdadeiro se a evolução afastada dessa perspectiva não aconteceu, principalmente por meio da substituição de um grupo étnico cujo temperamento é estranho à perspectiva anterior.

A fase cultural anterior à atual história de vida da civilização ocidental é aquela que chamamos de fase semipacífica, na qual a lei da reputação é a característica dominante na vida das pessoas. Nem precisamos destacar aqui o quanto os homens de hoje são propensos ao retorno da atitude espiritual de domínio e de subserviência pessoal características da fase semipacífica. Aliás, é mais fácil falarmos numa suspensão precária em razão das exigências econômicas da atualidade do que na definitiva superação desse costume em virtude da evolução de um hábito de pensamento em plena harmonia com as exigências mais recentes. A fase predatória e a fase semipacífica da evolução econômica parecem ter transcorrido por muito tempo na história de todos os principais grupos étnicos precursores da formação dos povos da cultura ocidental. A partir disso, o temperamento e as propensões típicas daquelas fases culturais persistiram com tamanho vigor que os aspectos gerais de sua estrutura psicológica foram inevitavelmente ressuscitados em todas as classes ou comunidades que estivessem afastadas do raio de atuação das forças que contribuíam para a manutenção do hábito de pensamento que se desenvolveu mais tarde.

É público e notório que, quando os indivíduos ou mesmo grandes grupos de pessoas são segregados de uma cultura industrial superior e expostos a um ambiente cultural inferior ou a uma condição econômica de características mais primitivas, eles rapidamente exibem traços de retrocesso nos aspectos espirituais que caracterizavam o tipo predador. Parece haver evidências de que o homem europeu do tipo dólico-loiro é dotado de maior propensão para regredir ao estilo de vida bárbaro do que outros grupos étnicos ligados a esse tipo na cultura ocidental. Em menor escala, exemplos desse retrocesso podem ser encontrados diversas vezes na história recente das migrações e das colonizações. A não ser pelo medo de ofender aquele patriotismo chauvinista tão característico da cultura predatória, cuja presença costuma ser a marca mais notável de retrocesso nas comunidades modernas, podemos citar como exemplo dessa involução, numa escala muito maior, o caso das colônias norte-americanas, embora não tenha sido um retrocesso de grande abrangência.

A classe ociosa é, em grande parte, resguardada do estresse das demandas econômicas que permeiam qualquer comunidade industrial moderna bem organizada. Os esforços empenhados por essa classe para garantir a sobrevivência são bem menos rigorosos em relação a qualquer outra classe. Por conta dessa posição privilegiada, imagina-se que seja uma das classes sociais menos receptivas às demandas que contribuiriam para o aperfeiçoamento das instituições e para a readaptação da sociedade a uma condição industrial aprimorada. Afinal, a classe ociosa é a classe conservadora, e as demandas da comunidade em relação às condições econômicas não afetam de maneira direta e irrestrita seus membros. Não é exigido, sob pena de confisco, uma mudança nos próprios costumes e nas perspectivas filosóficas em relação ao mundo externo de forma que se adaptem às demandas de uma técnica industrial aprimorada, visto que não são uma parte orgânica, no sentido amplo, dessa comunidade industrial. Portanto, essas demandas não geram imediatamente, nos membros dessa classe, aquele grau de inquietação quanto à ordem vigente, que por si só pode levar qualquer indivíduo a desistir das visões de mundo e dos estilos de vida que se tornaram tão habituais com o passar do tempo. A função da classe ociosa na evolução social é retardar esse movimento e conservar o que é obsoleto. Tal afirmação não é nenhuma novidade: a opinião popular se baseia nisso há muito tempo.

A crença dominante de que a classe abastada é conservadora por natureza tem sido tradicionalmente reconhecida sem que haja muito embasamento teórico em relação ao lugar e à influência dessa classe no desenvolvimento cultural. Quando nos é dada uma explicação a respeito do conservadorismo dessa classe, toda vez há aquele tom ínvido de que a classe abastada se opõe às inovações porque ela é dotada de interesses, quase sempre indignos, para que sejam mantidas as condições presentes. A explicação exposta aqui não atribui nenhum motivo indigno. Essa oposição a qualquer mudança no sistema cultural é de natureza instintiva, sem que decorra de cálculos interesseiros visando a vantagens materiais. Trata-se de uma repulsa instintiva relacionada a qualquer distanciamento da maneira aceita de fazer e de olhar para os fatos — uma repulsa comum a todos os homens, que só pode ser superada por força das circunstâncias. Afinal, toda mudança de costumes e de hábito mental é desconfortável. A diferença existente entre ricos e pobres não se baseia tanto na razão que os leva a serem conservadores, mas no grau de exposição às forças econômicas que clamam por mudanças. Os membros da classe abastada não se rendem tão facilmente às demandas por inovação como outros indivíduos porque não se sentem impelidos a mudar nada.

O conservadorismo da classe abastada é um traço tão evidente que até passou a ser reconhecido como marca de respeitabilidade. Uma vez que é uma característica dos mais ricos, isto é, da parcela de maior reputação dentro da comunidade, adquiriu certo valor honorífico ou decorativo. Tornou-se prescritivo ao ponto de fazer com que a adesão à visão conservadora passou a ser considerada o curso natural na nossa noção de respeitabilidade, e um dever imperativo de todos que possuem uma reputação social ilibada. Por ser uma característica da classe superior, o conservadorismo, por um lado, é decoroso e, por outro lado, a inovação é vulgar por ser um fenômeno da classe baixa. O primeiro elemento do instinto de repulsa e de reprovação que se precipita, quando tratamos todos os inovadores da sociedade, advém daquele senso de vulgaridade essencial em relação a tudo. De tal modo que, mesmo nos casos em que se reconhece o mérito inerente ao objeto trazido para análise pelo inovador — como pode facilmente acontecer se os males que ele visa remediar estiverem suficientemente afastados em termos de tempo, espaço e contato pessoal —, não se pode esquecer que é no mínimo demonstração de mau gosto o fato de estar na companhia de uma pessoa inovadora, devendo-se evitar todo tipo de contato social com ela. Afinal, inovação é um fato ruim.

Assim, o fato de que costumes, ações e pontos de vista da opulenta classe ociosa adquirem traços de um cânone de condutas prescritivas para o restante da sociedade só faz reforçar a preponderância e o alcance da influência conservadora daquela classe. Torna-se, assim, imperioso que todas as pessoas de boa reputação sigam seus passos, de forma que, em virtude de sua elevada posição como representante dos bons costumes, a classe abastada passe a exercer uma influência de atraso sobre o desenvolvimento social muito maior e mais acelerado em comparação àquilo que seria atribuído pela classe, mesmo não sendo ela tão numerosa. Em grande medida, o exemplo prescritivo por parte de seus integrantes age tanto para endurecer a resistência de todas as outras classes contra qualquer tipo de inovação quanto para intensificar o apreço dos homens pelas boas instituições herdadas de gerações passadas.

Há uma segunda maneira com que a influência da classe ociosa atua nesse mesmo sentido — relacionado aos obstáculos à adoção de um estilo de vida tradicional mais coerente com as exigências da época. Esse segundo método de orientação da classe superior não chega a ser consistente o bastante para ser equiparado ao conservadorismo instintivo e à aversão a novas ideias que mencionamos, mas sem dúvida podemos tratá-lo, visto que, ao menos superficialmente, é muito parecido com o hábito de pensamento conservador que age para retardar as inovações e o progresso da estrutura social. O código de etiqueta, as tradições e os costumes em voga, a qualquer tempo e em qualquer povo, têm características semelhantes a um complexo orgânico, pois qualquer mudança significativa num determinado aspecto do esquema desencadeia também mudanças ou readequações em outros aspectos, se não uma reorganização total. Quando ocorre uma mudança que afeta imediatamente um aspecto menos importante do sistema, o consequente transtorno na estrutura das tradições pode ser imperceptível. Porém, mesmo assim, é certo que haverá alguns transtornos, de maior ou menor alcance, no sistema em geral. Por outro lado, quando a tentativa de reformulação abrange a supressão ou a profunda reestruturação de uma instituição de máxima importância no sistema tradicional, sente-se imediatamente que o sistema inteiro sofrerá uma grave perturbação. As pessoas percebem que a readequação da estrutura à nova forma adotada por um de seus principais elementos seria um processo sofrível e enfadonho — talvez até duvidoso.

Para compreender a dificuldade decorrente de uma única mudança radical em qualquer aspecto do estilo de vida tradicional, seria necessário apenas que se sugerisse a supressão da família monogâmica, ou o sistema agnático da consanguinidade, ou a propriedade privada, ou a fé teísta em qualquer país da civilização ocidental. Ou, então, imagine a supressão do culto aos ancestrais na China, ou do sistema de castas na Índia, ou da escravidão na África, ou a imposição da igualdade de gênero nos países muçulmanos. Desse modo, fica bastante claro que o transtorno na estrutura geral das tradições em todos os casos mencionados seria significativo. Para colocar em prática uma inovação desse tipo, seria necessário que houvesse uma alteração bastante abrangente no hábito de pensamento dos homens, não só no contexto imediato, mas também em vários outros pontos do sistema. A aversão a qualquer inovação faz com que as pessoas fiquem esquivas diante de um estilo de vida que, no fim das contas, é apenas diferente.

A repulsa sentida pelas pessoas de bons costumes a tudo aquilo que diverge dos modos de vida aceitos está bastante presente na nossa experiência cotidiana. Não é raro ouvir dos sujeitos que adoram distribuir conselhos salutares e advertências e manifestações eloquentes à comunidade a respeito dos extensos efeitos prejudiciais que todos sofreriam em virtude de mudanças aparentemente inofensivas, como a desestabilização da Igreja Anglicana, a facilitação do divórcio, a adoção do sufrágio feminino, a proibição da fabricação e da venda de bebidas inebriantes, a abolição ou restrição à herança etc. Eles alardeiam que qualquer uma dessas inovações "abalaria até mesmo os alicerces da estrutura social", "levaria a sociedade ao caos", "subverteria as fundações da moralidade", "tornaria a vida intolerável", "confundiria a ordem natural das coisas", entre outros. Claro que essas diversas afirmações são exageradas; porém, ao mesmo tempo, como toda hipérbole, são evidências da nítida sensação das consequências terríveis que elas pretendem descrever. O efeito dessas e de outras inovações, na desestabilização do estilo de vida aceito, é visto como tendo consequências muito mais graves do que a mera alteração de um item isolado numa série de artifícios para a conveniência dos homens em sociedade. O que se aplica em grau mais evidente nas inovações de grande importância também se aplica em menor grau nas mudanças de menor importância imediata. A aversão a mudanças é, na maioria das vezes, uma repulsa ao inconveniente de fazer readequações necessárias a qualquer mudança. E essa solidariedade do sistema de instituições, em qualquer cultura ou povo, fortalece a resistência instintiva a qualquer mudança nos hábitos mentais dos indivíduos, mesmo em questões que, por si só, são de menor importância.

Uma consequência da relutância mais veemente, em razão da solidariedade das instituições humanas, é que qualquer inovação requer do sistema nervoso um gasto de energia maior do que se tudo continuasse do mesmo jeito. Portanto, uma mudança no hábito de pensamento estabelecido não é apenas desagradável. O processo de readaptação da filosofia de vida habitual demanda certo grau de esforço mental — razoavelmente intenso e prolongado para ser aturado e colocado em prática diante das circunstâncias. Esse processo exige certo gasto de energia e, por isso, para ser bem-sucedido, lança mão de energia excedente para que seja absorvida na luta diária pela sobrevivência. Por conta disso, o progresso acaba sendo prejudicado tanto pela subnutrição e pelo sofrimento físico excessivo quanto pela vida luxuosa, que ao impedir a insatisfação faz com que não haja ocasiões para ele. Os mais miseráveis e todos aqueles cujas energias são completamente absorvidas pela luta diária pela sobrevivência são conservadores, porque não podem se dar ao luxo de parar para pensar sobre como será o dia depois de amanhã. Por outro lado, os mais ricos também são conservadores por quase nunca estarem insatisfeitos com a situação em que se encontram.

A partir dessa proposição, deduz-se que a instituição da classe ociosa atua para tornar as classes inferiores conservadoras, impedindo ao máximo que tenham acesso aos meios de subsistência disponíveis, reduzindo, assim, o consumo delas — e, por conseguinte, sua energia disponível — ao ponto de torná-las incapazes do esforço exigido para o aprendizado e para a adoção de novos hábitos de pensamento. O acúmulo de riqueza na camada superior da escala pecuniária implica privação na camada inferior. É do conhecimento de todos que, seja onde for, um grau significativo de privação entre os membros da população resulta num sério obstáculo a qualquer inovação.

Esse impacto inibitório direto da distribuição desigual de riqueza é alicerçado num impacto indireto que tende a chegar ao mesmo resultado. Como já vimos, o exemplo imperativo determinado pela classe superior, quando estipula os cânones de reputação, promove a prática do consumo conspícuo. A prevalência do consumo conspícuo como um dos principais elementos do padrão de decência em todas as classes não advém totalmente do exemplo da classe ociosa abastada, mas, sem dúvida, sua prática e exigência são fortalecidas pelo exemplo da classe ociosa. Nesse quesito, os requisitos de decência são bastante significativos e bastante imperativos; tanto que, mesmo nas classes cuja situação pecuniária é suficientemente forte para adotar um consumo de bens consideravelmente acima do mínimo para subsistência, o excedente disponível após a satisfação das necessidades físicas mais importantes acaba, não raramente, sendo destinado ao propósito da decência conspícua, em vez de ser aplicado para aumentar o conforto material e saciar outras necessidades vitais secundárias. Além disso, esse excedente de energia, por estar disponível, provavelmente será utilizado na aquisição de bens de consumo conspícuo ou em moradias conspícuas. Com isso, as demandas da reputação pecuniária tendem a (1) deixar disponível apenas uma quantia ínfima para o mínimo de subsistência, ou seja, para tudo que não for consumo conspícuo e (2) usufruir de qualquer energia excedente que possa estar disponível após suprir as necessidades materiais básicas. O resultado dessas ações é um fortalecimento da postura conservadora dentro da comunidade. A classe ociosa enquanto instituição prejudica o desenvolvimento cultural de forma imediata (1) pela inércia característica da classe, (2) pelo exemplo prescritivo do desperdício conspícuo e do conservadorismo e (3) indiretamente por meio daquele sistema de desigualdade na distribuição das riquezas e do sustento em que a própria instituição se baseia.

Acrescente-se a isso o fato de que a classe ociosa, além de tudo, possui interesses financeiros em deixar tudo como está. Independentemente das circunstâncias predominantes em qualquer época, essa classe se encontra numa posição privilegiada, e qualquer desvio da ordem existente pode ser visto como uma atuação em detrimento da classe, não o contrário. Por conta disso, a postura da classe, guiada simplesmente pelo interesse próprio, deverá deixar as coisas como estão. Esse motivo interesseiro tem o condão de complementar o forte instinto de parcialidade da classe, tornando-o, assim, ainda mais conservador do que seria em condições normais.

Claro que nada disso tem relação, em termos de enaltecimento ou depreciação, com a função da classe ociosa como expoente e veículo de conservadorismo ou atraso na estrutura social. A inibição que ela exerce pode ser benéfica ou não. Independentemente disso, qualquer que seja o caso, é mais uma questão de casuística do que de teoria geral. Pode haver um fundo de verdade na visão frequentemente manifestada (por questões políticas) pelos porta-vozes do elemento conservador de que sem a constante e substancial resistência às inovações, como impõem as prósperas classes conservadoras, a comunidade adotaria de forma precipitada as inovações e experiências sociais, levando a situações insustentáveis e intoleráveis, com o único resultado possível a insatisfação generalizada e reações desastrosas. No entanto, tudo isso está além da presente discussão.

Porém, para além de todo menosprezo, e a despeito da questão da indispensabilidade de algum tipo de controle antes da adoção plena da inovação, a classe ociosa, como é de sua natureza, atua de maneira sistemática para retardar aquela adequação ao contexto geral, que é chamada de avanço ou progresso social. A postura típica dessa classe pode ser resumida na máxima: "Do jeito que estiver, está certo"; ao passo que a lei da seleção natural, quando aplicada às instituições humanas, nos oferece o axioma: "Do jeito que estiver, está errado". Não queremos dizer que as instituições atuais estão totalmente erradas para as finalidades da vida presentel, mas, como é natural em tudo o que nos rodeia, estão erradas até certo ponto. Elas são o resultado de uma adaptação relativamente inadequada dos modos de vida à condição presente, que, em certa medida, prevaleceram desde a última evolução e, por isso, estão erradas, já que propagaram os erros originados no intervalo que separa o presente do passado. "Certo" e "errado", é claro, são termos utilizados aqui sem nenhuma intenção de transmitir qualquer noção do que deve ou não deve ser feito. Usamos pela óptica evolutiva (moralmente imparcial), mera intenção de designar compatibilidade e incompatibilidade em relação ao processo evolucionário de fato. A instituição da classe ociosa, em razão de seu instinto e interesse — e por preceitos e exemplos prescritivos —, colabora para a perpetuação da corrente falta de capacidade de adaptação das instituições, contribuindo, aliás, para que as coisas retornem ao antigo estilo de vida, que estaria ainda mais afastado da adaptação às exigências de vida, considerando as condições existentes do que o estilo aceito e obsoleto que vem do passado imediato.

Entretanto, depois de tudo o que foi dito sobre a conservação dos bons e velhos costumes, permanece válido que as instituições mudam e evoluem. Há um progresso cumulativo dos costumes e dos hábitos de pensamento, uma adaptação seletiva das tradições e dos estilos de vida. Certamente podemos dizer que a classe ociosa atua tanto para orientar esse progresso quanto para retardá-lo, mas pouco pode ser dito a respeito de sua relação com o progresso institucional, à exceção do fato de que ela trata das instituições que são, sobretudo, de caráter econômico. Essas instituições — a estrutura econômica — podem ser distinguidas, *grosso modo*, em duas classes ou categorias, conforme servem a um ou a outro de dois propósitos divergentes da vida econômica.

Para adaptar a terminologia clássica, elas são instituições de aquisição, produção ou, então, remetendo-nos a termos empregados num contexto diferente em capítulos anteriores, são instituições pecuniárias ou industriais ou ainda, em outros termos, são instituições que servem aos interesses econômicos ínvidos ou não ínvidos. A primeira categoria tem a ver com "negócios" e a segunda, com indústria, no sentido mecânico dessa palavra. Essa última categoria nem sempre é reconhecida como instituição, pois, em grande parte, não está relacionada imediatamente à classe dominante e, por isso, raramente é objeto de legiferação ou de tratados deliberativos. Quando recebe alguma atenção, geralmente é abordada segundo a visão pecuniária ou comercial, sendo aquela que, na maioria das vezes, consome a maior parte do tempo nas deliberações, sobretudo das classes superiores. Essas classes têm poucos interesses que não estão relacionados ao mundo dos negócios e da economia, porém, ao mesmo tempo, elas se incumbem de deliberar a propósito das relações da comunidade.

A relação da classe ociosa, ou seja, a classe abonada e não industrial com o processo econômico é pecuniária — uma relação de aquisição, não de produção, de exploração, não de serventia. Indiretamente, sua função econômica pode, sem dúvida, ser da maior importância para o processo vital da economia; e aqui, de forma nenhuma, queremos desqualificar a função econômica da classe abonada ou dos capitães da indústria. O propósito é simplesmente evidenciar qual é a natureza da relação dessas classes com o processo industrial e com as instituições econômicas. Sua função é de natureza parasitária e seu interesse é redirecionar para proveito próprio a importância que lhes for destinada, retendo o que quer que esteja a seu alcance. As tradições no mundo dos negócios amadureceram diante da observação seletiva desse princípio de predação ou parasitismo. São tradições relacionadas à propriedade, derivadas remotamente da antiga cultura predatória. Mas essas instituições pecuniárias não se encaixam totalmente nas condições atuais, pois amadureceram ao serem submetidas às condições passadas que diferiam do presente. Por isso, mesmo em termos de efetividade pecuniária, elas não são tão aptas quanto deveriam ser. A vida industrial modificada requer métodos de aquisição alterados, e as classes pecuniárias têm certo interesse em adaptar as instituições pecuniárias a fim de conceder-lhes os melhores resultados para a obtenção de lucros próprios que sejam compatíveis com a continuidade do processo industrial, do qual surgem tais lucros. Portanto, há uma tendência mais ou menos constante na orientação dada pela classe ociosa de crescimento institucional, que responde às finalidades pecuniárias que moldam a vida econômica da classe ociosa.

O efeito do interesse pecuniário e do hábito mental pecuniário sobre o crescimento das instituições é visto em leis e tradições que contribuem para questões como segurança da propriedade privada, cumprimento dos contratos, facilidade nas transações pecuniárias e direitos adquiridos. De igual relevância são as mudanças relacionadas a falências e concordatas, responsabilidade limitada, operações bancárias e monetárias, sindicatos de trabalhadores ou empregadores, fundos e monopólios. Esse tipo de aparato institucional da comunidade tem consequência imediata apenas para as classes abonadas e, na mesma proporção, para seu patrimônio. Em outras palavras, proporcionalmente como são classificados em relação à classe ociosa. Entretanto, indiretamente essas tradições da vida comercial geram graves consequências no processo industrial e na vida da comunidade. Então, ao orientar a evolução institucional nesse sentido, as classes pecuniárias são de grande importância para a comunidade, não apenas na conservação da estrutura social aceita como também ao nortear o processo industrial propriamente dito.

A finalidade imediata dessa estrutura institucional pecuniária e de sua melhoria é a maior facilidade de exploração pacífica e ordenada, mas seus resultados indiretos ultrapassam de longe esse objetivo imediato. A conduta facilitada dos negócios não só permite que a vida industrial e extraindustrial sejam menos caóticas como a resultante eliminação das perturbações e complicações que exigem um exercício sagaz de discernimento nas relações cotidianas para tornar a própria classe pecuniária supérflua. Tão logo as transações pecuniárias sejam reduzidas à rotina, o capitão da indústria pode ser dispensado. Essa conquista, não é preciso dizer, ainda reside num futuro incerto. As melhorias operadas em favor do interesse pecuniário nas instituições modernas tendem, por sua vez, a substituir o capitão pela figura da "desalmada" empresa de capital aberto (sociedade anônima), e assim elas também contribuem para a renúncia da função de propriedade da grande classe ociosa. Indiretamente, portanto, a flexibilização conferida ao crescimento das instituições econômicas por conta da influência da classe ociosa tem consequências industriais bastante consideráveis.

CAPÍTULO 9

CONSERVAÇÃO DE TRAÇOS ARCAICOS

A instituição de uma classe ociosa afeta não só a estrutura social, mas também o caráter individual dos membros da sociedade. Assim que determinada propensão ou determinado ponto de vista ganha aceitação como padrão autoritário ou norma de vida, os membros da sociedade que aceitaram esse paradigma sofrerão influências em seu caráter. O referido padrão, em certa medida, moldará seu hábito de pensamento e exercerá uma vigilância seletiva do desenvolvimento das aptidões e das inclinações dos homens. Esse efeito funciona, em parte, por meio de uma adaptação coerciva e educativa dos hábitos de todos os indivíduos, em parte, por uma eliminação seletiva dos homens e das linhagens ancestrais que não se encaixam nos moldes ditados. Esse material humano, como não se presta aos modos de vida impostos pelo esquema aceito, enfrentará repressão e até a erradicação. Os princípios da emulação pecuniária e da isenção industrial, dessa maneira, foram construídos com base nos cânones de vida e tornaram-se fatores coercivos de considerável importância na condição a que os homens têm de se adaptar.

Esses dois princípios amplos do desperdício conspícuo e da isenção industrial afetam a evolução cultural tanto por orientar o hábito de pensamento dos homens — controlando, assim, o crescimento das instituições — quanto por conservar seletivamente certos traços da natureza humana que visam facilitar a vida segundo a estrutura da classe ociosa, controlando, dessa forma, o verdadeiro temperamento da comunidade. A tendência imediata da instituição da classe ociosa em delinear o caráter humano segue na direção da sobrevivência espiritual e da reversão. Seu efeito sobre o temperamento de uma comunidade tem a natureza de um desenvolvimento espiritual atrasado. Principalmente na cultura mais recente, a instituição, no geral, tem mostrado uma tendência conservadora. Essa afirmação é bastante familiar quanto ao conteúdo, mas, para muitos, pode ter a aparência de novidade em sua aplicação hoje. Portanto, uma análise resumida sobre seus fundamentos lógicos pode não ser tão descabida, ainda que corramos o risco de cair em repetições cansativas e na formulação de lugares-comuns.

A evolução social é um processo de adaptação seletiva do temperamento e dos hábitos mentais sob a pressão das circunstâncias da vida em sociedade. A adaptação dos hábitos mentais é o desenvolvimento das instituições, mas junto com o desenvolvimento das instituições houve uma mudança de caráter mais significativa. Os hábitos dos homens não só mudaram em razão das demandas dinâmicas da presente situação como essas demandas dinâmicas também promoveram uma mudança correlata na natureza humana. O próprio material humano da sociedade varia com a mudança das condições de vida. E essa variação da natureza humana é considerada pelos etnólogos mais recentes como sendo um processo de seleção entre diversos grupos étnicos ou elementos étnicos, relativamente estáveis e persistentes. Os homens tendem a reproduzir-se, de forma mais ou menos próxima, com um ou outro grupo da humanidade cujas características principais foram determinadas em relativa conformidade com uma realidade passada que difere da realidade atual. Existem incontáveis grupos étnicos relativamente estáveis na humanidade que compõem as populações da cultura ocidental. Esses grupos sobrevivem na herança racial de hoje, com estruturas não tão rígidas e invariáveis, cada uma com um padrão específico e preciso, mas na forma de um número maior ou menor de variações, em virtude do processo seletivo prolongado a que esses diversos grupos e seus híbridos foram submetidos durante o desenvolvimento cultural histórico e pré-histórico.

Essa variação necessária dos próprios grupos, decorrente de um processo seletivo de grande duração e constante evolução, não recebeu a atenção devida pelos autores que discutiram a sobrevivência étnica. Nosso argumento se concentra em duas variantes principais e divergentes de atributos, que resultam dessa adaptação seletiva, relativamente recente, dos grupos étnicos incluídos na cultura ocidental, tendo como foco central o efeito provável que a condição atual terá em promover alterações ao longo de uma das duas linhas divergentes.

A perspectiva etnológica pode ser resumida de maneira bastante concisa. A fim de evitar detalhes menos importantes, apresentaremos aqui a evolução histórica dos grupos e variantes, como também o esquema de reversão e sobrevivência relacionados a eles, com simplicidade e exiguidade ilustrativas que não seriam admissíveis para nenhum outro fim. O homem de nossas comunidades industriais tende a reproduzir-se com um ou outro dentre três grupos étnicos principais: as loiras dolicocéfalas, as morenas braquicéfalas e as "mediterrâneas"[1] — desconsiderando elementos menores e periféricos de nossa cultura. Porém, dentro de cada um desses grupos étnicos principais, a reversão tende a uma das duas principais variantes: a variante pacífica ou antipredatória e a variante predatória. A primeira é mais próxima do grupo genérico em cada um dos casos, sendo a representante reversível do grupo vigente na primeira fase da vida em sociedade, sobre a qual há evidências disponíveis, tanto arqueológicas quanto psicológicas. Essa variante representa os ancestrais do homem civilizado na fase

---

1. Em contraste com o "dolicocéfalo" (crânios estreitos e alongados), "braquicéfalo" é o termo grego para crânios largos, enquanto o tipo "mediterrâneo" se refere vagamente às raças latinas.

selvagem e pacífica da vida, a qual precedeu a cultura predatória, o sistema de prestígio social e o desenvolvimento da emulação pecuniária. A segunda, a variante predatória, é considerada um resquício de uma modificação mais recente dos grupos étnicos principais e seus híbridos — já que foram modificados, principalmente por uma adaptação seletiva, pela disciplina da cultura predatória e pela última cultura emulativa da fase semipacífica ou pela cultura pecuniária propriamente dita.

De acordo com as leis de hereditariedade reconhecidas, parece haver resquícios de uma fase de um passado mais ou menos remoto. Nos casos comuns, dentro da média, caso o grupo variasse, os traços do grupo seriam transmitidos de maneira semelhante, já que eram vigentes no passado recente — que pode ser chamado de presente herdado. Para nosso propósito, esse presente herdado é representado pela cultura predatória mais recente e pela semipacífica.

Normalmente, o homem civilizado da era moderna tende a procriar com a variante dotada dos atributos característicos dessa recente — hereditariamente ainda existente — cultura predatória ou semipredatória. Essa hipótese demanda certos requisitos no que diz respeito aos descendentes das classes servis ou reprimidas dos tempos bárbaros, mas as condições necessárias talvez não sejam tão importantes quanto possam parecer à primeira vista. Considerando a população como um todo, essa variante predatória e emulativa não parece ter alcançado um alto grau de consistência ou estabilidade. Em outras palavras, os atributos herdados pelo homem ocidental moderno estão longe de ser uniformes no que se refere ao alcance ou à força relativa das diversas aptidões e propensões que os constitui. O homem do presente herdado é ligeiramente arcaico, a julgar pelas finalidades das demandas mais recentes da vida em sociedade. Já o grupo ao qual o homem moderno costuma recorrer, de acordo com a lei de variação, tem atributos um pouco mais arcaicos. Por outro lado, a julgar pelos traços reversíveis que se manifestam em indivíduos que divergem do estilo de temperamento predatório dominante, a variante antipredatória parece ter maior estabilidade e maior simetria na distribuição, ou na força relativa, dos elementos de seu temperamento.

Essa divergência na humanidade herdada, entre uma variante mais antiga e uma mais recente do grupo étnico com o qual o indivíduo tende a procriar, é atravessada e obscurecida por uma divergência muito parecida entre os dois ou três principais grupos étnicos que compõem os povos do Ocidente. Os indivíduos nessas comunidades são vistos, em praticamente todos os casos, como sendo híbridos dos elementos étnicos dominantes, combinados nas mais variadas proporções, fazendo com que eles tendam a recorrer a um dos grupos étnicos constituintes. Esses grupamentos étnicos diferem em temperamento de maneira razoavelmente similar às diferenças entre as variantes predatória e antipredatória dos grupos, sendo que o grupo dólico-loiro apresenta mais características do temperamento predatório — ou, pelo menos, mais predisposto à violência — do que o grupo moreno-braquicéfalo, e muito mais do que o grupo mediterrâneo. Por isso, quando o desenvolvimento das instituições ou do sentimento vigente de uma determinada comunidade diverge dos atributos de natureza predatória, é impossível afirmar categoricamente que essa divergência indique uma reversão à variante antipredatória. Pode, isso sim, ser em virtude de um crescimento na dominância de algum elemento étnico "menor" (ou recessivo) presente na população. Ainda assim, embora não haja evidências tão conclusivas quanto desejaríamos, há indicativos de que as variações no temperamento vigente nas comunidades modernas não são totalmente em decorrência de uma seleção entre tipos étnicos estáveis. Em grau significativo, parece ser decorrente de uma seleção entre as variantes predatória e pacífica dos diversos grupos.

Esse conceito de evolução humana contemporânea não é indispensável para a discussão. As conclusões gerais obtidas pela utilização desses conceitos de adaptação seletiva permaneceriam perfeitamente aplicáveis se os antigos termos e conceitos darwinistas e spenceristas[2]

---

2. Charles Robert Darwin (1809-82), naturalista inglês cujas viagens às costas sul-americanas quando jovem levaram à publicação tardia, em 1859, de *A Origem das Espécies*, seguido de *A Descendência do Homem* (1871), além de outras obras que criaram uma tempestade de fogo entre cientistas, teólogos e membros do público em geral. O filósofo inglês Herbert Spencer (1820-1903) apontou a teoria evolutiva no sentido da sociologia, e não das ciências naturais. O conceito popular do darwinismo social foi um argumento positivo para a crença de que os membros mais fortes de uma sociedade são bem-sucedidos, enquanto os mais fracos são deixados para trás. Tornou-se uma forma aceita de ler os triunfos do capitalismo do final do século XIX.

fossem substituídos. Diante das circunstâncias, talvez nos seja dada alguma liberdade no uso dos termos. A palavra "grupo" é usada livremente, para denotar variações de temperamento, as quais os etnólogos possivelmente considerem apenas como variantes triviais do grupo em vez de grupos étnicos distintos. Sempre que uma distinção mais pormenorizada mostra-se essencial para o argumento, o esforço para tornar tal distinção pormenorizada ficará evidente pelo contexto.

Os grupos étnicos atuais, portanto, são variantes dos grupos étnicos primitivos. Eles sofreram algumas alterações, mas atingiram certo grau de imutabilidade em sua forma alterada em decorrência da disciplina da cultura bárbara. O homem do presente herdado pertence à variante bárbara, servil ou aristocrática dos elementos étnicos que o constituem. No entanto, essa variante não atingiu o grau máximo de homogeneidade nem de estabilidade, pois a cultura bárbara — as fases culturais predatória e semipacífica —, embora de grande duração em termos absolutos, não foi longa o bastante e tampouco teve características suficientemente invariáveis para oferecer uma imutabilidade extrema. Variações na natureza humana bárbara ocorrem com razoável frequência, e esses casos de variação estão se tornando cada vez mais evidentes atualmente, porque a conjuntura da vida moderna não atua mais de maneira tão consistente a ponto de reprimir desvios do normal bárbaro. O temperamento predatório não se presta a todos os propósitos da vida moderna, muito menos ao estilo industrial moderno.

Desvios dos atributos do presente herdado são observados com maior frequência nas reversões a uma variante mais remota do grupo. Essa variante mais remota é representada pelo temperamento que caracteriza a fase primitiva do selvagem pacífico. Além disso, as circunstâncias da vida e as metas de realização que prevaleceram antes do advento da cultura bárbara moldaram a natureza humana e definiram certos traços fundamentais. E é a esses aspectos genéricos e ancestrais que os homens modernos tendem a remeter-se em caso de variação dos atributos do presente herdado. Já as condições sob as quais os homens viviam nas fases mais primitivas da vida em sociedade, mas que podiam ser chamadas propriamente de humanas, pareciam ser pacíficas, sendo que o caráter — o temperamento e a atitude espiritual — dos homens nessas antigas condições (nesse ambiente e nessas instituições) parecia pertencer a uma casta pacífica e submissa, para não dizer indolente. Para o atual propósito, essa fase cultural pacífica pode ser considerada o marco inicial da fase do desenvolvimento social. No que diz respeito ao presente argumento, o aspecto espiritual dominante dessa suposta primeira fase cultural parece ter sido um senso irrefletido e mal formulado de solidariedade comunitária, que se expressava, em grande medida, por meio de uma aceitação complacente, ainda que não tão veemente, em relação a todos os ofícios da vida humana, e por uma profunda repugnância quanto à aquisição de inibições ou de futilidades no decorrer da vida. Em virtude de sua presença universal no hábito de pensamento do homem selvagem antipredatório, esse senso preponderante de despreocupação com tudo que é genericamente útil parece ter exercido uma força extremamente limitante sobre sua vida e sobre o tipo de contato habitual com os outros membros do grupo.

Os vestígios dessa primeira fase cultural, pacífica e indistinguível, parecem vagos e duvidosos se procuramos por provas inequívocas de sua existência naquilo que nos é proporcionado pelos usos e opiniões correntes no presente histórico, em comunidades civilizadas ou não. Entretanto, provas menos duvidosas de sua existência serão encontradas em indícios psicológicos, na forma de traços persistentes e predominantes do caráter humano. Esses indícios talvez ainda permaneçam vivos de alguma forma nesses elementos étnicos que foram sendo acumulados no inconsciente[3] durante a cultura predatória. São indícios adequados aos antigos hábitos que, no entanto, tornaram-se relativamente inúteis na luta individual por sobrevivência. E esses elementos da população ou desses grupos étnicos, que tinham um temperamento menos adaptado à vida predatória, foram reprimidos e relegados aos confins do inconsciente.

Na transição para a cultura predatória, o aspecto da luta por existência mudou, até certo ponto, de uma luta coletiva contra um ambiente

---

3. N. do T.: Apesar de o termo "inconsciente" não ser utilizado na época em que esta obra foi escrita, sua tradução da palavra "background", no presente contexto, pareceu-nos a mais adequada.

não humano para uma luta contra um ambiente humano. Essa mudança foi acompanhada por um antagonismo crescente e uma conscientização dessa oposição entre os membros individuais do grupo. As condições para ser bem-sucedido dentro do grupo, assim como as condições para a sobrevivência do grupo, mudaram em certa medida; a visão espiritual predominante no grupo transformou-se gradualmente, levando um leque diferente de aptidões e propensões à posição de merecida dominância no estilo de vida aceito. Entre os vestígios arcaicos a serem considerados como resquícios da fase cultural pacífica, podemos citar o instinto de solidariedade racial que chamamos de consciência — no qual está incluído o senso de confiabilidade e de equidade — e o instinto de trabalho manual em sua expressão primitiva e não ínvida.

Orientada pelas ciências biológica e psicológica, que surgiriam mais tarde, a natureza humana teve de ser reformulada em termos de hábito. Essa reformulação, de modo geral, parece nos oferecer as únicas condições e origens verificáveis para identificação dos indícios, sendo que esses hábitos de vida possuem um caráter bastante dominante para serem atribuídos à influência de uma disciplina breve ou tardia. Nesse sentido, a facilidade com que, durante certo período, deixam-se ser oprimidos pelas exigências peculiares da recente vida moderna indica que esses hábitos são consequências que se mantiveram em decorrência de uma disciplina muito antiga, advinda de ensinamentos dos quais os homens, por diversas vezes, foram forçados a afastar-se diante de circunstâncias modificadas em época posterior. Além disso, a maneira quase onipresente com que se reafirmam sempre que a pressão por exigências específicas é aliviada indica que deve ter durado por um tempo relativamente longo, sem muitas intervenções, o processo pelo qual os traços se estabeleceram e foram incorporados pela estrutura espiritual do grupo. A ideia central não é afetada de maneira relevante por nenhuma questão: se foi um processo de habituação, no velho sentido da palavra, ou se foi um processo de adaptação seletiva da raça.

O caráter e as exigências da vida, considerando aquele sistema de prestígio social e de antítese individual e classista, que percorre o período compreendido desde o início da cultura predatória até o presente, apontam para o fato de que os traços de temperamento aqui discutidos dificilmente surgiram e adquiriram força durante aquele intervalo de tempo. É perfeitamente possível que esses traços tenham suas raízes num modo de vida anterior tendo sobrevivido ao longo das culturas predatória e semipacífica numa condição de desuso incipiente ou no mínimo iminente, em vez daquela na qual eles surgiram e estabeleceram-se por intermédio dessa cultura posterior. Aparentemente são características hereditárias da raça que persistiram apesar das modificadas exigências para o sucesso conforme as fases predatória e pecuniária. Na realidade, elas parecem ter permanecido vivas em virtude da perseverança de transmissibilidade constante num traço hereditário presente em diferentes graus dentro de cada membro da espécie, amparado, por sua vez, numa ampla base de continuidade da raça.

Um aspecto genérico desse tipo não é eliminado tão facilmente, ainda que seja submetido a um processo de seleção tão severo e prolongado como aqueles traços aqui apresentados enfrentaram durante as fases predatória e semipacífica. Em grande parte, esses traços pacíficos são estranhos à essência e ao estilo de vida do período bárbaro, que tem como característica mais perceptível uma emulação incessante e o antagonismo entre classes e entre indivíduos. Essa disciplina emulativa favorece os indivíduos e as linhagens sanguíneas que possuem os traços selvagens pacíficos em grau relativamente menor. Por conseguinte, ela tende a eliminar esses traços, razão pela qual, ao que parece, acabou por enfraquecê-los consideravelmente nas populações a ela submetidas. Mesmo onde não se verifica a ocorrência de punições severas àqueles que não se ajustavam ao temperamento bárbaro, implementava-se, no mínimo, uma repressão mais ou menos constante em relação aos indivíduos e às linhagens familiares "desajustadas". No lugar, onde o cotidiano mostrava-se mais como uma luta entre indivíduos dentro do grupo, a manifestação dos antigos traços pacíficos em grau significativo dificultava a vida dessas pessoas.

Independentemente da fase cultural, contanto que diferente ou posterior daquele suposto estágio inicial sobre o qual tratamos, os dons da boa educação, equidade e solidariedade indiscriminada não eram muito auspiciosos para o indivíduo. Possuí-los podia servir para proteger a pessoa de ser submetida aos esforços braçais que uma maioria normalmente encararia por não achar que essas qualidades fossem as ideais. Entretanto, apesar dos efeitos negativos e indiretos, esse indivíduo acaba sendo mais bem-sucedido no sistema competitivo do que aquele que tem menos desses dons. Ausência de escrúpulos, de compaixão, honestidade e consideração pela vida podem até promover, dentro de certos limites, o sucesso do indivíduo na cultura pecuniária. Para os homens mais bem-sucedidos de todos os tempos, há em comum o fato de pertencerem a esse tipo; exceto aqueles cujo sucesso não foi determinado em termos de riqueza ou poder. Apenas dentro de limites muito estreitos, num sentido pickwickiano,[4] a honestidade pode se tornar a melhor prática.

Como podemos ver pela perspectiva da vida nas condições modernas e civilizadas numa comunidade esclarecida da cultura ocidental, o selvagem primitivo antipredatório, cujo caráter tentamos esboçar acima, não foi muito bem-sucedido. Mesmo para os propósitos daquela cultura hipotética que influenciou a estabilidade do tipo de sua natureza humana — inclusive para os fins do grupo selvagem pacífico —, esse homem primitivo possui defeitos e virtudes econômicas igualmente ostensivos e na mesma quantidade — o que deveria ser bastante claro a qualquer um desprovido desse viés em razão da leniência nascida do sentimento de companheirismo ou parceria. Na melhor das hipóteses, ele é "um camarada inteligente e imprestável". Os pontos negativos desse suposto caráter primitivo são fraqueza, ineficiência, falta de iniciativa e ingenuidade, além de uma afabilidade indolente e complacente aliada a um senso animista descontrolado e inconsequente. Com certeza, associados aos referidos traços existem outros que têm valor para o processo da vida na coletividade, no sentido de que promovem facilidades para a vida no grupo. Esses traços são a honestidade, a mansidão, a boa vontade e um interesse não emulativo e não ínvido por outros seres e objetos.

---

4. Samuel Pickwick, o personagem do título de *The Posthumous Papers of the Pickwick Club*, publicado por Charles Dickens em 1837, era um remanescente, mesmo na época de Dickens, de uma sociedade não predatória em rápido desaparecimento, marcada pela "simpatia, honestidade e consideração pela vida".

Com o advento da fase de vida predatória, surge uma mudança relacionada aos requisitos para o caráter humano ser considerado como bem-sucedido. Exige-se que os hábitos dos homens se adaptem às novas demandas do novo projeto de relações humanas. O mesmo desenrolar de esforços, que se manifestou antes nos traços da vida selvagem citados anteriormente, agora é exigido para expressar-se por intermédio de uma nova linha de ação, um novo grupo de reações habituais a estímulos modificados. E os métodos que, mensurados em termos de facilidades de vida, atendiam razoavelmente às condições anteriores não são mais adequados às novas condições. O contexto anterior era caracterizado por uma relativa ausência de antagonismo ou diferenciação de interesses; já o contexto posterior, por uma emulação cada vez maior em relativa ausência de antagonismo ou diferenciação de interesses; e o contexto seguinte, por uma emulação cada vez maior em intensidade e limitação de seu escopo. Os traços que caracterizam o período predatório e as subsequentes fases culturais, e que apontam para os grupos humanos melhor adaptados a sobreviver de acordo com o sistema de prestígio social, são (em suas primeiras manifestações) ferocidade, egoísmo, tribalismo e falsidade — fazendo uso desmedido de força e enganação.

Em conformidade com a longa e severa disciplina do sistema competitivo, a seleção étnica agiu para propiciar uma dominância de relativo destaque para esses traços do caráter, favorecendo a sobrevivência desses elementos étnicos proeminentes. Ao mesmo tempo, os hábitos raciais mais genéricos adquiridos anteriormente nunca deixaram de ter alguma utilidade para os propósitos da vida da coletividade e nunca caíram em esquecimento absoluto.

Talvez seja interessante destacar que o grupo dólico-loiro de europeus parece dever muito de sua influência dominadora e de sua posição de superioridade na cultura recente às características que conservaram do homem predador num nível muito acima da média. Esses traços espirituais, aliados a um grau extremo de energia física — sendo provavelmente resultado da seleção entre grupos e entre linhagens —, são os principais fatores que colocam qualquer elemento étnico na condição de uma classe superior ou ociosa, especialmente durante as fases anteriores do desenvolvimento da instituição da classe ociosa. Isso não quer dizer também que qualquer indivíduo que possua exatamente o mesmo conjunto de aptidões terá assegurado um incrível sucesso pessoal. No sistema competitivo, as condições para o sucesso individual não são necessariamente as mesmas para o sucesso de uma classe inteira. Dessa forma, para que uma classe ou grupo de pessoas seja bem-sucedida, pressupõe-se a existência de um forte elemento de união tribal de lealdade a um chefe ou de adesão a um conjunto de princípios. Enquanto o indivíduo competitivo pode muito bem atingir suas metas se combinar energia, iniciativa, imodéstia e falsidade bárbaras com a ausência de lealdade ou de sentimento tribal dos selvagens. Aliás, vale ressaltar que os homens que alcançaram um sucesso brilhante (napoleônico)[5] com base num egoísmo imparcial e na falta de escrúpulos apresentavam mais características físicas dos morenos braquicéfalos do que dos dólico-loiros. Contudo, a maioria dos indivíduos moderadamente bem-sucedidos, sob um ponto de vista egoísta, parece, em questões físicas, pertencer ao último elemento étnico mencionado.

O temperamento induzido pelos hábitos predatórios contribui para a sobrevivência e plenitude da vida do indivíduo sob um sistema de emulação. Ao mesmo tempo, colabora para a sobrevivência e o sucesso do grupo, se a vida da coletividade também for, de forma predominante, uma vida de competição hostil com outros grupos. Porém a evolução atual da vida econômica nas comunidades mais maduras industrialmente começa a dar uma virada quando o interesse da comunidade deixa de coincidir com os interesses emulativos do indivíduo. No que tange à capacidade corporativa, essas avançadas comunidades industriais param de competir pelos meios de vida ou pelo direito à vida — a não ser que as tendências predatórias de suas classes dominantes mantenham a tradição da guerra e de saques. Essas comunidades não são mais hostis umas com as outras por força das circunstâncias — para além das circunstâncias de tradição e de temperamento. Os interesses

---

5. Uma referência à recorrência na história do homem impiedoso e triunfante que varre tudo diante de si, e não apenas à carreira específica de Napoleão Bonaparte (1765-1821), líder militar e imperador da França.

materiais delas — possivelmente muitos dos interesses da notoriedade coletiva — não só deixam de ser incompatíveis como o sucesso promovido por qualquer membro e, sem sombra de dúvida, a plenitude da vida de todas as outras comunidades do grupo, seja para o presente, seja para o futuro imprevisível. Nenhuma comunidade continua tendo qualquer tipo de interesse material a ponto de querer levar vantagem sobre a outra, mas isso não se aplica no mesmo grau quanto aos indivíduos e suas relações mútuas.

Os interesses coletivos de qualquer comunidade moderna estão centrados na eficiência industrial, e o indivíduo é prestativo, para as finalidades da comunidade, mais ou menos na mesma proporção de sua eficiência nos ofícios produtivos, como são vulgarmente conhecidos. Esse interesse coletivo é melhor traduzido como honestidade, diligência, tranquilidade, boa vontade, ausência de egoísmo, e um reconhecimento e uma compreensão das consequências sobre os próprios atos, sem misturar com crenças animistas e sem um senso de dependência de qualquer intervenção sobrenatural no curso dos eventos. Não há mais nenhum interesse por beleza, excelência moral ou dignidade e reputação em geral por parte dessa natureza humana prosaica, como fica implícito por conta desses vestígios. Além disso, há pouco terreno para entusiasmo pela forma como a vida coletiva se manifesta em razão do predomínio desses traços de indiscutível dominância. Mas isso está além de nosso escopo. O trabalho bem-sucedido de uma comunidade industrial moderna é melhor assegurado onde esses traços coexistem de maneira harmônica, sendo somente conquistado no mesmo grau em que o valor humano é caracterizado por seus bens materiais. Sua presença é exigida em certa medida a fim de que se tenha uma adequação tolerável às circunstâncias do contexto industrial moderno. Nesse sentido, o complexo, abrangente, essencialmente pacífico e altamente organizado mecanismo da comunidade industrial moderna funciona da melhor maneira possível quando esses traços, ou a maioria deles, estão presentes no mais alto grau que se pode alcançar. Nitidamente tais traços estão menos presentes no homem do grupo predatório do que o mínimo necessário para ser útil para as finalidades da vida coletiva moderna.

Por outro lado, o interesse imediato do indivíduo sob o sistema competitivo é melhor representado por negócios ardilosos e administrações inescrupulosas. As características capazes de servir aos interesses da comunidade, citadas anteriormente, são menos prestativas para o indivíduo do que o contrário. A presença dessas aptidões em sua formação desvia suas energias para outros fins diferentes do ganho pecuniário. Além disso, em sua busca por lucro, elas o levam a buscar ganhos pelos meios indiretos e ineficazes da indústria em vez de por uma carreira inabalável e livre de práticas desleais, sendo que as aptidões industriais representam um entrave bastante consistente ao indivíduo. Os membros de uma comunidade industrial moderna que obedecem ao regime de emulação são rivais, situação em que cada um alcançará sua vantagem imediata e individual se, por meio de uma isenção excepcional de escrúpulos, for capaz de passar dos limites e lesar seus companheiros quando surgir uma oportunidade.

Já mencionamos aqui que as instituições econômicas modernas se dividem em duas grandes categorias bem distintas: a pecuniária e a industrial. A mesma divisão se aplica aos ofícios: a primeira categoria tem a ver com propriedade e aquisição e a segunda tem relação com o trabalho braçal ou produtivo. Tudo o que analisamos ao falar do desenvolvimento das instituições pode ser aplicado em relação aos ofícios. Os interesses econômicos da classe ociosa residem nos ofícios econômicos; aqueles das classes trabalhadoras residem em ambas as categorias de serviços, mas principalmente nas atividades industriais. Já o acesso à classe ociosa se dá por meio de ofícios pecuniários.

Essas duas classes de serviços diferem materialmente em relação às aptidões exigidas para cada uma delas, e o treinamento para obtê-las, da mesma forma, segue duas linhas distintas. A disciplina dos ofícios pecuniários age para conservar e cultivar certas aptidões predatórias e a essência predatória, realizando tanto por meio da educação daqueles indivíduos e classes que exercem esses ofícios quanto por meio da repressão e eliminação seletiva dos indivíduos e linhagens de famílias que não sejam bem adaptados. Entretanto, isso ocorre desde que os hábitos mentais dos homens sejam moldados pelo processo competitivo de aquisição e propriedade, que seus ofícios econômicos estejam dentro do alcance da posse de riquezas concebidas em termos de valor de troca e de seu gerenciamento e financiamento por intermédio de uma permutação de valores, que a experiência deles na vida econômica favoreça a continuidade e intensificação do temperamento e do hábito de pensamento predatórios. É claro que no sistema moderno e pacífico há um leque de hábitos e aptidões pacíficos fomentado por uma vida de posses. Em outras palavras, os ofícios pecuniários incrementam as habilidades práticas gerais que constituem as falcatruas, mais do que aquelas que pertencem ao método mais arcaico de tomada à força.

Esses ofícios pecuniários, por conservarem o temperamento predatório, são serviços que estão mais relacionados ao acúmulo de posses — o ofício imediato da classe ociosa propriamente dito — e aos ofícios subsidiários que se ocupam da aquisição e do acúmulo. Ambos estão incluídos na classe de pessoas e naquele leque de tarefas do processo econômico que têm a ver com a propriedade de empreendimentos envolvidos na indústria competitiva; principalmente naquelas linhas fundamentais da administração econômica classificadas como operações financeiras. Além disso, podemos acrescentar a maior parte das ocupações mercantis. Assim, em sua melhor e mais clara evolução, essas tarefas constituem o cargo econômico do "capitão da indústria", que está mais para um homem astuto do que para um ingênuo, e seu capitaneado é mais pecuniário do que industrial. Geralmente a administração da indústria é exercida de modo permissivo, sendo que os detalhes mecanicamente eficazes da produção e da organização industrial são delegados a subordinados de hábito mental menos "prático" — homens que têm maior talento para o trabalho braçal do que para habilidades administrativas. No que se refere à tendência deles em moldar a natureza humana pela educação e pela seleção, frequentemente acontece que os ofícios não econômicos sejam classificados como ofícios pecuniários. O mesmo ocorre com os ofícios eclesiásticos e militares.

Para os ofícios pecuniários, também há a sanção da reputação, mas num nível muito maior do que para os ofícios industriais. Nesse cenário, os padrões de boa reputação da classe ociosa têm o condão de sustentar o prestígio daquelas aptidões que servem para o propósito ínvido, e o estilo de vida decente da classe ociosa, por conseguinte, também incentiva a continuidade e a cultura dos traços predatórios.

Dessa forma, os ofícios se enquadram numa gradação hierárquica de reputação, sendo aqueles relacionados de forma imediata com o acúmulo de posses em larga escala os mais respeitáveis ofícios econômicos propriamente ditos. Em seguida, no quesito de boa reputação, estão os ofícios que são imediatamente subordinados ao acúmulo de posses e às atividades financeiras — como atividades bancárias e a advocacia. Essas primeiras, relacionadas com os ofícios bancários, também trazem consigo uma imagem de acúmulo de posses, sendo por esse motivo, sem dúvida, responsável por parte do prestígio associado ao negócio. Já a profissão da advocacia não implica ter grandes quantias de propriedades, porém, uma vez que não há nem um pingo de utilidade associada à função do advogado a não ser para o propósito competitivo, ela acaba tendo um alto grau hierárquico no plano convencional. Afinal, o advogado fica exclusivamente ocupado com os detalhes da trapaça predatória, para realizar ou eliminar falcatruas, e o seu sucesso profissional é alcançado sempre que se observa um grande talento relacionado àquela astúcia bárbara que costumava comandar o respeito e o medo dos homens. Em relação às buscas mercantilistas, elas são apenas parcialmente respeitáveis, a menos que envolvam um poderoso elemento de acúmulo de posses e um pequeno elemento de utilidade. Na escala de reputação, elas sobem ou descem quase na mesma proporção com que servem ao propósito de obter com maior ou menor necessidade. Por exemplo, no negócio de vendas a varejo dos itens básicos para sobrevivência, há uma descida para o nível dos serviços manuais e trabalhos braçais, uma vez que esses últimos ou mesmo o trabalho de direcionar processos mecânicos encontram-se numa posição precária no que tange à respeitabilidade.

Uma qualificação é necessária no que diz respeito à disciplina oferecida pelos ofícios pecuniários. À medida que o empreendimento industrial vai ficando maior, a administração pecuniária passa a apresentar menos daquele caráter de tramoia e competitividade desleal. Isto é, por causa de uma quantidade cada vez maior de pessoas que entram em contato com essa fase da vida econômica, os negócios ficam reduzidos a uma rotina em que há insinuações menos óbvias de querer levar vantagem ou explorar um concorrente. A consequente interrupção dos hábitos predatórios se estende, sobretudo, a subordinados que se encontram empregados no negócio. Para essa qualificação, os deveres associados ao acúmulo de posses e à administração praticamente não são mencionados.

O cenário muda com relação àqueles indivíduos ou classes diretamente ocupados com as operações técnicas e manuais da produção. O cotidiano deles não é, no mesmo grau, um processo de ambientação aos motivos e manobras emulativos e ínvidos do lado pecuniário da indústria. Eles são realizados de modo constante para a compreensão e coordenação dos fatos e consequências mecânicos e para o apreço e utilização às finalidades da vida humana. Em relação a essa parcela da população, a ação educativa e seletiva do processo industrial, com a qual essas pessoas estão em contato direto, age para adequar seus hábitos mentais às finalidades não ínvidas da vida coletiva. Consequentemente, para eles, isso acelera a obsolescência das aptidões e propensões distintamente predatórias que são transmitidas, por tradição e por hereditariedade, desde os tempos bárbaros da raça.

A ação educativa da vida econômica da comunidade, portanto, não é do tipo uniforme em todas as suas manifestações. A variedade de atividades econômicas relacionadas diretamente com a concorrência pecuniária tende a conservar certas peculiaridades predatórias, mas para aquelas ocupações industriais que têm relação direta com a produção de bens apresentam uma tendência oposta. Porém, quanto a esta última classe de ofícios, vale notar, no que se refere às qualificações, que quase todas as pessoas envolvidas neles, até certo ponto, também estão relacionadas a questões de competição pecuniária (fixação competitiva de salários e remunerações, compra de bens de consumo etc.). Portanto, a distinção entre classes de ofícios não é, de forma nenhuma, uma distinção inflexível entre classes de pessoas.

As funções das classes ociosas na indústria moderna são suficientes para manterem vivos certos hábitos e aptidões predatórios. Conforme os membros daquelas classes passam a participar do processo industrial, o treinamento tende a conservar neles o temperamento bárbaro. Contudo, é preciso acrescentar um contraponto: os indivíduos destinados a ser isentos de esforços podem sobreviver e transmitir suas características mesmo que eles sejam completamente diferentes da constituição média da espécie, tanto no aspecto físico quanto no espiritual. Assim, são grandes as chances de continuidade e transmissão de traços atávicos nas classes mais protegidas de pressão das circunstâncias. A classe ociosa é, em certo ponto, protegida de pressão do contexto industrial e, por isso, deveria ser capaz de suportar uma imensa quantidade de reversões ao temperamento selvagem ou pacífico. Também deveria ser possível que esses indivíduos aberrantes ou atávicos desabrochassem suas atividades em linhas antipredatórias sem sofrer uma repressão ou eliminação tão abrupta como se estivessem nas esferas inferiores de vida.

Algo desse tipo parece mesmo ser verdade. Por exemplo, há uma considerável parcela das classes superiores com propensões ao trabalho filantrópico, e um conjunto significativo de sentimentos na classe que vai ao encontro de apoiar esforços de reforma e melhoria. Além disso, boa parte desses esforços filantrópicos e reformistas carregam consigo as marcas daquela afável "esperteza" e incoerência, características do selvagem primitivo. Entretanto, ainda é duvidoso se esses fatos servem como evidência de uma maior proporção de reversões nos estratos mais altos da sociedade do que naqueles mais baixos, pois, ainda que as mesmas propensões estivessem presentes nas classes mais pobres, não seriam tão facilmente expressadas — considerando que faltam meios, tempo e energia nessas classes para colocar em prática tais inclinações. A evidência *prima facie* dos fatos não haverá de ser capaz de dirimir essas dúvidas.

Em termos de qualificação, vale a pena observar que a classe ociosa atual é recrutada entre aqueles que se deram bem na vida no sentido pecuniário e que por consequência são supostamente dotados de mais traços predatórios do que a média. O ingresso na classe ociosa decorre da realização de ofícios pecuniários, que, por meio de seleção e adaptação, agem para permitir a adesão aos níveis superiores apenas daquelas linhagens que são financeiramente adequadas para passar no teste predatório. Porém, tão logo um caso de reversão à natureza humana não predatória se manifeste nesses níveis superiores, na maioria das vezes, ele será extirpado daquele convívio e jogado de volta às camadas pecuniárias inferiores. Para garantir seu lugar na classe, uma família de boa linhagem deve ter o temperamento pecuniário, caso contrário, sua sorte sofrerá uma reviravolta e ela perderá imediatamente sua casta. Exemplos desse tipo são bastante frequentes.

A composição da classe ociosa é mantida por um contínuo processo seletivo, no qual os indivíduos e as linhagens familiares que são eminentemente adaptados a uma competição pecuniária agressiva são retirados das classes mais baixas. A fim de alcançar os níveis superiores, o aspirante deve ter não só uma quantidade razoável de aptidões pecuniárias, mas esses dons precisam se manifestar de maneira tão intensa a ponto de superar as próprias dificuldades materiais que impedem sua ascensão. Dessa forma, uma vez que tudo corra bem, os *nouveaux arrivés*[6] são acolhidos como iniciados.

É claro que esse processo de admissão seletiva sempre esteve em curso; desde quando foi inserida a moda da emulação pecuniária — o que é basicamente o mesmo que dizer desde a instauração da instituição de uma classe ociosa. Entretanto, os exatos critérios de seleção nem sempre foram os mesmos; por isso, o processo seletivo nem sempre gerou os mesmos resultados. Por exemplo, nos primórdios do período bárbaro ou na fase predatória propriamente dita, o teste de adaptação era a proeza, no sentido primitivo da palavra. Para que seu ingresso na classe fosse franqueado, o candidato tinha de ser dotado de apreço pela união tribal, robustez, ferocidade, falta de escrúpulos e grande determinação. Eram essas as qualidades que tinham relevância para que o indivíduo fosse na direção do acúmulo e manutenção de sua riqueza. A base econômica da classe ociosa, tanto nessa época quanto posteriormente, era a posse de riqueza, mas os métodos para o acúmulo de riquezas, e os dons exigidos para mantê-la, mudaram em certa medida desde os primórdios da cultura predatória. Em decorrência do processo seletivo, os traços dominantes da classe ociosa dos primórdios do período bárbaro eram agressividade ousada, plena atenção quanto a seu prestígio e a prática livre de trapaças. Assim, os membros da classe mantinham seu

---

6. Membros recém-ascendidos à classe ociosa que não têm experiência em como lidar com a ociosidade inútil amparada por várias gerações de riqueza.

status sustentando sua proeza. Na cultura bárbara posterior, a sociedade conseguiu estabelecer métodos de aquisição e posse de acordo com o sistema de prestígio social semipacífico. Agressão gratuita e violência irrestrita deram lugar, na maior parte das vezes, a malandragens e artimanhas, que eram consideradas os melhores métodos para o acúmulo de riqueza. Uma variedade diferente de aptidões e propensões seria, portanto, conservada na classe ociosa. Agressão autoritária e a correlata robustez, aliada a um implacável e constante senso de prestígio, ainda seriam válidos entre os traços mais formidáveis da classe. Esses atributos persistiram em nossas tradições como as típicas "virtudes aristocráticas", Mas, simultaneamente, tais elementos foram associados a um crescente conjunto de virtudes pecuniárias menos inoportunas — como providência e prudência. Conforme o tempo passou, e a fase da moderna cultura pecuniária pacífica chegou, a variedade de aptidões e hábitos citada adquiriu relativa efetividade para os fins pecuniários, passando a ter um valor maior no processo seletivo para a admissão e na manutenção da classe ociosa.

O parâmetro de seleção mudou: até as aptidões que agora se qualificam para admissão à classe são aptidões estritamente pecuniárias. O que persiste dos traços predatórios dos bárbaros é a grande determinação ou a consistência de objetivos que distinguia o bárbaro predatório bem-sucedido do selvagem pacífico que ele suplantou. Contudo, não dá para afirmar categoricamente que esse traço distingue o homem da classe superior (financeiramente bem-sucedido) dos operários das classes industriais. O treinamento e a seleção a que os últimos são expostos na vida industrial moderna têm uma influência igualmente decisiva sobre esse traço. Pode-se, assim, dizer que a determinação distingue ambas as classes de duas outras: os preguiçosos imprestáveis e os delinquentes da classe inferior. Quanto ao talento natural, o homem pecuniário se compara com o delinquente quase da mesma maneira que o homem industrial se compara com o preguiçoso dependente e *bon vivant*. O homem pecuniário ideal é como o delinquente ideal com sua adaptação inescrupulosa de bens e pessoas aos próprios fins, além de um desprezo insensível pelos sentimentos e anseios dos outros e pelos resultados indiretos de suas ações. No entanto, aquele é diferente deste quando se trata de possuir um senso mais aguçado de prestígio social, por trabalhar com mais consistência e antecipação em relação aos fins mais remotos. A semelhança dos dois tipos de temperamento fica ainda mais visível na tendência de ambos à "ostentação" e à jogatina, e um desejo pela emulação despropositada. Além disso, o homem pecuniário ideal apresenta uma curiosa semelhança com o delinquente numa das concomitantes variações da natureza humana predatória. É muito comum que o delinquente possua um hábito de pensamento supersticioso: ele acredita piamente em coisas como sorte, feitiços, adivinhação e destino, além de presságios e cerimônias xamânicas. Sempre que as circunstâncias são favoráveis, essa propensão tende a se manifestar com certo fervor servil devocional e uma atenção minuciosa às observâncias religiosas. Talvez isso seja melhor definido como devoção do que como religião. Nesse ponto, o temperamento do delinquente tem muito em comum com as classes pecuniária e ociosa e pouco com o homem industrial ou com a classe dos dependentes preguiçosos.

A vida numa comunidade industrial moderna ou, em outras palavras, a vida na cultura pecuniária opera por meio de um processo de seleção para desenvolver e conservar uma determinada variedade de aptidões e propensões. A tendência atual desse processo seletivo não é de retornar apenas a um dado grupo étnico imutável. Em vez disso, ela tende a uma modificação dos atributos humanos para diferir em certos aspectos de quaisquer dos outros grupos ou variantes herdadas do passado. Afinal, o objetivo central da evolução não é único. O temperamento, que a evolução age para estabelecer como normal, difere de todas as outras variantes da natureza humana em razão de sua maior estabilidade de metas — maior unicidade de propósito e maior persistência nos esforços. No que diz respeito à teoria econômica, no geral, o objetivo central do processo seletivo é único nesse sentido — embora haja tendências indiretas de grande importância que divergem dessa linha de desenvolvimento. Mas, tirando essa tendência geral, a linha de desenvolvimento não é única. Com relação à teoria econômica, o desenvolvimento obedece a duas linhas divergentes. Quanto à conservação seletiva das capacidades ou aptidões individuais, podemos chamar uma das linhas de pecuniária e a outra, de industrial. Quanto à conservação das propensões e da atitude espiritual ou essência, uma pode ser chamada de ínvida ou egocêntrica, e a outra de não ínvida ou econômica. Em relação à inclinação intelectual ou cognitiva das duas direções do crescimento, a primeira pode ser caracterizada pelo ponto de vista pessoal — de conação, relação qualitativa, prestígio social ou reconhecimento —, e a segunda, pelo ponto de vista impessoal — de sequência, relação quantitativa, eficiência mecânica ou utilidade.

Os ofícios pecuniários mobilizam, sobretudo, a primeira dessas duas variedades de aptidões e propensões, procedendo de maneira seletiva para conservá-las na população. Os ofícios industriais, por outro lado, exercem principalmente a segunda variedade, e agem para conservá-las. Uma análise psicológica exaustiva mostrará que cada uma dessas duas variedades de aptidões e propensões não passa de uma expressão multifacetada de uma das inclinações de temperamento. Por força da unidade ou unicidade do indivíduo, as aptidões, a essência e os interesses que compõem a primeira variedade são indissociáveis como expressões de uma determinada variante da natureza humana. O mesmo ocorre com a segunda variedade. Ambas podem ser vistas como direções alternativas da vida humana, de tal modo que um dado indivíduo tende mais ou menos para uma ou para outra variedade. A tendência geral da vida pecuniária é conservar o temperamento bárbaro, mas com a substituição da trapaça e da prudência, ou a habilidade administrativa no lugar daquela predileção pelo dano físico que caracteriza os antigos bárbaros. Essa troca da enganação no lugar da devastação só acontece até certo ponto. Dentro dos ofícios pecuniários, a ação seletiva obedece de modo bem consistente a essa direção, mas a disciplina da vida pecuniária, fora da competição em troca de ganhos, não funciona sempre da mesma forma. A disciplina da vida moderna, na questão do consumo de tempo e bens, não atua de maneira inequívoca para eliminar as virtudes aristocráticas ou para incentivar as virtudes burguesas. O estilo de vida decente convencional preconiza uma observância considerável dos traços bárbaros ancestrais. Alguns detalhes desse estilo de vida tradicional, do qual aqui tratamos, foram citados em capítulos anteriores no contexto de ociosidade, e serão apresentados maiores detalhes nos próximos capítulos.

Assim, por tudo que foi dito, parece que a vida da classe ociosa e o estilo de vida da classe ociosa deveriam promover a conservação do temperamento bárbaro, especialmente da variante semipacífica ou burguesa, mas também, em certa medida, da variante predadora. Na ausência de fatores de interferência, portanto, deveria ser possível identificar uma diferença de temperamento entre as classes sociais. As virtudes aristocráticas e burguesas — ou seja, os traços destrutivos e pecuniários — deveriam ser encontradas acima de tudo entre as classes superiores, e as virtudes industriais — ou seja, os traços pacíficos —, principalmente entre as classes ocupadas com a indústria mecânica.

De maneira geral e incerta, isso ainda se mantém presente no dia a dia, mas o teste não costuma ser tão prontamente aplicado e não tem resultados tão conclusivos quanto se desejaria. Existem diversos motivos que poderiam ser citados para justificar seu fracasso parcial. Todas as classes, de certo modo, estão envolvidas na luta pecuniária, sendo, para todas as classes, vantajoso que o indivíduo manifeste traços pecuniários se quiser sobreviver e ser bem-sucedido. Onde quer que a cultura pecuniária prevaleça, o processo seletivo, por meio do qual os hábitos mentais dos homens se formam, e pelo qual é decidida a sobrevivência das linhagens familiares rivais, continua vigorando com base na adaptabilidade para continuar consumindo. Em consequência, se não fosse pelo fato de que a eficácia pecuniária é geralmente incompatível com a eficácia industrial, a ação seletiva de todas as profissões tenderia à dominância autêntica do temperamento pecuniário. Dessa maneira, o resultado seria a instauração daquilo que tem sido chamado de "homem econômico", como o tipo normal e definitivo de atributo humano. Porém, esse "homem econômico", cujo único interesse é o egocentrismo e cujo único traço humano é a prudência, não tem nenhuma utilidade para os fins da indústria moderna.

A indústria moderna exige um interesse impessoal e não ínvido pelo trabalho que se tem em mãos. Sem isso, os elaborados processos industriais seriam impossíveis e jamais teriam sido concebidos de fato. Esse interesse pelo trabalho diferencia, de um lado, o trabalhador do criminoso e do capitão da indústria de outro, pois o trabalho deve ser realizado a fim de dar continuidade à vida da comunidade, resultando uma seleção qualificada que favorece a aptidão espiritual para o trabalho, dentro de um certo leque de ocupações. No entanto, é necessário reconhecer que, mesmo no âmbito das profissões industriais, a eliminação seletiva dos traços pecuniários é um processo incerto e que existe, consequentemente, uma cota significativa de resquícios do temperamento bárbaro mesmo entre essas profissões. Por conta disso, não há atualmente nenhuma distinção ampla nesse sentido entre o caráter da classe ociosa e o caráter mediano das populações.

Toda a questão sobre uma distinção de classes em relação às estruturas espirituais permanece obscurecida pela presença, em todas as camadas da sociedade, de hábitos de vida assimilados que basicamente simulam traços herdados e, ao mesmo tempo, conduzem a uma evolução, por parte da população, dos traços que eles aparentam. Esses hábitos assimilados ou atributos simulados são mais comuns nas castas aristocráticas. A condição prescritiva da classe ociosa como exemplar de boa reputação impôs muitas características da filosofia de vida da classe ociosa sobre as classes inferiores, resultando, em diversas épocas e por toda a sociedade, em um cultivo mais ou menos persistente desses traços aristocráticos. Por essa razão, esses traços também acabam tendo mais chances de sobrevivência no âmbito popular do que caso não fosse pelo exemplo e pelos preceitos da classe ociosa. Por ser um canal bastante significativo pelo qual ocorre essa transfusão das visões aristocráticas, promovendo consequentemente a continuidade desses traços mais ou menos arcaicos, podemos citar a classe dos empregados domésticos. Eles constroem suas noções do que é bom e belo por meio do contato com a classe dos seus senhores, transmitindo as preconcepções adquiridas entre seus iguais mais humildes, disseminando, assim, os ideais superiores por toda aquela comunidade, sem o intervalo de tempo que essa disseminação, de outra forma, poderia acabar levando. O ditado *"Like master, like man"*[7] carrega um significado ainda

---

7. N. do T.: Preferimos manter o original, que pode ser traduzido por "tal mestre, tal homem", pois, o provérbio equivalente seria "tal pai, tal filho" na cultura lusófona, e não transmitiria a ideia pretendida. Em francês, podemos encontrar um equivalente ainda melhor (no sentido de transmitir a ideia almejada pelo autor): "Tel maître, tel chien", ou "tel maître, tel esclave".

mais profundo do que em geral lhe é atribuído, considerando a rápida aceitação popular de muitos elementos da cultura da classe superior.

Há também outro conjunto de fatos que serve para mitigar as diferenças de classe no que concerne à continuidade das virtudes pecuniárias. A luta pecuniária gera uma classe desnutrida de grandes proporções. A fome decorre de uma deficiência de itens básicos de sobrevivência ou de necessidades mínimas para uma vida decente. Independentemente do caso, o resultado é uma luta imprescindível em busca de meios para atender às necessidades diárias materiais ou mais sutis. A pressão pela autoafirmação, contra tudo e contra todos, consome toda a energia do indivíduo, que faz esforços sobre-humanos só para conquistar suas próprias metas ínvidas, tornando-se cada vez mais egocêntrico. Dessa forma, os traços industriais tendem a cair no esquecimento em razão do desuso. Por isso, indiretamente ao impor um estilo de vida com base na decência pecuniária, retirando tudo quanto possível dos meios de vida das classes inferiores, a instituição da classe ociosa encarrega-se de conservar os traços pecuniários no cenário popular. Com isso, ocorre uma assimilação por parte das classes inferiores dos atributos que pertencem, *a priori*, apenas às classes superiores.

Portanto, talvez não exista grande diferença de temperamento entre a classe superior e a inferior, mas parece também que a ausência de tal diferenciação decorre, em boa parte, do exemplo prescritivo da classe ociosa e da aceitação popular daqueles princípios gerais de desperdício conspícuo e de emulação pecuniária, corolários da instituição da classe ociosa. Assim, a instituição age para diminuir a eficiência industrial da comunidade e retardar a adaptação da natureza humana às exigências da vida industrial moderna. Isso faz com que a natureza humana dominante ou efetiva siga numa direção conservadora (1) pela transmissão direta dos traços arcaicos, por meio da hereditariedade dentro da classe e para onde quer que o sangue da classe ociosa seja transfundido e (2) por preservar e fortificar as tradições dos sistemas arcaicos, fazendo com que as chances de sobrevivência dos traços bárbaros sejam ainda maiores também fora do alcance da transmissão do sangue da classe ociosa.

Contudo, pouco ou nada foi feito no sentido de coletar e sistematizar os dados que são de extrema importância para a questão da continuidade ou da eliminação dos traços genéticos nas populações modernas. Portanto, podemos apenas oferecer uma sustentação rasa da visão aqui exposta, além de uma análise discursiva de tais fatos cotidianos, conforme se pôde comprovar. Todos esses comentários e essas análises não deixarão de ser banais e entediantes, mas, apesar disso, são necessários para a conclusão do argumento, mesmo com as poucas letras aqui esboçadas. Em virtude disso, talvez venha a ser preciso certo grau de tolerância com os capítulos seguintes, que também são constituídos de considerações incompletas.

CAPÍTULO 10

RESQUÍCIOS MODERNOS DE PROEZAS

A classe ociosa não mora na comunidade industrial, mas à margem dela. Suas relações com a indústria são mais do tipo pecuniário do que do tipo industrial, e a admissão à classe é obtida quando as aptidões pecuniárias são colocadas em prática — aptidões para aquisição, não para serventia. Portanto, há uma contínua análise seletiva do material humano que compõe a classe ociosa, e essa seleção se dá com base na adequação às atividades pecuniárias. Mas o estilo de vida da classe é, em grande parte, uma herança do passado e adota muitos dos hábitos e ideais do período bárbaro ancestral. Esse estilo de vida arcaico dos bárbaros também se impõe nas camadas mais baixas da sociedade, com mais ou menos intensidade. Por sua vez, o estilo de vida e de convenções atua seletivamente e beneficia-se da educação para moldar o material humano. Por meio dessas ações, visam, sobretudo, a seguir na direção da conservação dos traços, hábitos e ideais que pertencem à era bárbara mais antiga — a era das proezas e da vida predatória.

A expressão mais imediata e inequívoca daquela natureza humana arcaica, que caracteriza o homem na fase predatória, é a propensão aos confrontos físicos. Nos casos em que a atividade predatória é coletiva, essa propensão é muitas vezes denominada de espírito marcial ou, mais tarde, de patriotismo. Não é preciso muito esforço para que se reconheça que, nos países da Europa civilizada, a classe ociosa hereditária é dotada desse espírito marcial num maior grau do que nas classes médias. Com efeito, a classe ociosa reivindica a distinção por uma questão de orgulho e, sem dúvida, com base em alguns critérios. A guerra é honrosa, e a proeza bélica é altamente honorífica aos olhos da maioria dos homens, e essa admiração é, ela própria, a melhor comprovação de um temperamento predatório para o admirador da guerra. O entusiasmo pela guerra e a índole predatória que serve de indicativo prevalece, na maioria das vezes, entre os membros das classes superiores, principalmente na classe ociosa hereditária. Além disso, a ostensiva e importante ocupação da classe superior realiza-se dentro da estrutura governamental, que, com base em suas origens e em seu conteúdo evolutivo, também é uma ocupação predatória.

A única classe, que poderia de alguma forma disputar com a classe ociosa hereditária a honra de uma estrutura belicosa tradicional, é aquela dos delinquentes de classe baixa. Em condições normais, a maior parte das classes industriais é relativamente apática no que diz respeito aos interesses de guerra. Quando em tempos de paz, esse grupo de pessoas comuns, que compõe a força efetiva da comunidade industrial, é avesso a qualquer combate que não seja defensivo. Na verdade, essas pessoas reagem um pouco tardiamente até a uma provocação que contribuiria para uma atitude defensiva. Nas comunidades civilizadas, ou melhor, nas comunidades que atingiram um desenvolvimento industrial avançado, pode-se dizer que o espírito guerreiro e agressivo está obsoleto entre as pessoas comuns. Isso não quer dizer que não haja um número considerável de indivíduos nas classes industriais em quem o espírito marcial esteja fortemente presente. Nem que a população não possa ser instigada por um ardor marcial durante um período quando haja o estímulo de alguma provocação em especial,[1] tal como é visto em andamento em mais de um país europeu e nos Estados Unidos. Porém, exceto por esses períodos de exaltação temporária e pelos indivíduos dotados de temperamento arcaico do tipo predatório, aliado ao grupo de pessoas dotado da mesma maneira nas classes superiores e inferiores, a inércia da massa de qualquer comunidade civilizada moderna é provavelmente tão profunda que tornaria qualquer guerra impraticável, a não ser contra uma real invasão. Os hábitos e as aptidões do homem médio contribuem para um desenrolar de atividades em outras direções menos pitorescas do que uma ação beligerante.

A diferença de temperamento dessa classe pode ser devida, em parte, a uma diferença nos traços herdados das diversas classes, mas também parece, em certa medida, corresponder a uma diferença na derivação étnica. Assim, a distinção de classe é, nesse sentido, visivelmente menor nos países cuja população é relativamente homogênea, etnicamente falando, do que nos países onde há uma divergência ainda maior entre os elementos étnicos que compõem as várias classes da comunidade. Nesse mesmo sentido, pode-se observar que os ingressos posteriores à classe ociosa neste segundo grupo de países, de forma geral, demonstram menos do espírito marcial do que os representantes contemporâneos da aristocracia da antiga linhagem. Esses *nouveaux arrivés* emergiram recentemente da parcela comum da população e devem sua ascensão à classe ociosa, ao desempenho de traços e a propensões que não podem ser classificadas como proezas no sentido ancestral do termo.

Exceto a atividade beligerante propriamente dita, a instituição do duelo também é uma expressão da mesma nobre prontidão para o combate, e o duelo é uma instituição da classe ociosa. Essencialmente o duelo é uma forma mais ou menos deliberada de recorrer-se a uma luta para chegar a um entendimento final a respeito de opiniões divergentes. Em comunidades civilizadas, essa prática prevalece como fenômeno comum apenas onde há uma classe ociosa hereditária e quase

---

1. Veblen alude às inflamadas paixões militaristas da época, exemplificadas pela Guerra dos Bôeres, na África, e pela Guerra Hispano-Americana, em Cuba.

exclusivamente nela. As exceções são (1) oficiais militares e navais, que são membros naturais da classe ociosa e, ao mesmo tempo, são treinados especialmente para hábitos mentais predatórios, e (2) os delinquentes de classe baixa, que têm, em virtude de herança e/ou treinamento, um hábito e uma disposição igualmente predatórios. Apenas o cavalheiro de alta estirpe e o arruaceiro é que costumam recorrer à violência como forma universal para dirimir divergências de opinião. Geralmente o homem comum só entra em confrontos físicos quando a excessiva irritação momentânea ou a exaltação decorrente do consumo de álcool servem como inibidores dos mais complexos hábitos de reação a estímulos de qualquer provocação. Então, ele é lançado de volta às mais corriqueiras formas menos diferenciadas do instinto de autoafirmação, em outras palavras, ele regride temporariamente, sem muita reflexão, a um hábito mental arcaico.

Essa instituição do duelo como modo de resolução final de disputas e sérias questões de precedência dissipa-se na espontânea luta privada obrigatória, vista como obrigação social para preservar a boa reputação do indivíduo. Como prática na classe ociosa temos particularmente aquele resquício bizarro de cavalaria belicosa, a prática de "esgrima acadêmica" alemã. Na classe ociosa inferior ou espúria, dos delinquentes, existe em todos os países uma obrigação social, embora menos formal, em que cabe ao arruaceiro reafirmar sua masculinidade em combates espontâneos com seus pares. E, permeando todos os níveis da sociedade, uma prática semelhante prevalece entre os garotos da comunidade. É comum que o rapaz saiba exatamente, pelo dia a dia, como ele e seus companheiros se nivelam no que diz respeito à capacidade relativa de combate. Além disso, na comunidade de garotos, normalmente não há um critério seguro de boa reputação para ninguém que, a título excepcional, não irá ou não poderá lutar a convite.

Tudo isso se aplica especialmente a garotos acima de um certo limite vago de maturidade. O temperamento do jovem não costuma corresponder a essa descrição, durante a infância e os primeiros anos de criação, quando a criança ainda tende a buscar contato com sua mãe em todos os momentos de seu cotidiano. Durante esse período inicial, há pouca agressão e pouca propensão para o antagonismo. A transição da índole pacífica para uma malícia predadora (ou até maligna) do garoto ocorre de forma gradual, sendo concluída mais em alguns casos do que em outros, abrangendo uma vasta gama de aptidões individuais. Na primeira fase de seu crescimento, a criança, seja menino ou menina, apresenta menos iniciativa e autoafirmação agressiva e menor inclinação a isolar-se e a isolar seus interesses do grupo doméstico em que vive, além de demonstrar mais sensibilidade a críticas, timidez, constrangimento e a necessidade de contato humano amigável. Geralmente esse temperamento inicial se transforma, em decorrência de um esmaecimento rápido dos atributos infantis e no temperamento em si do garoto, embora haja também casos em que os atributos predatórios do garoto não cheguem a vir à tona ou no máximo manifestem-se num grau discreto e obscuro.

Nas garotas, a transição para a fase predatória raramente se dá com a mesma plenitude que ocorre com os garotos, sendo que, numa proporção relativamente alta de casos, quase nunca chega a acontecer. Nessas situações, a transição da infância para a adolescência e para a maturidade é um processo gradual e efetivo da mudança de interesse das finalidades e aptidões infantis para as finalidades, funções e relações da vida adulta. Com relação às garotas, no geral, há uma menor prevalência do período predador no desenvolvimento, mas, nos casos em que ocorre, a atitude predadora é isolada e, durante esse período, normalmente é menos acentuada.

No menino, o período predador costuma ser bem definido e dura algum tempo, mas é comum acabar ao atingir a maturidade. Essa última afirmação pode precisar de uma confirmação material. Não raro, há casos em que a transição da meninice para o temperamento adulto não ocorre ou só ocorre de maneira parcial — temperamento "adulto" que deve ser entendido como o temperamento médio daqueles indivíduos adultos na vida industrial moderna, que têm alguma utilidade para os propósitos do processo da vida coletiva, e, por conseguinte, podem ser vistos como aqueles que constituem a média efetiva da comunidade industrial.

A composição étnica dos povos europeus é bastante variada. Em alguns casos, até mesmo as classes mais baixas são, em grande parte, compostas pelos dólico-loiros importunadores; ao passo que em outros, esse elemento étnico é encontrado principalmente na classe ociosa hereditária. O hábito belicoso parece prevalecer em menor medida nos garotos da classe trabalhadora da segunda categoria mencionada do que nos garotos das classes superiores ou entre os povos primeiramente citados.

Se essa generalização quanto ao temperamento do garoto das classes trabalhadoras fosse comprovada mediante uma análise mais completa e detalhada, poderia reforçar o argumento de que o temperamento belicoso é uma característica racial em grau bastante significativo. Isso parece inserir-se de forma mais profunda na composição do grupo étnico dominante da classe superior — os dólico-loiros — dos países europeus do que nos grupos de homens subservientes de classe baixa, que aparentam constituir o grupo populacional das mesmas comunidades.

O caso do garoto pode parecer não ter muita relevância para a questão do relativo talento para proezas, do qual diversas classes da sociedade são dotadas, mas tem minimamente algum valor, pois pretende mostrar que esse impulso de enfrentamento pertence a um temperamento mais arcaico do que o possuído pelo homem médio das classes industriais. Tanto nesta como em muitas outras características da vida infantil, a criança reproduz, temporária e minimamente, alguns atributos das primeiras fases do desenvolvimento do adulto. De acordo com essa interpretação, a predileção do garoto pelas façanhas e pelo isolamento de seu próprio interesse deve ser considerada como uma reversão transitória à natureza humana típica da cultura bárbara primordial, isto é, a cultura predatória propriamente dita. Nesse caso, como em muitos outros, o indivíduo da classe ociosa e da classe delinquente continua exibindo na fase adulta os traços comuns à infância e à juventude, os quais são igualmente normais ou habituais às primeiras fases da cultura. A menos que se possa atestar que as raízes dessa diferença estão numa diferença fundamental entre grupos étnicos persistentes, os traços que distinguem o delinquente presunçoso e o ocioso cavalheiro detalhista do público em geral são, de certa forma, marcas de um desenvolvimento espiritual prejudicado, que definem uma fase imatura em comparação com a fase do desenvolvimento atingida pela média dos adultos na comunidade industrial moderna. E nessa oportunidade, parecerá que a estrutura espiritual pueril desses representantes das camadas sociais superior e inferior se manifestará também na presença de outros traços arcaicos em vez dessa propensão ao exibicionismo e ao isolamento.

Para não deixar nenhuma dúvida a respeito da imaturidade essencial do temperamento beligerante, temos, para preencher a lacuna entre a legítima infância e a maturidade adulta, as importunações — jocosas e sem fundamento, todavia mais ou menos sistemáticas e elaboradas — muito frequentes entre alunos de pouco mais idade. Normalmente, essas importunações são limitadas ao período da adolescência. Elas se repetem cada vez com menos frequência e intensidade à medida que a juventude transita para a vida adulta, e reproduzem, de forma geral, na vida do indivíduo a sequência pela qual o grupo passou do estilo de vida predatório para um mais estável. Numa quantidade razoável de casos, o crescimento espiritual da pessoa termina antes mesmo dele sair dessa fase pueril; nessas situações a índole beligerante persiste ao longo da vida. Esses indivíduos que na evolução espiritual acabam chegando ao amadurecimento, por conseguinte, costumam atravessar uma fase arcaica temporária correspondente ao nível espiritual permanente do homem beligerante e exibicionista. Na certa, diferentes indivíduos atingirão essa maturidade e sobriedade espiritual em diferentes níveis, e aqueles que fracassam em relação à média continuam como um resíduo indissolúvel de humanidade crua na comunidade industrial moderna, contrastando com aquele processo seletivo de adaptação, que contribui para o aprimoramento da eficiência industrial e para a plenitude da vida coletiva.

Esse desenvolvimento espiritual prejudicado pode se expressar tanto pela participação direta dos adultos nas façanhas juvenis violentas quanto pelo auxílio e incitação indireta àquele tipo de amolação dos jovens. Desse modo, promove-se a formação de hábitos violentos que podem persistir até o fim da vida da geração, retardando qualquer movimento na direção de um efetivo temperamento mais pacífico por parte da comunidade. Se uma pessoa dotada dessa propensão às façanhas encontra-se na condição de guiar a evolução dos hábitos dos membros adolescentes da comunidade, a influência que exerce na direção da conservação e reversão à proeza pode ser bastante considerável. Essa é a importância, por exemplo, dos cuidados recentemente concedidos por muitos clérigos e por outros pilares da sociedade às "brigadas juvenis" e semelhantes organizações pseudomilitares. O mesmo pode ser dito sobre o incentivo dado ao crescimento do "espírito universitário", dos esportes universitários e atividades do tipo nas instituições de ensino superior.

Todas essas manifestações do temperamento predatório devem ser classificadas na esfera das façanhas. Elas são, por um lado, expressões simples e irrefletidas de uma atitude de violência e ferocidade emulativas; por outro, atividades nas quais as pessoas ingressam com o objetivo deliberado de obter boa reputação pela proeza. Todos os tipos de esportes têm as mesmas características gerais, incluindo lutas, touradas, atletismo, caça, pesca, iatismo e jogos de habilidade, mesmo aqueles em que não é incomum o desempenho físico agressivo. Os esportes têm relações distantes com combates hostis por meio de habilidade, astúcia ou enganação, mas sem que se possa traçar uma linha direta a nenhum deles. O fundamento para o vício em esportes deriva de uma estrutura espiritual arcaica — possuir a propensão emulativa predatória num relativo alto grau. Uma forte propensão para façanhas aventureiras e para infligir danos é bastante notável nas atividades que são dotadas, na linguagem coloquial, de espírito esportivo.

Talvez seja ainda mais válido ou, pelo menos, mais evidente em relação aos esportes do que às manifestações de emulação predatória, que acabamos de mencionar, o fato de ser o temperamento dos meninos o que mais influencia os homens naquele sentido. Portanto, o vício nos esportes em nível considerável causa prejuízo ao desenvolvimento da natureza moral nos homens. Esse comportamento juvenil peculiar nos homens exibicionistas torna-se imediatamente aparente quando a atenção é voltada ao forte elemento de faz de conta presente em todas as atividades desportivas. Os esportes partilham desse caráter de faz de conta com os jogos e façanhas que as crianças, sobretudo os garotos, tendem a praticar. Entretanto, o faz de conta não se insere em todos os esportes na mesma proporção, mas pode ser verificado de forma significativa em todos eles. Está visivelmente presente em maior medida no espírito esportivo propriamente dito e nas competições atléticas do que nos jogos de habilidade de caráter mais sedentário, embora essa regra não seja muito uniforme. É bastante notável, por exemplo, que até mesmo homens gentis e prosaicos, quando saem para caçar, são capazes de carregar armas e acessórios em excesso para estimular a própria imaginação no sentido da seriedade daquilo que irão fazer. Esses caçadores também tendem a caminhar num passo histriônico e empinado, exagerando os movimentos, não importando se estão de tocaia ou partindo para o ataque, sempre que se prestam à prática dessas façanhas. Da mesma forma, nos esportes atléticos, quase sempre há uma presença de ladainhas, bravatas e uma mistificação ostensível — características que marcam a natureza histriônica dessas práticas. No meio disso, pode ser observada, com bastante clareza, a existência de traços do faz de conta dos meninos. O jargão dos atletas, diga-se de passagem, é composto em grande parte por locuções extremamente sanguinárias emprestadas da terminologia bélica. Exceto nos casos em que é adotado como meio necessário para uma comunicação secreta, o uso de um falar especial em qualquer atividade costuma ser aceito como prova de que a ocupação é essencialmente um faz de conta.

Mais um aspecto em que os esportes diferem dos duelos e de semelhantes importunações é a peculiaridade de que admitem que lhes sejam designados outros motivos além dos impulsos de praticar façanhas e violência. Quando muito, deve haver um ou outro motivo diverso desses mencionados, mas o fato da atribuição muitas vezes ser por outras razões para participar da prática de esportes serve para dizer que outros fundamentos podem estar presentes, nem que seja de maneira subsidiária. Caçadores e pescadores têm mais ou menos o costume de especificar um amor pela natureza, a necessidade de diversão e ações do tipo, como incentivos para seus passatempos prediletos. Tais motivos, sem dúvida, estão quase sempre presentes e constituem parte do elemento atrativo na vida desses homens, mas não podem ser os principais motivos. Essas necessidades visíveis poderiam ser rápida e plenamente satisfeitas sem que fossem acompanhadas por uma matança sistemática daquelas criaturas que compõem uma característica essencial da "natureza" tão amada por esses predadores esportistas. Aliás, o feito mais notável da atividade desse esportista é justamente manter a natureza num estado de devastação crônica, já que ele pretende exterminar todas as criaturas vivas que estiver a seu alcance.

Ainda assim, há espaço para a alegação de que, pelas convenções existentes, sua necessidade recreativa e de contato com a natureza pode ser melhor satisfeita pela atividade que ele desempenha. Certos cânones de bom nascimento foram impostos, no passado, pelo exemplo prescritivo de uma classe ociosa predadora e conservados, de forma bastante penosa, por meio dos costumes dos representantes tardios daquela classe, sendo que tais cânones não permitem que ele entre em contato com a natureza sob diferentes critérios (sem que seja punido por essa conduta). Por serem uma prática honrosa transmitida pela cultura predatória como a forma mais nobre de lazer cotidiano, os esportes passaram a representar a única forma de atividade ao ar livre com total aprovação do código de decência. Por isso, entre os impulsos relacionados à caça e à pesca, podemos citar a necessidade de recreação e da vida ao ar livre. A causa mais remota para a imposição da necessidade de ir atrás desses objetivos (disfarçada de carnificina sistemática) é uma prescrição que não pode ser violada, a não ser que se queira correr o risco de perder a boa reputação e, consequentemente, desrespeitar a própria essência.

Outros tipos de esporte seguem parâmetros parecidos. Entre eles, as práticas de atletismo são os melhores exemplos. Também está presente aqui o costume prescritivo relacionado às formas de atividade, de exercício e de recreação permitidos pelo código de reputação vigente. Aqueles que são viciados em atletismo, ou quem admira essa prática esportiva, baseiam-se na alegação de que eles proporcionam as melhores formas de diversão e de "educação física". E o costume prescritivo encoraja esse tipo de afirmação. Os cânones de hábitos respeitáveis excluem todas as atividades do estilo de vida da classe ociosa que não possam ser definidas como ócio conspícuo. Por conseguinte, eles também tendem a prescrever a exclusão dessas práticas do estilo de vida da comunidade inteira. Ao mesmo tempo, atividades físicas sem nenhum propósito são entediantes e bastante desagradáveis, além do humanamente tolerável. Como foi ressaltado em outro contexto, pode-se recorrer, nesse caso, a alguma forma de atividade que deverá no mínimo proporcionar um pretexto plausível de finalidade, mesmo que o objetivo atribuído seja apenas um faz de conta. E os esportes satisfazem essas exigências de futilidade significativa aliadas a um faz de conta plausível da finalidade. Além disso, elas dão margem para emulação e são atraentes nesse sentido também. Para ser decente, um ofício deve obedecer ao cânone de desperdício respeitável criado pela classe ociosa, e paralelamente toda atividade, a fim de ser mantida como expressão habitual da vida, mesmo que de forma parcial, deve se adequar ao cânone humano genérico de eficiência para que se alcance um fim objetivo e prestativo. O cânone da classe ociosa demanda futilidades rigorosas e abrangentes, e o instinto de trabalho eficaz requer ações objetivas. O cânone de decência da classe ociosa age de forma lenta e penetrante, por meio de uma eliminação seletiva de todos os mecanismos de ação úteis e definidos do estilo de vida aceito, sendo que o instinto de trabalho eficaz atua por impulso e pode ser satisfeito, ainda que provisoriamente, com um propósito imediato. Apenas quando a futilidade mais tarde absorvida de uma linha de ação adentra o complexo reflexivo da consciência como elemento essencialmente estranho à tendência do processo vital comumente definida, seu efeito inquietante e dissuasor opera sobre a consciência do agente.

Os hábitos mentais individuais criam um complexo orgânico cuja tendência segue necessariamente na direção da utilidade do processo vital. Quando se pretende, como objetivo vital, integrar o desperdício ou a futilidade sistemática nesse complexo orgânico, sobrevém uma verdadeira repulsa. Porém, essa recusa do organismo pode ser evitada, se a atenção puder ser limitada ao propósito indireto e mediato da aplicação hábil ou emulativa. Os esportes — caça, pesca, atletismo etc. — proporcionam um treinamento de destreza, de violência e de astúcia emulativas, características da vida predatória. Contanto que o indivíduo seja dotado de ao menos alguma capacidade reflexiva ou bom senso quanto ao resultado de suas ações; desde que sua vida seja substancialmente uma vida de ação impulsiva primitiva e que a objetividade imediata e irrefletida dos esportes, como expressão de dominância, satisfaça sensivelmente seu instinto de trabalho eficaz. Isso se aplica principalmente caso seus impulsos predominantes sejam de tendências emulativas irrefletidas do temperamento predador. Ao mesmo tempo, os cânones do decoro vão recomendar esportes como expressões de uma vida financeiramente irrepreensível. Cumprindo esses dois requisitos de extravagância ulterior e objetividade imediata, qualquer atividade será capaz de manter-se como mecanismo tradicional e habitual de recreação decente. Na medida em que outras formas de diversão e exercício são moralmente impossíveis às pessoas de berço esplêndido e delicada sensibilidade, os esportes são os melhores meios disponíveis para recreação, considerando as circunstâncias.

Entretanto, os membros da sociedade respeitável que defendem os jogos atléticos, geralmente nesse contexto, prestam contas de suas atitudes a eles próprios e a seus vizinhos, baseados no fato de que esses jogos servem como meio inestimável para o desenvolvimento. Eles não só melhoram o físico do competidor como é comum ouvir que também exacerbam a essência masculina, tanto nos participantes quanto nos espectadores. O futebol talvez seja o primeiro jogo que venha à mente de qualquer um nessa comunidade, quando surge a questão da função dos jogos atléticos, já que essa forma de competição é atualmente aquela mais frequente para quem argumenta contra ou a favor de jogos como meio de salvação física ou moral. Portanto, esse esporte típico serve para ilustrar a influência da atividade física sobre o desenvolvimento do caráter e do físico dos competidores. Foi dito, de forma bastante acertada, que a relação do futebol com a cultura física é muito parecida com aquela da tourada com a agricultura, mas a função dessas instituições desportivas requer treinamento diligente ou boa criação. Os elementos utilizados, materiais ou humanos, são sujeitos à criteriosa seleção e disciplina, pois, assim, é possível assegurar e salientar certas aptidões e propensões características do estado ferino, que tendem à obsolescência após a domesticação. Isso não quer dizer que o resultado, em qualquer dos casos, seja uma reabilitação consistente e abrangente dos hábitos mentais e corporais selvagens ou bárbaros. O resultado está mais para um retorno unilateral aos costumes bárbaros, ou à *feræ natura* [a natureza da besta] — uma reabilitação e um reforço daqueles traços de ferocidades que remontam ao perigo e à desolação, sem uma correspondente evolução dos traços que serviriam para a autopreservação do indivíduo e a plenitude da vida num ambiente ferino. A cultura conferida ao futebol gera um produto de ferocidade e astúcia exóticas. É uma reabilitação do temperamento bárbaro primordial, aliada à supressão daqueles pormenores do temperamento, que, como visto pela perspectiva das exigências sociais e econômicas, são os atributos que resgatam o caráter selvagem.

O vigor físico adquirido no treinamento das práticas esportivas — até onde se diz haver esse efeito — traz benefícios tanto para o indivíduo quanto para a coletividade, pois, supondo que tudo se mantenha do mesmo jeito, conduz à serventia econômica. Os traços espirituais que complementam as práticas esportivas são, do mesmo modo, economicamente vantajosos para o indivíduo, deixando de atender os interesses da coletividade. Esse fato também vale para qualquer comunidade onde esses traços estão presentes na população em alguma medida. A competição moderna é, em grande parte, um processo de autoafirmação com base nesses traços da natureza humana predatória. Levando-se em conta a forma sofisticada com que os traços passam a fazer parte da moderna emulação pacífica, possuí-los é quase uma necessidade básica para o homem civilizado. Porém, embora sejam indispensáveis para o indivíduo competitivo, não são diretamente aplicáveis para a comunidade. No que se refere à serventia do indivíduo para os propósitos da vida coletiva, a eficiência emulativa quando muito tem mera utilidade indireta. A ferocidade e a astúcia não têm utilidade para a comunidade, a não ser quando ocorrem hostilidades entre comunidades, sendo úteis para o indivíduo somente porque há uma proporção grande dos mesmos traços ativamente presentes no ambiente humano onde ele é exposto. Qualquer indivíduo que entre na luta competitiva sem a devida habilidade desses traços estará em desvantagem, mais ou menos como um boi sem chifres se sentiria num rebanho de touros.

Ter e cultivar os traços predatórios pode, sem dúvida, ser benéfico também em outros contextos além do econômico. Há uma estética predominante ou uma predileção ética pelas aptidões bárbaras, e esses traços atendem a essa predileção com tanta eficácia que sua serventia, seja estética, seja ética, provavelmente é compensada pela falta de utilidade econômica que possa oferecer. No entanto, para o presente propósito, isso é irrelevante. Sendo assim, nada será dito aqui quanto à pertinência ou à conveniência dos esportes no quadro geral, ou quanto à seu valor em outros contextos econômicos.

No senso comum, há muito de admirar-se no tipo de masculinidade promovido por uma vida esportiva. Podemos mencionar a autonomia e o companheirismo, assim chamados em função de um certo coloquialismo. A partir de uma perspectiva diferente, as qualidades caracterizadas neste ponto podem ser descritas como truculência e o sentimento de proteção da tribo. O motivo para a atual aceitação e admiração dessas qualidades másculas, bem como o motivo para serem chamadas dessa forma, é igual para sua utilidade para o indivíduo. Os membros da comunidade, especialmente a classe da comunidade que define o ritmo dos cânones de bom gosto, são dotados dessa faixa de tendências em medida suficiente para fazer com que não possuí-las seja percebido como uma deficiência, e ser possuidor delas em grande quantidade seja visto como um atributo de mérito superior. Os traços do homem predatório de forma nenhuma se tornaram obsoletos nas camadas medianas dos povos modernos. Na realidade, eles continuam presentes e podem ser tranquilamente invocados, a qualquer tempo, em virtude de qualquer apelo feito aos sentimentos em que se expressam — a menos que esse apelo confronte as atividades específicas que constituem nossas ocupações habituais e compõem o leque de nossos interesses cotidianos. Já as pessoas comuns de qualquer comunidade industrial são emancipadas dessas propensões adversas, economicamente falando, apenas no sentido de que, em razão do desuso parcial e temporário, foram relegadas ao segundo plano dos motivos subconscientes. Com vários graus de potência nos diferentes indivíduos, elas permanecem disponíveis para a conformação agressiva das ações e dos sentimentos dos homens, sempre que um estímulo de maior intensidade se manifesta para evocá-los. E, de todo modo, eles se afirmam à força onde nenhuma ocupação estranha à cultura predatória tiver apropriado a variedade comum de interesse e de sentimento do indivíduo. Assim acontece na classe ociosa e em algumas parcelas da população que servem de linha auxiliar para a mencionada classe. Daí vem o interesse dos futuros candidatos à classe ociosa nos esportes em geral, fato que também justifica o rápido crescimento dos esportes e do sentimento esportivo em qualquer comunidade industrial onde a fortuna se acumulou suficientemente para isentar do trabalho uma parte considerável da população.

Um fato doméstico e familiar pode servir para demonstrar que o impulso predador não prevalece do mesmo modo em todas as classes. Considerado apenas como característica da vida moderna, o hábito de portar uma bengala pode parecer, na melhor das hipóteses, um detalhe trivial, mas seu uso tem grande importância para esse ponto em questão. As classes em que o hábito predomina — classes a que a bengala é associada segundo a noção popular — são aquelas de homens da classe ociosa *per se*, de praticantes de caça e pesca, e os delinquentes da classe inferior. Também podemos acrescentar, talvez, os homens envolvidos em atividades pecuniárias, mas o mesmo não se aplica aos membros da indústria e, vale ressaltar que, a propósito, as mulheres não carregam uma bengala, exceto em casos de enfermidade — porém, nessas situações, o uso é diferente. O costume, sem dúvida, dá-se mais por uma questão de bons modos, mas esse uso nobre, por sua vez, fundamenta-se nas propensões da classe que dá a última palavra nas questões de bons modos. A bengala tem a finalidade de tornar público o fato de que as mãos do portador estão ocupadas de outra forma que não em atividades úteis, ou seja, ela tem a utilidade de evidenciar o ócio. Mas também serve de arma e atende a uma necessidade imediata dos homens bárbaros nesse contexto. O manuseio de um instrumento de defesa pessoal tão tangível e primitivo é bastante reconfortante para qualquer um dotado de certa ferocidade, ainda que moderada.

Os requisitos da linguagem fazem com que seja impossível afastar uma aparente implicância ou reprovação em relação às aptidões, tendências e expressões de vida aqui discutidas. No entanto, não é nossa intenção sugerir nada que possa desqualificar ou enaltecer qualquer desses estágios do caráter humano ou do processo vital. Os vários elementos da natureza humana predominante são abordados sob o ponto de vista da teoria econômica, e os traços discutidos são analisados e avaliados com relação à influência econômica imediata sobre o mecanismo do processo vital coletivo. Em outras palavras, esses fenômenos são estudados pela perspectiva econômica e apreciados com relação a sua ação direta de promover ou impedir uma melhor adequação da coletividade humana ao ambiente e à estrutura institucional exigida pela condição econômica da coletividade no presente ou no futuro imediato. Para essas finalidades, os traços transmitidos pela cultura predatória são menos úteis do que poderiam ser. Embora, mesmo nesse sentido, não se deva ignorar que a agressividade e a violência enérgicas do homem predador não são heranças de valor negativo. O valor econômico — também em relação ao valor social no sentido estrito — dessas aptidões e propensões pretende ser passado adiante sem reflexos em seu valor intrínseco, como vimos sob outra óptica. Quando contrastados com a mediocridade prosaica do estilo de vida industrial mais recente, julgados pelos padrões de moralidade reconhecidos, mais especificamente pelos padrões estéticos e poéticos, esses resquícios de um tipo de masculinidade mais primitivo podem apresentar um valor bem diferente daquele que antes atribuímos a eles. Entretanto, como tudo isso é estranho ao presente propósito, não será emitida nenhuma opinião com relação ao último tópico. Dessa forma, tudo o que é admissível deve seguir a precaução de que esses padrões de excelência, que são estranhos à presente finalidade, não devem poder influenciar nossa análise econômica desses traços do caráter humano ou das atividades que incentivam seu desenvolvimento. Isso se aplica tanto em relação àquelas pessoas que participam ativamente de práticas esportivas quanto àquelas cuja experiência esportiva consiste em mera contemplação. O que é mencionado aqui sobre a propensão esportiva é igualmente pertinente às variadas reflexões que serão feitas a seguir nesse mesmo contexto sobre o que passaria a ser conhecido popularmente como vida religiosa.

    O último parágrafo trata superficialmente do fato de que a linguagem corrente não pode ser empregada para discutir essa classe de aptidões e atividades sem que haja alguma insinuação de menosprezo ou justificativa. Isso é importante, pois mostra a postura habitual do homem impassível com relação às tendências que se expressam por meio dos esportes e das façanhas em geral. Talvez seja um lugar tão conveniente como outro qualquer para discutir sobre aquele tom de desprezo presente em todas as falas eloquentes em defesa ou em louvor dos esportes atléticos, além de outras atividades de caráter predominantemente predatório. A mesma disposição mental de defesa está, pelo menos, começando a ser observada nos porta-vozes da maioria das instituições herdadas do período bárbaro. Por exemplo, podemos citar instituições arcaicas que parecem precisar de justificativas: todo o sistema atual de distribuição de riquezas, associado à resultante distinção de classes sociais; todas, ou quase todas, as formas de consumo que derivam do desperdício conspícuo; o status das mulheres dentro do sistema patriarcal e muitos aspectos das crenças e observâncias religiosas tradicionais, especialmente as manifestações exotéricas das crenças e da compreensão primitiva das observâncias herdadas. O que deve ser dito no âmbito da atitude apologética adotada ao recomendar os esportes e o caráter esportivo será, portanto, aplicável às justificativas — com as devidas paráfrases — em benefício desses outros elementos relacionados a nosso patrimônio social.

Há um sentimento — que costuma ser vago e quase nunca admitido pelo apologista em si, mas comumente perceptível pela forma de seu discurso — de que esses esportes, assim como o conjunto de impulsos e hábitos de pensamento predatórios implícitos no espírito esportivo, não são muito indicados pelo senso comum. "Quanto à maioria dos assassinos, são indivíduos de péssimo caráter." Esse aforismo nos dá uma ideia do temperamento predador e das consequências disciplinares de sua expressão e aplicação explícitas, segundo o ponto de vista moralista. Como tal, oferece-nos um indício do que é a expressão da sobriedade dos homens maduros quanto ao grau de disponibilidade do hábito mental predatório para os propósitos da vida na coletividade. Considera-se que a presunção vai de encontro a qualquer atividade que requeira adaptação à atitude predatória, e o ônus da prova cabe àqueles que defendem o restabelecimento da índole predadora e das práticas que a fortalecem. Assim, existe uma forte percepção popular em favor desse tipo de distrações e iniciativas; porém, ao mesmo tempo, está imbuído na comunidade um senso de que falta legitimidade para fundamentar esse sentimento. É comum tentar obter a legitimação necessária ao mostrar que embora os esportes gerem consequências essencialmente predatórias e socialmente desintegradoras e que seus efeitos imediatos sigam na direção do retorno às propensões industrialmente inúteis. Ainda assim, indireta e remotamente — por algum processo pouco compreendido de indução polar ou, quem sabe, de contrairritação —, os esportes são concebidos para estimular um hábito mental que é prestativo para a finalidade social ou industrial. Isso quer dizer que, embora os esportes tenham basicamente a mesma natureza da façanha ínvida, presume-se que, em virtude de algum motivo remoto e obscuro, eles levem ao desenvolvimento de um temperamento propício ao trabalho não ínvido. Dessa forma, costuma-se tentar demonstrar tudo isso empiricamente, ou presume-se que essa seja a generalização empírica que deve ser óbvia para qualquer pessoa que se der ao trabalho de prestar atenção. Durante a condução das provas para essa tese, a base traiçoeira para a conclusão da causa e do efeito é evitada de maneira astuta, exceto no que diz respeito a demonstrar que as "virtudes masculinas", sobre as quais acabamos de mencionar, são promovidas pelos esportes. Entretanto, já que essas virtudes masculinas necessitam de legitimação (economicamente falando), a cadeia de provas é rompida onde deveria começar. Em termos econômicos mais gerais, essas justificativas são um esforço para mostrar que, apesar da lógica da questão, os esportes, de fato, estimulam o que estamos acostumados a chamar de trabalho braçal. Enquanto ele não conseguir persuadir os outros (ou a si mesmo) de que esse é o resultado que pode ser atingido, o atencioso defensor dos esportes não ficará satisfeito e, geralmente é preciso reconhecer, ele nunca ficará satisfeito. A insatisfação, com sua própria justificativa da prática em questão, costuma ser mostrada por intermédio de seu tom truculento e pela ânsia com que ele acumula afirmativas que apoiam sua visão.

    Mas por que são necessárias essas justificativas? Se prevalece um conjunto de sentimentos populares a favor dos esportes, por que esse fato por si só já não é suficiente para sua legitimação? A disciplina de longa data relacionada às proezas a que a raça se submeteu na cultura predatória e semipacífica transmitiu aos homens atuais um temperamento que se sente gratificado diante dessas expressões de violência e malícia. Então, por que não aceitar esses esportes como expressões legítimas de uma natureza humana normal e saudável? Qual outra norma deve ser cumprida além daquela oferecida pelo conjunto variado de propensões que se manifestam nos sentimentos dessa geração, inclusive na estirpe hereditária das proezas? A norma imediata a que recorremos é o instinto de trabalho eficaz, que é um instinto mais fundamental, de prescrição mais ancestral, do que a propensão à emulação predatória. Esta última nada mais é do que uma evolução peculiar do instinto de trabalho eficaz — uma variante, por assim dizer — relativamente tardia e efêmera, apesar de sua tremenda e absoluta antiguidade. O impulso predatório emulativo — ou o instinto de esportividade, como podemos chamá-lo — é essencialmente instável em comparação ao instinto primordial de trabalho eficaz, a partir do qual o primeiro se desenvolveu e diferenciou-se. Ao ser submetida ao teste dessa norma vital ulterior, a emulação predatória, e por conseguinte a vida esportiva, mostra-se insuficiente.

A maneira e a medida com que a instituição da classe ociosa conduz à conservação dos esportes e das façanhas ínvidas não podem, é claro, ser explicadas de forma sucinta. Em virtude das evidências já expostas, parece que, em sentimento e inclinações, a classe ociosa é mais favorável à atitude e ao estado de espírito beligerante do que as classes industriais. Algo semelhante parece ocorrer em relação aos esportes. Mas é fundamental para seus efeitos indiretos, apesar dos cânones da vida decorosa, que a instituição tenha sua influência no sentimento dominante relacionado à vida esportiva. Esse efeito indireto vai de maneira quase certeira na direção de promover uma manutenção do temperamento e dos hábitos predatórios; aplicando-se também com relação àquelas variantes da vida esportiva, que o código de etiqueta da classe ociosa proscreve, como, por exemplo, lutas marciais, rinhas de galo e outras manifestações igualmente vulgares da índole esportiva. Independentemente do que disser a mais recente tabela detalhada de decoro, os cânones de decência reconhecidos e sancionados pela instituição dizem inequivocamente que a emulação e o desperdício são bons, e seus contrários são vergonhosos. Diante da luz crepuscular dos espaços sociais subterrâneos, os detalhes do código não são compreendidos com toda a facilidade que se desejaria, e esses amplos cânones subjacentes são, por isso, aplicados de forma precipitada, com poucas dúvidas quanto ao alcance de sua competência ou às exceções que foram sancionadas em cada detalhe.

O vício em esportes atléticos, não só pela participação direta como pelo sentimento e apoio moral, é uma característica mais ou menos pronunciada da classe ociosa sendo um atributo que essa classe compartilha com os delinquentes de classe inferior, e com os mesmos elementos atávicos de toda a comunidade, já que são dotados com essa tendência predatória dominante. Poucos indivíduos das populações dos países ocidentais civilizados são, até o momento, desprovidos de instinto predatório a ponto de não ver graça em contemplar esportes e jogos atléticos, ainda que a maior parte dos indivíduos das classes industriais não tenha uma inclinação aos esportes que constitua o que pode ser denominado hábito esportivo. Para essas classes, os esportes representam uma diversão ocasional em vez de um hábito vital. Por consequência, não podemos dizer que essa parcela mais representativa da população cultive a propensão esportiva. Embora não seja uma prática obsoleta no geral nem mesmo da maioria da comunidade, a predileção pelos esportes nas classes industriais comuns é, na verdade, um resquício que se desvia mais ou menos para um interesse ocasional, em vez de um interesse vital e permanente que pode ser considerado como fator dominante da formação dos complexos hábitos mentais orgânicos em que ela se fundamenta.

Essa propensão, por manifestar-se na vida esportiva atual, pode não parecer um fator econômico de grandes consequências. Por si só, ela não tem muita importância nos efeitos diretos sobre a eficiência ou consumo industriais de nenhum indivíduo, mas tem certa importância a prevalência e o desenvolvimento do tipo de natureza humana do qual essa aptidão é uma característica. Ela afeta a vida econômica da coletividade, tanto em relação à taxa de desenvolvimento econômico quanto ao caráter dos resultados atingidos pelo desenvolvimento. Para melhor ou para pior, o fato de que o hábito de pensamento popular é de alguma maneira dominado por esse tipo de caráter deve certamente afetar o alcance, a direção, os padrões e os ideais da vida econômica coletiva, como também o grau de adaptação da vida coletiva ao ambiente.

Algo semelhante pode ser dito quanto aos outros traços que formam o caráter bárbaro. Para a finalidade da teoria econômica, esses traços bárbaros mais longínquos podem ser vistos como variações concomitantes daquela índole predatória expressa na figura da proeza. Em grande medida, elas não são primordialmente de caráter econômico, nem têm muita relevância econômica direta. Elas servem para indicar qual foi a fase da evolução econômica a que se adaptou o indivíduo que as possui. Portanto, a importância delas é servir como evidências extrínsecas em relação ao nível de adaptação do caráter em que estão inseridas nas exigências econômicas atuais, mas também são importantes, em certa medida, como aptidões que por si só aumentam ou diminuem a utilidade econômica do indivíduo.

Quando encontramos sua expressão na vida dos bárbaros, a proeza se manifesta em duas direções principais: força e trapaça. Em diversos níveis, essas duas formas de expressão estão igualmente presentes nas guerras modernas, nas profissões pecuniárias e nos esportes e jogos. Ambas as linhas de aptidões são nutridas e fortalecidas pela vida esportiva, assim como pelas formas mais graves da vida emulativa. Estratégia ou ardil são elementos invariavelmente presentes nos jogos, em práticas bélicas e na caça. Em todas essas atividades, a estratégia tende a evoluir para a habilidade e para a chicana. Intriga, falsidade e intimidação têm um lugar garantido nos procedimentos de qualquer disputa atlética e nos jogos em geral. A habitual presença de juízes e de escassos regulamentos técnicos, que regem os limites e detalhes da permissibilidade de trapaças e de vantagens estratégicas, é suficiente para atestar o fato de que práticas e objetivos trapaceiros para sobrepujar o oponente não são características fortuitas do jogo. Não é nenhuma surpresa que acostumar-se com os esportes acaba conduzindo a um maior desenvolvimento da aptidão para a trapaça; e o predomínio na comunidade da índole predatória, que inclina o homem para os esportes, conota uma prevalência de práticas desleais e desprezo cruel pelos interesses alheios, individualmente e coletivamente. Valer-se de falcatruas, qualquer que seja o argumento e a legitimação legal ou habitual, é a manifestação de um hábito de pensamento tacanho e egoísta. Acreditamos ser desnecessário discorrer bastante sobre o valor econômico desse aspecto do caráter esportivo.

Seguindo a mesma lógica, devemos observar que a característica mais óbvia entre os aspectos relativoss aos homens interessados em esportes e jogos é a extrema sagacidade. Os talentos e façanhas de Ulisses são sempre equiparados aos de Aquiles, seja no enaltecimento substancial dos jogos, seja no esplendor que os companheiros atribuem ao sagaz guerreiro. A farsa da sagacidade é geralmente o primeiro passo naquele processo de equiparação ao profissional da jogatina a que um jovem se submete após matricular-se em qualquer escola de boa reputação da educação secundária ou da superior, dependendo do caso. E o aspecto da sagacidade, como atributo decorativo, nunca deixa de receber atenção especial dos homens cujos interesses residem em jogos atléticos, corridas ou outras competições de semelhante natureza emulativa. Podemos ressaltar também, como mais um forte indicativo de afinidade comportamental, que os membros da classe inferior de delinquentes costumam apresentar uma sagacidade marcante, sendo ainda mais comum exibirem o mesmo exagero histriônico que é visto com frequência nos jovens candidatos às honras atléticas. Inclusive esse é o atributo mais marcante daquilo que é vulgarmente chamado de "resistência" nos jovens aspirantes a uma má reputação.

Deve ser ressaltado que o homem astuto não tem nenhum valor econômico na comunidade — a menos que seja pelo propósito de práticas desleais nas tratativas com outras comunidades. Sua atuação não é promover a evolução do processo vital genérico. Na melhor das hipóteses, com relação a sua importância econômica direta, é converter a essência econômica da coletividade num desenvolvimento que nada tem a ver com o processo vital coletivo — muito parecido com a analogia daquilo que em medicina pode ser chamado de tumor benigno, com alguma tendência a cruzar a linha incerta que divide a benignidade e a malignidade.

Assim, os dois traços bárbaros, violência e sagacidade, acabam formando a índole ou atitude espiritual predatória. Como mencionado, são as expressões de um hábito de pensamento tacanho e egoísta, ambas são excepcionalmente úteis para a conveniência individual numa vida que busca o sucesso ínvido. Ambas possuem um grande valor estético. Ambas são nutridas pela cultura pecuniária, mas nenhuma delas serve aos propósitos da vida em sociedade.

CAPÍTULO 11

A CRENÇA NA SORTE

A propensão às apostas ou jogos de azar é mais um traço subsidiário da índole bárbara. É uma variação concomitante do caráter de predominância quase universal entre caçadores e homens que apreciam guerras e atividades emulativas em geral. Esse traço também possui um valor econômico direto. É reconhecido como um verdadeiro entrave para a grande eficiência industrial conjunta de qualquer comunidade em que esse aspecto prevaleça de maneira considerável.

O costume de fazer apostas está longe de ser classificado como um atributo exclusivo da natureza humana de tipo predatório. O principal fator no hábito de fazer apostas é a crença na sorte, sendo, ao que parece, ter suas origens, ao menos em essência, numa fase da evolução humana que antecede a cultura predatória. A crença na sorte pode muito bem ter evoluído durante a cultura predatória para a forma atual, como o elemento principal do hábito de apostar, na índole caçadora. A forma específica com que se manifesta na cultura moderna provavelmente se deve à disciplina predatória, mas a crença na sorte é, em substância, um hábito mais antigo do que a cultura predatória. Trata-se de uma forma de compreensão animista dos elementos. A crença, quanto a seu conteúdo, parece ser um traço acumulado desde um estágio primitivo da cultura bárbara, transformado e transmitido por meio daquela cultura até um estágio tardio da evolução humana com um formato específico imposto pela disciplina predatória. Porém, de todo modo, deve ser visto como um traço arcaico, herdado de um passado mais ou menos remoto, mais ou menos incompatível com as exigências do processo industrial moderno e mais ou menos de um entrave à plena eficiência da vida econômica coletiva dos tempos contemporâneos.

Embora a crença na sorte seja baseada no costume de apostar, este não é o único elemento que caracteriza tal hábito. Apostar no desfecho de competições de força e habilidade decorre de outro motivo, sem o qual a crença na sorte não teria um destaque tão grande na vida esportiva. Essa razão ulterior é o desejo do palpite da vitória ou ser torcedor da presunção do lado vitorioso, para glorificar a sua ascendência à custa do perdedor. O lado mais forte não apenas obtém uma vitória mais marcante, e o lado perdedor sofre uma derrota mais dolorosa e humilhante, proporcionalmente ao tamanho dos ganhos e das perdas pecuniárias da aposta; embora só isso já resulte num fardo material considerável. Entretanto, a aposta costuma ser feita sem que se expresse em palavras nem seja reconhecida em termos combinados *in petto* [em segredo] com o intuito de aumentar as chances de sucesso do competidor em que se depositou a confiança. Considera-se que o dinheiro e a esperança empenhados com essa finalidade não possam ser desperdiçados naquele momento. Há uma manifestação especial do instinto de trabalho eficaz, alicerçado por um senso ainda mais forte de que a congruência animista dos fatos deve decidir em favor de um resultado vitorioso do lado para cujo benefício a tendência inerente aos eventos foi proporcionada e fortificada basicamente por um ímpeto conativo e cinético. O brio relacionado à aposta expressa-se livremente sob a forma de apoiar seu favorito em qualquer competição: sem dúvida esse é um aspecto predatório. É tão suplementar ao impulso predatório propriamente dito que a crença na sorte se expressa como uma aposta. Tanto que podemos estabelecer que, quando a certeza se manifesta na forma de fazer uma aposta, devemos considerá-la parte integrante do caráter do grupo predatório. Em seus elementos, a crença é um hábito arcaico que pertence substancialmente à natureza humana primitiva e indiferenciada; contudo, quando essa convicção é auxiliada pelo impulso emulativo predatório, sendo assim diferenciada na forma específica do hábito de apostar, ela deve ser classificada, nessa forma específica e altamente desenvolvida, como um traço do temperamento bárbaro.

A crença na sorte é um senso de necessidade fortuita na sequência dos acontecimentos. Em suas várias mutações e expressões, tem enorme relevância para a eficiência econômica de qualquer comunidade em que essa convicção prevaleça de maneira considerável. Justifica, então, uma discussão mais detalhada de suas origens, de seu conteúdo e da importância de suas inúmeras ramificações com base na estrutura e na função econômicas, assim como uma análise a respeito da relação da classe ociosa com seu crescimento, diferenciação e persistência. Na forma desenvolvida e integrada, com que é normalmente observada no bárbaro da cultura predatória ou nos caçadores e esportistas das comunidades modernas, a crença é composta, no mínimo, por dois elementos distintos — que devem ser entendidos como dois diferentes estágios do mesmo hábito de pensamento fundamental ou como o mesmo fator psicológico em dois estágios sucessivos de sua evolução. Esses dois elementos serem estágios sucessivos da mesma linha geral da evolução da crença não afasta a coexistência deles nos hábitos mentais de qualquer indivíduo. A forma ou o estágio mais primitivo é uma crença animista incipiente ou um senso animista de relações e objetos que imputa um caráter quase pessoal aos fatos. Para o homem arcaico, todos os objetos e fatos inoportunos e de óbvia influência em seu ambiente tinham uma individualidade semipessoal. Eles são concebidos para serem dotados de desejo, ou melhor, de propensões que penetram o complexo de causas e afeta eventos de maneira incompreensível. A noção do caçador ou esportista no que diz respeito à sorte e à coincidência ou à necessidade fortuita é um animismo indefinível e inacabado. Aplica-se a objetos e situações, quase sempre de maneira vaga, mas, até o presente, costuma ser definido como insinuando a possibilidade de aplacar ou de enganar e convencer, ou então de atrapalhar a retenção de tendências que fazem parte dos objetos que constituem o aparato e os acessórios de qualquer jogo de habilidade ou azar. Poucos são os caçadores que não têm o hábito de usar amuletos ou talismãs aos quais se atribui mais ou menos eficácia. E não é menor a proporção daqueles que instintivamente receiam a influência do "mau-olhado" dos competidores ou dos aparatos envolvidos em qualquer disputa em que apostam; ou que creem que o fato de torcer para um determinado competidor ou time no jogo fortalece, ou deveria fortalecer, o objeto de sua torcida; ou daqueles que acreditam que o "mascote" tem um significado maior do que o de uma mera brincadeira.

Em sua forma mais simples, a crença na sorte é esse instinto de uma propensão teleológica inescrutável em relação a objetos ou a situações, que têm uma propensão para que cheguem a um certo fim, seja esse desfecho ou ponto objetivo da sequência concebido para ser apresentado fortuitamente, seja ele buscado de forma deliberada. A partir desse simples animismo, a crença se dissipa, por meio de gradações imperceptíveis, na segunda forma derivada a que já nos referimos, que é uma crença mais ou menos articulada numa ação sobrenatural incompreensível. Essa ação opera por meio dos objetos visíveis com os quais ela é associada, mas não se identifica com esses objetos característicos da individualidade. O uso do termo "ação sobrenatural" não visa aqui maiores implicações quanto à natureza da ação adjetivada. É apenas mais uma evolução da crença animista. A ação sobrenatural não é necessariamente entendida como um agente pessoal no sentido pleno, mas uma ação que compartilha dos atributos da personalidade a ponto de influenciar de modo relativamente arbitrário o resultado de qualquer iniciativa, sobretudo aquelas relacionadas a alguma disputa. A crença impregnada na *hamingia* ou *gipta* (*gæfa, auðna*),[1] que confere tanta cor em especial às sagas islandesas e às antigas lendas populares germânicas, é uma ilustração desse senso de uma tendência extrafísica no desenrolar dos acontecimentos.

Nessa expressão ou forma de crença, a propensão é muito pouco personificada, embora lhe seja imputada uma individualidade nos mais variados graus, sendo essa propensão individualizada, por vezes, concebida para ceder às circunstâncias, normalmente de cunho espiritual ou preternatural.

---

1. Tanto aqui quanto na tradução de Veblen de *The Laxdaela Saga* (1925), ele se refere aos termos islandeses para a boa sorte concedida por um agente sobrenatural que determina o próprio destino.

Um exemplo notável e bem famoso da crença — num estágio bastante avançado da diferenciação que envolve uma materialização antropomórfica do agente sobrenatural como alternativa — é apresentado na figura do julgamento por combate. Aqui o agente era concebido para agir como juiz mediante solicitação e para moldar o resultado do confronto de acordo com algum fundamento estipulado para a tomada de decisão, como, por exemplo, a equidade ou legalidade das respectivas alegações dos combatentes. O mesmo senso de uma tendência — incompreensível, mas espiritualmente necessária — nos eventos ainda tem suas raízes num elemento obscuro da atual crença popular, como expressado, por exemplo, na máxima bastante conhecida "Melhor armado é aquele que conhece bem o tamanho do inimigo",[2] uma frase que preserva boa parte de seu significado para o homem médio sem poder de reflexão, mesmo nas comunidades civilizadas da atualidade. É vaga ou, quem sabe, incerta a reminiscência moderna da crença na *hamingia* ou numa mão invisível que a todos orienta, decorrente da aceitação dessa máxima. De toda sorte, parece misturar-se com outras situações psicológicas que não possuem um claro caráter animista.

Para nosso propósito, achamos ser desnecessário olhar mais de perto o processo psicológico ou a descendência etnológica pela qual a última dessas duas compreensões animistas de propensão deriva da primeira. Essa questão pode ter extrema importância para a psicologia dos povos ou para a teoria da evolução das crenças e dos cultos. O mesmo se pode dizer da questão mais fundamental: se os dois têm alguma relação como estágios sucessivos de uma sequência evolutiva. A referência feita à existência dessas questões serve apenas para destacar que o interesse da presente discussão não é o de seguir naquela direção. No que diz respeito à teoria econômica, esses dois elementos ou estágios da crença na sorte, ou numa tendência ou propensão extracausal nos fatos, têm, *grosso modo*, o mesmo caráter. Eles

---

2. N. do T.: A máxima é citada em diversas obras clássicas, de Shakespeare a Josh Billings, mas sua origem é desconhecida. No original, lê-se "Thrice is he armed who knows his quarrel just". Josh Billings, por sua vez, faz uma rima jocosa: "Thrice is he armed who hath his quarrel just; But four times he who gets his blow in fust". Preferimos fazer uma interpretação do ditado, já que o termo "thrice" costumava ser utilizado para conotar abundância, não por seu valor numérico, ou seja, "três vezes" (para justificar aos puristas que gostam de traduzir ditos populares ao pé da letra).

possuem uma relevância econômica enquanto hábitos mentais que afetam a visão habitual do indivíduo quanto aos fatos e às sequências com que ele entra em contato e, consequentemente, afetando sua serventia ou utilidade para o propósito industrial. Portanto, para além de todas as questões de beleza, reconhecimento ou beneficência de qualquer crença animista, há lugar para uma discussão sobre a influência delas na serventia do indivíduo como fator econômico, especialmente como agente industrial.

Já ressaltamos num contexto anterior que, a fim de obter a maior utilidade nos processos industriais complexos atuais, o indivíduo deve ser dotado da aptidão e do hábito de rapidamente compreender e relacionar fatos em termos de sequência causal. Tanto no todo quanto nas partes, o processo industrial é um processo de causalidade quantitativa. A "inteligência" exigida do trabalhador, assim como do diretor de um processo industrial, é simplesmente o nível de habilidade para aprender e adaptar-se a uma sequência causal quantitativamente determinada. Essa habilidade de aprendizado e adaptação é o que falta nos trabalhadores ignorantes, e o desenvolvimento dessa habilidade é o objetivo almejado pelo processo educacional — contanto que sua educação procure o aprimoramento de sua eficiência industrial.

Com relação às aptidões herdadas pelo indivíduo ou quanto ao fato de seu treinamento predispô-lo a explicar fatos e sequências em termos que não se referem à causalidade ou a situações corriqueiras, elas reduzem a eficiência produtiva ou utilidade industrial do sujeito. Essa diminuição da eficiência por meio de uma predileção por métodos animistas de compreensão dos fatos fica ainda mais aparente ao observarmos as massas — quando uma determinada população com inclinações animistas é vista como um todo. Os inconvenientes econômicos do animismo são mais evidentes e suas consequências mais profundas no âmbito do sistema moderno de grandes indústrias do que em qualquer outro modelo. Nas modernas comunidades industriais, a indústria tem sido, de modo cada vez mais ostensivo, organizada num sistema abrangente de órgãos e funções que condicionam uns aos outros; assim, a libertação de toda e qualquer parcialidade na apreensão causal dos fenômenos torna-se cada vez mais um requisito para a eficiência daqueles que fazem parte da fábrica. Num sistema de mão de obra artesanal, um diferencial em termos de destreza, diligência, força muscular ou resistência pode muito bem compensar uma parcialidade nos hábitos mentais do trabalhador.

O mesmo acontece na indústria agrícola tradicional, que lembra bastante a mão de obra artesanal no que se refere aos requisitos impostos ao trabalhador. Em ambas, o trabalhador é ele próprio a principal força motriz da qual se depende, e as forças naturais envolvidas são em grande parte consideradas como obras fortuitas e insondáveis, cuja atuação foge completamente ao controle ou à razão do trabalhador. Segundo a sabedoria popular, nesses tipos de indústria apenas uma ínfima parte do processo industrial depende do arbítrio fatídico de uma ampla sequência mecânica que deve ser compreendido em termos de causalidade e ao qual as operações da fábrica e os movimentos dos trabalhadores devem estar adaptados. Conforme os métodos industriais evoluem, as virtudes do artesão valem cada vez menos como formas de compensar a falta de inteligência ou uma hesitante aceitação da sequência de causa e efeito. A organização industrial assume mais e mais um caráter mecânico, no qual a função do homem é discriminar e selecionar quais forças naturais deverão desempenhar seus efeitos a seu favor. O papel do trabalhador na indústria deixou de ser o motor primordial para fazer as vezes de quem discerne e avalia as sequências quantitativas e os fatos mecânicos. O talento para compreender rapidamente e ter uma noção imparcial das causas em seu ambiente natural tem cada vez mais importância econômica, e qualquer elemento do conjunto de hábitos mentais que inserir uma orientação divergente nessa noção pronta de sequências corriqueiras adquire maior importância na mesma proporção que um elemento preocupante age para diminuir sua utilidade industrial. Por meio de seu efeito cumulativo sobre a postura habitual da população, até o mais imperceptível ou inconspícuo viés, no sentido de justificar fatos cotidianos recorrendo a outra explicação diferente da causalidade quantitativa, pode ocasionar uma considerável redução da eficiência industrial coletiva dentro de uma sociedade.

O hábito mental animista pode ter ocorrido na primeira forma não distinta de uma crença animista rudimentar, ou no estágio posterior e mais integrado quando havia uma materialização antropomórfica da propensão imputada aos fatos. O valor industrial de um senso animista tão vivaz, ou de tal alternativa a uma ação sobrenatural ou uma orientação de uma mão invisível, é certamente o mesmo em ambos os casos. Por afetar a serventia industrial do indivíduo, o efeito é semelhante nos dois casos, mas o alcance com que esse pensamento habitual domina ou traduz o complexo de seus pensamentos habituais varia conforme o grau de imediatismo, urgência ou exclusividade com que o indivíduo costuma aplicar a fórmula animista ou antropomórfica ao lidar com os fatos de seu ambiente. Em todos os casos, o hábito animista opera para obscurecer a conscientização da sequência causal, mas o senso animista de propensão mais antigo, menos ponderado e menos definido pode acabar afetando os processos intelectuais do indivíduo de maneira mais profunda do que as formas superiores de antropomorfismo. Onde o hábito animista está presente na forma primitiva, seu escopo e alcance de aplicação não se encontram definidos ou limitados. Por isso, ele afetará de maneira palpável o raciocínio da vida da pessoa em cada instante — sempre que estiver relacionado com os meios materiais de sobrevivência. No período mais tardio e mais maduro da evolução do animismo, após ter sido definida por meio do processo de elaboração antropomórfica, quando sua aplicação foi limitada de maneira razoavelmente coerente com o remoto e o invisível, ocorre uma variedade cada vez maior de fatos cotidianos que passou a ser explicada provisoriamente sem recorrer a uma ação sobrenatural na qual se expressa um animismo instruído. Essa ação preternatural personificada e altamente integrada não é a melhor maneira de solucionar os incidentes triviais da vida e, por isso, é fácil adquirir o hábito de explicar uma infinidade de fenômenos triviais ou vulgares em termos de uma sucessão de eventos. A explicação provisória a que se chega, por pura negligência, obtém permissão para ser aceita como definitiva, só para finalidades triviais, até que uma provocação ou perplexidade específica faça o indivíduo recordar a quem ele é leal. Entretanto, quando surgem exigências específicas, isto é, quando há a necessidade peculiar de uma alternativa plena e livre à lei de causa e efeito, então, o indivíduo geralmente recorre à ação sobrenatural como uma solução universal, caso possua uma crença antropomórfica.

 A propensão ou agente extracausal serve muito bem como alternativa à perplexidade, mas sua utilidade só pode ser vista como do tipo não econômico. Acima de tudo é um refúgio e um porto seguro, pois atingiu o grau de consistência e especialização que pertence a uma divindade antropomórfica. Esse agente merece muitos elogios, mesmo em contextos sem relação com a questão de oferecer ao indivíduo perplexo uma escapatória da dificuldade de explicar fenômenos em termos de sucessão causal. Não cabe ficar discutindo os méritos óbvios e amplamente reconhecidos de uma divindade antropomórfica vistos sob a visão estética, moral ou de interesse espiritual, nem mesmo sob ópticas menos abstratas, como a perspectiva política, militar ou de interesses sociais. Nosso objetivo aqui é tratar da questão relacionada ao valor econômico menos pitoresco e menos urgente da crença no âmbito da ação sobrenatural, entendida como um hábito de pensamento habitual que afeta a utilidade industrial da pessoa devota. E mesmo ligada a essa estreita variedade econômica, a investigação é forçosamente confinada à influência imediata desse hábito de pensamento sobre a habilidade funcional do devoto, em vez de estendida para incluir seus efeitos econômicos mais remotos. É bastante difícil encontrar as raízes desses efeitos mais abstratos. Atualmente investigá-los é uma tarefa tão carregada de preconceitos relativos ao grau com que a vida é aprimorada pelo contato espiritual com tal divindade que qualquer tentativa de analisá-los quanto a seu valor econômico acaba sendo infrutífera.

O efeito direto e imediato do pensamento animista habitual sobre o hábito de pensamento geral do devoto vai na direção de reduzir sua inteligência efetiva — com relação àquela inteligência que gera consequências específicas para a indústria moderna. O efeito se manifesta em vários níveis, não importando se o agente ou a propensão sobrenatural em que se acredita seja de um grupo superior ou inferior. Tal premissa é válida quanto ao senso de sorte e aptidão tanto de bárbaros quanto de caçadores-esportistas, e o mesmo pode ser dito da crença, pouco mais evoluída, em divindades antropomórficas, como normalmente acontece no âmbito da mesma classe. Do mesmo modo, deve-se entender como válidos — embora não seja fácil determinar o nível relativo de lucidez — os cultos antropomórficos que evoluíram de forma mais adaptada, como aqueles que tocam o coração do homem civilizado devoto. A deficiência industrial decorrente da adesão popular a um dos mais conhecidos cultos antropomórficos pode ser relativamente imperceptível, mas não deve ser ignorada. E mesmo esses cultos da classe superior da cultura ocidental não representam o último estágio dissipador desse senso humano de tendência extracausal. Além desses, o mesmo senso animista também se apresenta em certas atenuações do antropomorfismo, como no apelo do século XVIII a uma ordem natural e a direitos naturais, e em seus representantes modernos, como o conceito aparentemente pós-darwinista de uma tendência benéfica no processo da evolução. Essa explicação animista dos fenômenos é uma forma de falácia que os especialistas em lógica conheciam pelo nome de *ignava ratio* [cálculo sem valor]. Para os propósitos da indústria ou da ciência, isso conta como um equívoco na compreensão e avaliação dos fatos.

Além de suas consequências industriais diretas, o hábito animista tem certa relevância para a teoria econômica por outros motivos. (1) É um indicador bastante confiável da presença e, até certo ponto, do grau de potência de alguns outros traços arcaicos que o acompanham e que geram consequências econômicas relevantes; (2) as consequências materiais daquele código de etiqueta religiosa, originado do hábito animista durante o desenvolvimento de um culto antropomórfico, são importantes tanto por (a) afetar o consumo de bens da comunidade e os cânones de preferência dominantes, como já mencionamos em capítulo anterior; (b) induzir e conservar a percepção habitual da relação com um superior, estimulando o atual senso de status e lealdade.

Em relaço ao citado na letra (b), aquele conjunto de pensamentos habituais que compõem o caráter de qualquer indivíduo é, de certo modo, um todo orgânico. Uma variação acentuada numa determinada direção, não importa qual seja, carrega consigo, como sua correlata, uma variação concomitante na expressão habitual da vida em outras direções ou outros grupos de atividades. Esses vários pensamentos habituais ou expressões habituais da vida são todos estágios sucessivos de uma única vida do indivíduo; portanto, um hábito formado em resposta a um determinado estímulo que afetará necessariamente o caráter da resposta dada a outros estímulos. Uma modificação da natureza humana a qualquer momento é uma modificação da natureza humana como um todo. Por essa razão, e talvez em maior medida por razões mais obscuras que não podemos tratar aqui, existem essas variações simultâneas, como entre os diferentes traços da natureza humana. Então, por exemplo, os povos bárbaros com um estilo de vida predatório bem desenvolvido são, na maioria das vezes, também detentores de um forte e predominante hábito animista, um culto antropomórfico bem estruturado e um vigoroso senso de condição social. Por outro lado, o antropomorfismo e o senso de percepção de uma propensão animista no mundo material estão menos aparentemente presentes na vida dos povos nos estágios culturais anteriores e posteriores à cultura bárbara. Além disso, o senso de condição social é mais frágil, no geral, em comunidades pacíficas. É importante ressaltar que uma crença animista vigorosa, mas pouco especializada, pode ser encontrada na maioria dos povos, senão em todos, da fase cultural selvagem e pré-predatória. O selvagem primitivo leva seu animismo menos a sério do que o bárbaro ou o selvagem degenerado. No caso dele, o resultado é a criação de mitos fantásticos, mais do que superstições coercivas. A cultura bárbara exibe características de esportividade (associada à caça e a atividades predatórias), status e antropomorfismo. É comum observar uma concomitância similar de variações dessas mesmas características na índole individual dos membros das comunidades civilizadas atuais. Esses representantes da índole bárbara, que constituem o elemento esportivo, costumam ser pessoas que acreditam na sorte ou pelo menos têm um forte senso de propensão animista com os fatos, motivo que reforça suas inclinações à aposta. O que também acontece em relação ao antropomorfismo nessa classe. Alguns cedem à adesão a alguma crença que normalmente os torna apegados a um dos cultos antropomórficos primitivos e consistentes; há relativamente poucos homens esportistas-caçadores que buscam conforto espiritual nos cultos menos antropomórficos, como os Unitários ou os Universalistas.[3]

Intimamente ligado a essa correlação de antropomorfismo e proeza está o fato de que os cultos antropomórficos atuam para conservar, quando não para inculcar, hábitos mentais favoráveis a um sistema de prestígio social. Nesse caso, é quase impossível dizer onde o efeito disciplinar do culto acaba e onde a evidência de uma concomitância de variações nos traços herdados começa. Levando em conta seus níveis de evolução, na melhor das hipóteses, o temperamento predatório, o senso de prestígio social e o culto antropomórfico pertencem à cultura bárbara. Há uma espécie de relação causal mútua que subsiste entre os três fenômenos conforme se tornam visíveis nas comunidades daquele nível cultural. O modo como eles se repetem na correlação entre os hábitos e atitudes de indivíduos e classes atuais tende a implicar uma relação causal ou orgânica parecida entre os mesmos fenômenos psicológicos vistos como traços ou hábitos do indivíduo. Já vimos em outro momento da discussão que a relação de status, como aspecto da estrutura

---

3. Praticantes de uma fé protestante que, na opinião de Veblen, torna-os menos "antropomórficos", porque rejeitam a crença cristã ortodoxa na Santíssima Trindade de Deus, do Filho e do Espírito Santo.

social, é uma consequência do hábito predatório. Em relação à sua derivação, é fundamentalmente uma expressão elaborada da postura predatória. Por outro lado, um culto antropomórfico é um código de detalhadas relações de status sobreposto ao conceito de uma indefinívell propensão sobrenatural relacionada a elementos materiais. Tanto que, no que diz respeito aos fatores externos de sua derivação, o culto pode ser considerado como uma consequência do senso animista imbuído no homem arcaico, o qual foi definido e, de certa forma, transformado pelo hábito predatório, resultando numa ação preternatural personificada, que é dotada, por imputação, da totalidade de pensamentos habituais que caracterizam o homem da cultura predatória.

Os aspectos psicológicos mais grosseiros nesse caso, que possuem uma influência imediata na teoria econômica e, por isso, levamos em consideração, são os seguintes: (a) como vimos em capítulos anteriores, o hábito mental emulativo e predatório, denominado proeza, não passa de uma variante bárbara do instinto humano genérico do trabalho eficaz, que se enquadrou nessa forma específica sob a guia de um hábito de comparação ínvida das pessoas; (b) a relação de status é uma expressão formal dessa comparação ínvida, devidamente medida e classificada de acordo com uma agenda amplamente aprovada; (c) um culto antropomórfico, pelo menos nos tempos de seu auge, é uma instituição cujo elemento característico é uma relação de status entre o sujeito humano como inferior e a ação sobrenatural personificada como superior. Tendo isso em mente, não deverá restar nenhuma dificuldade para identificar a íntima relação subsistente entre esses três fenômenos da natureza humana e da vida humana. Essa relação equivale a uma identidade em alguns de seus elementos substanciais. Em contrapartida, o sistema de prestígio social e o hábito predatório são expressões do instinto de trabalho eficaz, pois ele se materializa devido ao costume da comparação ínvida, enquanto, por outro lado, o culto antropomórfico e o hábito das observâncias religiosas são expressões do senso animista dos homens de propensão a coisas materiais, elaborado, sobretudo, sob a égide do mesmo hábito geral da comparação ínvida. As duas categorias — o hábito de vida emulativo e o hábito das observâncias religiosas — devem, portanto, ser vistas como elementos complementares da natureza humana do grupo bárbaro e de suas variantes bárbaras modernas. Essencialmente elas são expressões da mesma variedade de aptidões, que surgiram em resposta a diferentes conjuntos de estímulos.

CAPÍTULO 12

OBSERVÂNCIAS RELIGIOSAS

Um relato discursivo de certos incidentes da vida moderna mostrará a relação orgânica dos cultos antropomórficos com a cultura e o temperamento bárbaros. Do mesmo modo, servirá para mostrar como a sobrevivência e a eficácia dos cultos e o predomínio de sua agenda de observâncias religiosas estão relacionados com a instituição da classe ociosa e com as origens das ações implícitas dessa instituição. Não temos nenhuma intenção de recomendar ou depreciar as práticas que serão discutidas no âmbito das observâncias religiosas, ou os traços espirituais e intelectuais com que essas observâncias se expressam. Por isso, analisaremos os fenômenos cotidianos dos atuais cultos antropomórficos sob a perspectiva da importância que eles representam para a teoria econômica, apresentando os aspectos externos e tangíveis das observâncias religiosas. O valor moral e o valor devocional de uma vida de fé estão fora do escopo da presente investigação. Certamente não pretendemos aqui questionar a veracidade ou a beleza das crenças de cujos cultos elas decorrem. Não podemos levar em conta nem mesmo a influência econômica indireta delas; o assunto é nebuloso e importante demais para fazermos apenas um esboço superficial sobre o tema.

Algo semelhante foi mencionado em capítulo anterior quanto à influência que os padrões pecuniários de valor exercem sobre os processos de valorização conduzidos por diferentes motivos, não relacionados ao interesse pecuniário. A relação não é de forma nenhuma unilateral. Os padrões econômicos ou cânones de valorização são, por sua vez, influenciados por padrões de valor extraeconômicos. Nossos julgamentos sobre a relevância econômica dos fatos são, até certo ponto, baseados na presença dominante desses interesses mais densos. Há de fato um ponto de vista a partir do qual o interesse econômico só tem importância quando assume uma posição auxiliar desses interesses superiores não econômicos. Portanto, para nosso propósito, vale uma reflexão a respeito de isolar o interesse econômico ou o juízo econômico dos fenômenos desses cultos antropomórficos. É necessário algum esforço para abandonar paradigmas mais arraigados e, assim, obter uma compreensão econômica desses fatos, com o mínimo possível de parcialidade decorrente de interesses maiores estranhos à teoria econômica.

Na discussão sobre o temperamento esportista-caçador, identificou-se que o senso de uma propensão animista relacionada aos bens e eventos materiais é o que proporciona a base espiritual para o hábito de apostar do entusiasta dos esportes. Para o propósito econômico, esse senso de propensão é, *grosso modo*, o mesmo elemento psicológico que se expressa, sob várias formas, nas crenças animistas e nos credos antropomórficos. No tocante àqueles aspectos psicológicos tangíveis que dizem respeito à teoria econômica, o espírito apostador que permeia o elemento esportivo consolida-se, por meio de gradações imperceptíveis, com aquela estrutura mental que se regozija nas observâncias religiosas. Como podemos observar pela perspectiva da teoria econômica, o caráter esportista confunde-se com o caráter de um devoto religioso. De forma que o senso animista do apostador é auxiliado por uma tradição minimamente consistente, evoluindo para uma crença razoavelmente estruturada numa entidade preternatural ou sobrenatural, com um toque de conteúdo antropomórfico. E onde isso acontece, costuma haver uma perceptível tendência à ação sobrenatural por intermédio de métodos de abordagem e conciliação reconhecidos. Esse elemento de veneração e convencimento é muito parecido com as formas primitivas de adoração — se não por origens históricas, ao menos pelo real conteúdo psicológico. Claro que isso redunda, com fluida continuidade, naquilo que é conhecido como práticas e crenças supersticiosas, reivindicando, desse modo, a afinidade com os cultos antropomórficos mais rudimentares.

O temperamento esportista-caçador ou apostador, portanto, compreende alguns dos elementos psicológicos fundamentais que constituem um devoto em crenças e um adorador de formas devocionais, sendo que o principal ponto de convergência é a crença numa propensão incompreensível ou uma intervenção preternatural na sequência dos eventos. Para o propósito da prática de apostas, a crença numa ação sobrenatural pode ser — e normalmente é — menos precisa em sua sistematização, em especial em relação aos pensamentos habituais e ao estilo de vida atribuído ao agente preternatural; ou, em outras palavras, no que diz respeito a seu caráter moral e a seus objetivos quando interfere nos eventos. Com relação à individualidade ou pessoalidade da ação — nas formas de sorte, acaso, mau-olhado, mascotes etc. — que o sujeito sente, por vezes, receia e procura afastar de si, a perspectiva do caçador-esportista também é menos específica, menos integrada e diferenciada. A base de sua prática de apostas é, em grande medida, um mero instinto relacionado à presença de uma dominante força ou propensão arbitrária e sobrenatural nos fatos ou na situação, que raramente é reconhecida como um agente pessoal. O entusiasta das apostas não raro é alguém que acredita na sorte, nesse sentido primitivo e, ao mesmo tempo, fiel devoto de alguma crença estabelecida. Ele tem uma inclinação significativa para aceitar grande parte da crença, mas também concilia o poder inescrutável e os hábitos arbitrários da divindade que conquistou sua confiança. Nesse caso, ele engloba dois ou mais estágios distintos do animismo. Aliás, a série completa de estágios sucessivos da crença animista pode ser encontrada intacta na especificidade de qualquer comunidade caçadora. Essa cadeia de conceitos animistas incorpora a forma mais elementar da percepção instintiva da sorte, do acaso e da necessidade fortuita, numa extremidade da série, aliada à divindade antropomórfica plenamente amadurecida e, na outra, entremeada por todas as fases da integração. Somada a essas crenças na ação preternatural, por um lado, uma formulação instintiva da conduta se enquadrará nos supostos requisitos do acaso afortunado e, por outro, uma submissão um tanto fervorosa aos mandamentos insondáveis da divindade.

Nesse sentido, há uma relação entre o temperamento caçador-esportista e o temperamento das classes delinquentes, ambas se relacionam ao temperamento que tende ao culto antropomórfico. Em média, tanto o delinquente quanto o caçador-esportista são mais aptos a tornarem-se devotos de algum tipo de crença difundida e mais propensos a cumprir observâncias religiosas do que o padrão médio da comunidade. Nota-se também que membros céticos dessas classes apresentam maior tendência a tornarem-se seguidores de alguma outra fé reconhecida do que a média geral de incrédulos. Essa constatação é admitida pelos próprios defensores das práticas esportistas, sobretudo quando querem justificar esportes atléticos de natureza predatória mais primitiva. Inclusive, ouvimos insistentes declarações sobre determinado atleta ser especialmente dedicado a práticas religiosas, como se essa fosse uma característica elogiável da vida esportiva. Além disso, podemos observar que o culto ao qual aderem as classes de caçadores-esportistas e delinquentes predadores, ou ao qual os seguidores dessas classes costumam adotar, na maioria das vezes, não pertence às chamadas religiões superiores, mas a uma crença baseada estritamente em divindades antropomórficas. A natureza humana arcaica e predatória não se satisfaz com conceitos abstratos de uma figura imaterial que confluem para o conceito de sequência causal quantitativa, conforme as crenças esotérico-especulativas do cristianismo imputam à Causa Primeira, Inteligência Universal, Alma Onipresente ou Aspecto Espiritual. Como exemplo de um culto que possui o aspecto exigido pelos hábitos mentais de atletas e delinquentes, podemos citar aquela ramificação militante da igreja conhecida como Exército da Salvação.[1] Na maior parte das vezes, são recrutados delinquentes de classes

---

[1]. Organização protestante não sectária com uma missão evangélica e filantrópica, o Exército da Salvação foi fundado em Londres, em 1865, por William Booth com base num modelo militar. Seu trabalho propagou-se para os Estados Unidos em 1878.

inferiores, sendo também constituída, sobretudo por sua alta hierarquia, de uma parcela muito maior de homens com histórico esportivo do que a proporção média de esportistas por habitante em qualquer outra comunidade.

Os atletas universitários são um bom exemplo. Sustenta-se a tese, por expoentes do elemento religioso na vida universitária — e parece não haver motivo para refutar essa alegação —, de que o representante atlético ideal para qualquer corpo estudantil deste país teria de ser, ao mesmo tempo, predominantemente religioso ou, no mínimo, mais dedicado às observâncias religiosas do que a média dos estudantes interessados em práticas desportivas ou competições universitárias. Hipoteticamente esse é o modelo desejado. A propósito, vale destacar que, a partir dessa perspectiva, isso parece dar crédito não só à vida esportiva da universidade como também às competições atléticas e àqueles que se ocupam dessa questão. Embora não muito frequentes, há casos em que os participantes da vida esportiva da faculdade se dedicam a propagandas religiosas, tanto por vocação quanto como uma maneira de complementar seus ganhos. Além disso, podemos observar que, quando isso acontece, eles acabam se tornando, muito provavelmente, apoiadores de alguns dos cultos mais antropomórficos. Quando se tornam professores, tendem a insistir principalmente na relação pessoal de status que subsiste entre uma divindade antropomórfica e o ser humano.

Essa íntima relação entre vida esportiva e observâncias religiosas no âmbito universitário é um fato de razoável notoriedade; mas há um aspecto peculiar ao qual não demos a devida atenção, embora seja suficientemente óbvio. O zelo religioso que permeia boa parte do elemento esportivo universitário é especialmente inclinado a se expressar com uma devoção inquestionável e uma submissão complacente e primitiva (ou até ingênua) a uma Providência inescrutável. Por conseguinte, este indivíduo busca se afiliar, de preferência, com algumas daquelas organizações religiosas que se ocupam da disseminação de conceitos exotéricos de fé — como, por exemplo, a Associação Cristã de Moços ou a *Young People's Society for Christian Endeavour*.[2] Esses órgãos laicos são estabelecidos para incentivar

---

2. A Associação Cristã de Moços foi fundada em Londres em 1844, e nos Estados Unidos, em 1851. Essa organização e também a *Young People's Society for Christian Endeavour* promoveram o bem-estar espiritual, social e físico.

a religião "na prática" e geralmente dedicam boa parte de suas energias para a promoção de competições esportivas e seus análogos, como jogos de azar e habilidade, como quem quer impor seu argumento e estabelecer rigorosamente a íntima relação entre o temperamento esportivo-caçador e a devoção arcaica. É possível até afirmar que esses tipos de esporte são vistos como tendo certa eficácia para a obtenção de graça. Aparentemente eles são úteis como uma espécie de proselitismo e como meio de sustentar a postura devota para os recém-convertidos. Em outras palavras, os jogos que colocam em prática o senso animista e a propensão emulativa ajudam a formar e conservar aquele hábito de pensamento ao qual os cultos mais exóticos são afeitos. Portanto, nas mãos das organizações leigas, essas atividades esportivas passam a funcionar tanto como um aprendizado quanto como meio de iniciação à mais profunda evolução do status da vida espiritual, o próprio privilégio de ser um comungante pleno.

Parece ser inquestionável que o exercício das propensões animistas inferiores e emulativas são extremamente úteis para o propósito da devoção, pelo fato de o sacerdócio de muitas denominações seguir, nesse contexto, a orientação das organizações leigas, que estão bastante próximas das organizações eclesiásticas, na sua insistência em colocar a religião na prática, passando de alguma forma, a adotar esse tipo de prática, ou práticas análogas, em conjunto com as observações religiosas tradicionais. Portanto, existem as "brigadas de meninos" e outras organizações, com a sanção clerical, agindo para desenvolver a aptidão emulativa e o senso de status nos membros jovens da congregação. Essas organizações pseudomilitares tendem a elaborar e acentuar a propensão à emulação e à comparação ínvida, fortalecendo, assim, o mecanismo natural de discernir e aquiescer à relação de domínio e subserviência pessoais. Assim, um devoto é acima de tudo uma pessoa que sabe obedecer e aceitar punições de bom grado.

Porém, os hábitos mentais estimulados e conservados por essas práticas não perfazem sequer metade do conteúdo dos cultos antropomórficos. O outro elemento complementar da vida religiosa — o hábito de pensamento animista — é obtido e conservado por uma segunda linha de práticas organizadas e sancionadas pelo clero, a classe de práticas de apostas, como, por exemplo, os bazares e as rifas da igreja. Para indicar o grau de legitimidade dessas práticas em relação às observâncias religiosas propriamente ditas, é importante ressaltar que essas rifas e outras oportunidades triviais semelhantes para realizar apostar, parecem cativar com mais efetividade os membros assíduos das organizações religiosas do que pessoas com um hábito mental menos devoto.

Tudo isso parece indicar, por um lado, que o mesmo temperamento tende a levar as pessoas aos esportes já que as torna propensas aos cultos antropomórficos, e, por outro lado, que o hábito de praticar esportes, talvez ainda mais com relação aos esportes atléticos, promove o desenvolvimento das propensões que se satisfazem com observâncias religiosas. Inversamente também parece que a adaptação a essas observâncias favorece o aumento de uma predileção por esportes atléticos e por todos os jogos que estimulam o hábito da comparação ínvida e da atração pela sorte. Materialmente falando, a mesma variedade de tendências se manifesta nessas duas orientações da vida espiritual. A já mencionada natureza humana bárbara, em que predomina o instinto predatório e o ponto de vista animista, costuma tender para ambos os lados. O hábito de pensamento predatório implica um senso marcante de dignidade pessoal e de classificação relativa dos indivíduos. A estrutura social, em que o hábito predatório tem sido fator dominante na formação das instituições, é uma estrutura baseada no status. A norma que permeia o estilo de vida da comunidade predatória é a relação de superiores e inferiores, nobres e lacaios, pessoas das classes dominantes e subservientes, senhorios e escravos. Os cultos antropomórficos surgiram a partir daquele estágio de desenvolvimento industrial e foram moldados pelo mesmo esquema de diferenciação econômica — uma distinção entre consumidor e produtor —, impregnados pelo mesmo princípio de dominância e de subserviência. Os cultos imputam a sua divindade os hábitos de pensamento que correspondem ao estágio de diferenciação econômica quando eles se estruturaram. A divindade antropomórfica é concebida para ser diligente em todas as questões de prioridade e tende a uma defesa da dominância e de um exercício autoritário do poder — um hábito de valer-se da força como árbitro supremo.

Nas formulações posteriores e mais maduras da crença antropomórfica, esse hábito de dominação imposto por uma divindade de presença espantosa e poder inescrutável fica condicionado à "paternidade de Deus". A postura espiritual e as aptidões atribuídas ao agente preternatural ainda figuram tanto quanto pertencem ao regime de status, mas agora assumem a característica patriarcal do estágio cultural semipacífico. Mesmo assim, ressaltar-se que, mesmo diante dessa fase avançada do culto, as observâncias expressadas na devoção visam constantemente aplacar a divindade por meio da exaltação de sua grandeza e glória e ao professar subserviência e fidelidade. O ato de expiação ou veneração é concebido para despertar o interesse a um senso de status imputado ao poder indefinível, assim, abordado. As fórmulas propiciatórias mais em voga ainda são aquelas que carregam consigo ou implicam comparação ínvida. Uma ligação de lealdade à figura de uma divindade antropomórfica dotada de tal natureza humana arcaica acarreta semelhantes capacidades arcaicas no devoto. Para o propósito da teoria econômica, a relação de fidelidade a uma entidade material ou imaterial deve ser considerada como uma variante daquela subserviência pessoal, que constitui boa parte do estilo de vida predatório e semipacífico.

A concepção bárbara de divindade, como um chefe tribal guerreiro que tende a um estilo arrogante de governar, foi profundamente amenizada pelos costumes refinados e pelos hábitos mais moderados que caracterizam aqueles estágios culturais presentes entre o período predatório primitivo e o atual. Porém, mesmo após essa moderação do conceito devocional, e a consequente mitigação das condutas e dos aspectos mais severos que são atualmente imputados ao divino, ainda persiste na noção popular da natureza e do temperamento divino um resquício bastante considerável da concepção bárbara. Então, por exemplo, ao caracterizar a divindade e suas relações com o processo vital humano, escritores e comunicadores ainda são capazes de utilizar eficazmente metáforas emprestadas do vocabulário de guerra e do estilo de vida predatório, assim como locuções que envolvem uma comparação ínvida. Figuras de linguagem de tamanha importância alcançam bons resultados quando usadas para abordar plateias modernas menos beligerantes, compostas por membros de variações mais brandas da religião. Esse uso eficaz dos epítetos e termos de comparação bárbaros por parte dos comunicadores populares indica que a geração moderna conservou uma grande admiração pela dignidade e pelo mérito das virtudes bárbaras, indicando também que há certa congruência entre a postura devota e o hábito de pensamento predatório. Só depois, quando muito, o conceito devocional dos adoradores modernos se revolta contra a imputação de emoções e ações violentas e vingativas ao objeto de adoração. Basta fazer uma observação comum para perceber que as denominações sanguinárias atribuídas à divindade possuem um valor estético e honorífico superior na visão popular. Ou seja, as insinuações contidas nesses epítetos são razoavelmente aceitáveis para nossa compreensão superficial.

> Meus olhos viram a glória da vinda do Senhor;
> Ele pisoteia as vinícolas onde são armazenadas as uvas da ira;
> Ele libertou o relâmpago fatídico de sua terrível e súbita espada;
> Sua verdade está marchando.[3]

Os costumes que orientam o hábito de pensamento de uma pessoa devota oscilam dentro do esquema de um estilo de vida arcaico, que há muito tempo perdeu sua utilidade para as exigências econômicas da vida coletiva atual. Uma vez que a organização econômica se adapta às exigências da coletividade, ela supera o regime de status e, assim, perde o lugar e a utilidade para uma relação de subserviência pessoal. Em relação à eficiência econômica da comunidade, o sentimento de fidelidade pessoal e o hábito de pensamento genérico, que se expressa por esse sentimento, são resquícios que criam obstáculos e prejudicam uma adequada adaptação das instituições humanas à situação presente. O hábito de pensamento que melhor serve aos propósitos de uma comunidade industrial e pacífica é aquele temperamento pragmático que reconhece o valor de fatos concretos simplesmente como itens triviais dentro de um mecanismo. É essa estrutura mental que não atribui instintivamente uma propensão animista às coisas, nem recorre à intervenção preternatural a fim de encontrar explicação para fenômenos desconcertantes e nem depende de uma mão invisível para moldar

---

3. "O Hino de Batalha da República", cantado ao som de "O Corpo de John Brown", foi escrito, em 1861, por Julia Ward Howe, em apoio à causa da União durante a Guerra Civil Americana. Ele se baseia em passagens do Antigo Testamento, como em Isaías 5, que detalham a ira de Deus. *The Grapes of Wrath*, o romance de protesto social de John Steinbeck publicado em 1939, tirou seu título tanto da Bíblia como dos versos de Howe — exemplos do que Veblen chamou de "epítetos sanguinários aplicados à divindade" que se tornaram "aceitáveis a nossa compreensão irrefletida" (p. 197).

o curso dos eventos a favor dos humanos. Para atender às exigências da mais alta eficiência econômica diante da modernidade, devemos nos acostumar a ver o processo mundial em termos de força e de sucessão quantitativas, desprovidas de paixões.

Vista pela perspectiva das exigências econômicas mais recentes, a devoção é aquela que deve ser observada, talvez entre todos os casos, como o resquício de uma fase precoce da vida em associação — marca do desenvolvimento espiritual atrasado. Claro, também é verdade, que numa comunidade onde a estrutura econômica ainda é, acima de tudo, um sistema de status; onde a postura do homem médio na comunidade é consequentemente moldada e adaptada à relação de dominância pessoal e subserviência pessoal; ou onde, por qualquer outro motivo — por tradição ou aptidão herdada —, a população em geral é fortemente inclinada às observâncias religiosas. Nessa comunidade, o hábito de pensamento devoto de qualquer indivíduo, não superior à média da comunidade, deve ser visto apenas como um detalhe da prática de vida predominante. À luz disso, um indivíduo devoto numa comunidade beata não pode ser chamado de um caso de reversão, já que ele está em pé de igualdade com a média da comunidade. Porém, a partir da perspectiva das condições modernas industriais, a devoção excepcional — o zelo devocional consideravelmente superior à média de devoção da comunidade — pode seguramente ser considerada, como em todos os outros casos, um aspecto atávico.

Sem dúvida, é também plausível julgar esses fenômenos a partir de uma perspectiva diferenciada, embora eles possam ser cogitados para outro propósito, e a caracterização aqui apresentada possa ser rejeitada. Considerando o ponto de vista do interesse devocional ou da inclinação devocional, pode-se dizer, com igual precisão, que a atitude espiritual cultivada nos homens pela vida industrial moderna é desfavorável para o livre desenvolvimento da vida de fé. É possível muito bem argumentar que a disciplina do recente crescimento do processo industrial tende ao "materialismo" e à eliminação da piedade filial. Do ponto de vista estético, mais uma vez, é preciso acrescentar algo de teor semelhante. Contudo, por mais plausíveis e valorosas que sejam essas e outras reflexões similares quanto a seus objetivos, elas não serviriam para a presente investigação, que está focada exclusivamente na análise desses fenômenos pela visão econômica.

A grande relevância econômica do hábito mental antropomórfico e do vício nas observâncias devocionais deve servir de justificativa para analisarmos mais um assunto minimamente desagradável como um fenômeno econômico numa comunidade tão devota quanto a nossa. As observâncias religiosas são importantes para a economia por representarem um índice da variação do temperamento, simultaneamente para o hábito de pensamento predatório, indicando a presença de traços industrialmente inúteis. Elas indicam a presença de uma atitude mental, que detém o próprio valor econômico, por intermédio de sua influência na serventia industrial do indivíduo. No entanto, elas também têm uma importância mais direta, ao modificar as atividades econômicas da comunidade, sobretudo no tocante à distribuição e ao consumo de bens.

O mais óbvio dos aspectos econômicos dessas observâncias é visto no consumo devocional de bens e serviços. O consumo de parafernálias cerimoniais exigidas por qualquer culto, na figura de oratórios, templos, igrejas, vestimentas, sacrifícios, sacramentos, trajes para dias sagrados etc., não serve a nenhum propósito material imediato. Portanto, todo esse aparato físico pode, sem querer insinuar nenhum tipo de menosprezo, ser genericamente classificado como itens de desperdício conspícuo. De maneira geral, o mesmo pode ser dito em relação aos serviços pessoais contratados no mesmo âmbito, como educação sacerdotal, serviços sacerdotais, peregrinações, jejuns, feriados, rituais caseiros, entre outros. Ao mesmo tempo, as observâncias realizadas onde se dá tal consumo servem para estender e prolongar a vigência daqueles hábitos de pensamento em que se baseia o culto antropomórfico. Em outras palavras, elas incentivam as práticas mentais características do sistema de prestígio social. Ou seja, diante das circunstâncias modernas, elas atrapalham uma organização industrial mais eficiente, sendo a princípio antagônicas ao desenvolvimento das instituições econômicas na direção exigida nas condições atuais. Para nosso estudo, os efeitos diretos e indiretos desse consumo têm um caráter de obstáculo à eficiência econômica da comunidade. Por isso, na teoria econômica, levando-se em conta suas consequências mediatas, o consumo de bens e serviços dedicados a uma divindade antropomórfica significa uma redução da vitalidade da comunidade. Quaisquer que sejam os efeitos mais abstratos, indiretos e morais dessa classe de consumo, não é possível responder de forma sucinta, sendo uma questão da qual não podemos nos encarregar neste livro.

Contudo, será fundamental ressaltar o caráter econômico geral do consumo religioso em comparação com o consumo para outras finalidades. Uma noção da variedade de razões e finalidades da qual procede o consumo religioso de bens nos ajudará a compreender o valor tanto desse tipo de consumo quanto do hábito mental análogo. Há um surpreendente paralelismo, para não dizer uma considerável congruência de motivos, entre o consumo a serviço de uma divindade antropomórfica e aquele a serviço de um cavalheiro do ócio — um chefe tribal ou patriarca — pertencente à classe social mais alta durante a cultura bárbara. Em ambos os casos, existem construções caras disponíveis para beneficiar a pessoa servida. Essas edificações, assim como as propriedades que os suplementam, não deverão ser de tipo mediano ou nível comum, mas sempre deverão ostentar elementos significativos de desperdício conspícuo. É importante salientar também que, nessas construções religiosas invariavelmente, pode ser observada uma decoração arcaica, seja na própria estrutura, seja na mobília. Portanto, os serviçais, tanto do chefe tribal quanto da divindade, também deverão se apresentar vestidos com trajes especiais e ornamentados. O aspecto econômico característico desse vestuário é de um desperdício conspícuo mais do que marcante, aliado ao aspecto secundário — mais marcante no caso dos serviçais sacerdotais do que entre os servidores ou cortesãos do líder bárbaro — de que essa vestimenta litúrgica sempre deve ter uma aparência relativamente arcaica. Da mesma forma, as roupas utilizadas pelos leigos da comunidade, quando na presença da divindade, deverão ser de um tipo mais caro do que a roupa do dia a dia. Mais uma vez, o paralelismo entre o uso do salão de audiências do chefe tribal e o santuário é igualmente notável. Nesse sentido, exige-se uma certa "pureza" cerimonial dos trajes, cuja característica essencial, no quesito econômico, é que as roupas nessas ocasiões deveriam dar o mínimo de indícios da ocupação industrial do usuário e da dependência habitual de tais empregos braçais.

Essa demanda pelo desperdício conspícuo e pela purificação cerimonial dos traços da indústria estende-se também para os acessórios da indumentária e, em menor grau, aos alimentos consumidos nos feriados sagrados, ou seja, em dias reservados — tabu — para a divindade ou para algum membro inferior dentro da hierarquia da classe ociosa sobrenatural. Na teoria econômica, os feriados sagrados obviamente devem ser encarados como um período de ócio vicário realizado em benefício da divindade ou do santo, em nome do qual o tabu é imposto e a abstenção de realizar atividades úteis nesses dias é tida como habitual para manter uma boa reputação. O aspecto característico de todos esses períodos de ócio vicário religioso é um tabu mais ou menos rígido relacionado a toda atividade que tenha utilidade para as pessoas. No caso dos dias de jejum, o ato de abstenção conspícua de ocupações lucrativas e de toda atividade que promova (materialmente) a vida humana é ainda mais acentuado pela abstinência compulsória de consumo, já que levaria ao conforto ou à plenitude da vida do consumidor.

A propósito, deve-se salientar que os feriados seculares têm a mesma origem, embora com derivações só um pouco distantes. Por muito pouca diferença, os dias genuinamente sagrados, intercalados por aniversários semissagrados de reis e grandes homens que foram, de certa forma, canonizados, confundem-se com feriados deliberadamente inventados e reservados para incentivar a boa reputação de algum evento notável ou de um fato surpreendente, o qual se busca homenagear ou percebe-se necessitar de alguns reparos da boa fama. O requinte indireto, no emprego do ócio vicário como meio de aumentar a boa reputação de um fenômeno ou data, é visto, na melhor das hipóteses, na segunda aplicação mencionada. Um dia de ócio vicário foi, em algumas comunidades, destinado ao chamado Dia do Trabalho. Essa observância foi criada para incrementar o prestígio do ato de trabalhar, conforme o arcaico método predatório de abstenção compulsória do esforço útil. Atribuímos a esse dia do "trabalho em geral" a boa reputação à força pecuniária evidenciada pela abstenção do trabalho.

Feriados sagrados e feriados em geral possuem a natureza de um tributo imposto sobre a população. O tributo é pago em ócio vicário, e o efeito honorífico que daí surge é imputado à pessoa ou ao fato por cuja boa reputação o feriado foi instituído. Esse dízimo de ócio vicário é um privilégio de todos os membros da classe ociosa sobrenatural, indispensável para o bom nome deles. *Un saint qu'on ne chôme pas [um santo sem feriado; uma pessoa a quem o povo não presta atenção], na verdade, é um santo que está em maus lençóis].*

Além desse dízimo de ócio vicário imposto sobre os leigos, há também **classes especiais de pessoas** — os vários níveis hierárquicos de sacerdotes e hierodulos — cujo tempo é totalmente reservado para esse tipo de serviço. Não cabe apenas à classe sacerdotal abster-se do trabalho vulgar, principalmente se ele for lucrativo ou visto como uma contribuição para o bem-estar profano da humanidade. O tabu na classe sacerdotal vai ainda mais longe, incorporando o requinte da proibição da busca por alguma vantagem mundana, mesmo que seja obtida sem se rebaixar aos meios industriais. Considera-se indigno do servo da divindade — ou melhor, indigno da dignidade da divindade à qual o servo se presta — que ele busque ganhos materiais ou perca seu tempo pensando em questões seculares. "De todas as coisas desprezíveis, um homem que finge pregar a palavra de Deus e prega em prol do próprio conforto e das próprias ambições é a mais desprezível."

Existe uma linha distintiva, que uma pessoa de bons costumes em termos de observância religiosa não vê dificuldade em traçar, entre ações e condutas que levam à plenitude da vida humana e aquelas que levam à boa reputação da divindade antropomórfica. A atividade da classe sacerdotal, segundo o estilo bárbaro ideal, encaixa-se totalmente nessa segunda categoria, fato que se enquadra no âmbito da economia, não chegando aos pés do mínimo de dedicação exigido pelo sacerdócio propriamente dito. As aparentes exceções, como algumas ordens monásticas medievais (cujos membros trabalhavam com um objetivo útil), raramente se opunham a essa regra. Essas ordens clericais marginalizadas não representam um elemento sacerdotal no pleno sentido da palavra. E vale ressaltar também que essas ordens supostamente sacerdotais, que toleravam que seus membros tivessem uma profissão, caíam em descrédito por transgredir o senso de decoro vigente nas comunidades onde elas se estabeleciam.

O sacerdote não deve se envolver em nenhum trabalho mecanicamente produtivo, mas deve consumir em larga escala. Porém, mesmo relacionado a seu consumo, importante mencionar que este deve ser do tipo que não proporcione conforto ou plenitude a seu consumidor: deve estar de acordo com as normas de consumo vicário vigentes, como já explicamos no capítulo sobre o tema. Não costuma ser de bom-tom para a classe sacerdotal aparecer bem alimentada ou de bom humor. Aliás, em muitas das crenças mais elaboradas, a vedação imposta para essa classe para qualquer tipo de consumo que não o vicário quase sempre chega a impor mortificações da carne. Até mesmo nas denominações modernas, que foram organizadas de acordo com as últimas formulações do credo, numa comunidade industrial moderna, sente-se que toda a frivolidade e todo o prazer declarados para o desfrute das maravilhas mundanas são alheios ao verdadeiro decoro clerical. Qualquer fato que comprove que esses serviçais de um mestre invisível levam uma vida diferente daquela da devoção à boa reputação de seu mestre, de dedicação a seus próprios objetivos, fere profundamente nossa sensibilidade como algo essencial e eternamente ruim. Eles fazem parte de uma classe servil, embora, por serem servos de um mestre elevado, pertençam a um alto nível hierárquico na pirâmide social por se apropriarem de sua luz. O consumo deles é do tipo vicário; e como seu mestre não precisa de vantagens materiais nos cultos superiores, eles praticam o ócio vicário no sentido pleno. "Portanto, quer comas ou bebas, não importa o que fizeres, assim o faça para a honra e glória de Deus."

Deve-se acrescentar também que quanto mais os leigos são assimilados ao sacerdócio no sentido de que são concebidos como servos da divindade, mais esse caráter vicário atribuído também se associa à vida laica. O alcance da utilização desse corolário é um tanto amplo. Ele se aplica, sobretudo, a movimentos de reforma ou reestruturação da vida religiosa, já que pertence a uma casta austera, piedosa e asceta — na qual o ser humano é concebido para conduzir sua vida de acordo com as diretrizes servis de seu mestre espiritual. Em outras palavras, onde falta a presença da instituição do sacerdócio, ou onde há um senso excepcionalmente vibrante da presença imediata e inspiradora da divindade nos assuntos cotidianos, nesse espaço o leigo é convidado a preencher a lacuna de uma relação servil imediata com a divindade, e sua vida é interpretada como uma performance de ócio vicário voltada a ampliar a boa reputação de seu mestre. Nesses casos de reversão, há um retorno à relação de subserviência não mediada, como o fato dominante da postura devota. A ênfase é, portanto, colocada num austero e desagradável ócio vicário, a ponto de negligenciar o consumo conspícuo como meio de obtenção da graça.

Uma questão surge quanto à total legitimidade dessa caracterização do estilo de vida sacerdotal, considerando-se que grande parte do sacerdócio moderno se espelhou em muitos de seus detalhes. O estilo não se aplica para membros de denominações que, até certo ponto, divergiram da antiga agenda estabelecida de crenças ou observâncias, que dedicam suas energias, ao menos de forma ostensiva ou permissiva, ao bem-estar secular dos leigos, tanto quanto ao deles próprios. O modo de vida desses sujeitos, não só na intimidade de seus lares, mas frequentemente até diante da opinião pública, não difere muito dos modos seculares, tanto em sua austeridade evidente quanto no arcaísmo de sua vestimenta. Esse fato é ainda mais comum naquelas denominações que mais se desviaram de suas origens. Quanto a essa exceção, é preciso dizer que não nos interessa a discrepância na teoria da vida sacerdotal, mas a imperfeita conformidade ao estilo de vida praticado por parte desse corpo clerical, cujos membros não passam de representantes parciais e imperfeitos do sacerdócio, não devendo ser considerados como modelos autênticos e competentes do estilo de vida sacerdotal. A classe clerical de seitas e outras denominações pode ser caracterizada como um sacerdócio mestiço, ou um sacerdócio em processo de transformação ou reconstituição. Pode-se imaginar que este tipo de sacerdócio apresente as características do ministério sagrado mesclado e obscurecido por motivos e tradições exóticos devido à presença inconveniente de outros fatores diferentes do animismo e do status nos propósitos das organizações, às quais pertence essa parcela sacerdotal discrepante.

Pode-se apelar diretamente ao senso de qualquer pessoa com discernimento e boa educação sobre a ética sacerdotal, ou ao senso predominante a respeito do que é composto o decoro clerical em qualquer comunidade acostumada a pensar ou tecer críticas sobre o que um clérigo pode ou não fazer sem culpa. Mesmo nas denominações extremamente secularizadas há um senso de distinção que deve ser obedecido entre o estilo de vida leigo e o sacerdotal. Não há indivíduo com sensibilidade que não sinta que, onde os membros clericais dessa denominação ou seita se desviam dos costumes tradicionais, na direção de uma postura e indumentária menos austeras ou menos arcaicas, eles estão se desviando do decoro ideal ou sacerdotal. Provavelmente não há nenhuma comunidade e nenhuma seita ao alcance da cultura ocidental em que as fronteiras dos prazeres permitidos não sejam tão favoráveis aos titulares de ministérios sacerdotais quanto aos homens leigos. Se o senso de bons modos do próprio sacerdote não impuser um limite efetivo, o senso principal de decoro da comunidade irá se impor de forma tão intrusiva que levará o clérigo a adequar-se aos costumes ou até **aposentar-se do ofício.**

Podemos acrescentar também que poucos ou raríssimos membros de qualquer estrutura clerical pedem abertamente um aumento de salário para vantagem própria. Quando tal pedido é feito pelo sacerdote, é visto como algo execrável pelo senso de decoro da congregação. Nesse contexto, também devemos ressaltar que apenas os escarnecedores e os extremamente obtusos não sentem um imediato mal-estar interno ao depararem com tolices vindas do púlpito, pois não há quem não deixe de respeitar seu pastor quando se depara com qualquer sinal de leviandade por parte dele em qualquer conjuntura da vida, a não ser a leviandade de um tipo claramente histriônico — um constrangimento inabalável da dignidade. A dicção própria ao altar e ao sacerdócio também não deve carregar nenhum indício da vida cotidiana, não devendo se basear no vocabulário do comércio ou da indústria moderna. Da mesma forma, o senso de decoro é imediatamente infringido por um trato demasiado minucioso e íntimo das questões industriais e outras questões puramente humanas nas mãos do clero. Há um certo grau de generalidade abaixo do qual um senso refinado das propriedades do discurso homilético não permitirá que um clérigo bem-educado recuse discutir assuntos seculares. Esses temas, que são apenas de interesse humano e secular, devem ser tratados com o grau de generalidade e distanciamento adequado a fim de demonstrar que o orador representa um mestre cujo interesse nas questões seculares só chega ao ponto de tolerá-los permissivamente.

Além disso, é preciso salientar que as seitas e derivações não conformes, cujo sacerdócio é tema de nossa presente discussão, variam entre si no nível de suas conformidades com o estilo ideal de vida sacerdotal. De modo geral, poderá ser atestado que a divergência nesse âmbito é mais ampla quando se trata de denominações relativamente jovens, sobretudo no caso daquelas que são constituídas especialmente por indivíduos da classe média baixa. Comumente elas apresentam uma grande mescla de motivações humanitárias, filantrópicas ou outras causas que não podem ser classificadas como expressões da atitude devocional. Por exemplo, o desejo de aprender ou de ter um bom convívio, que se tem mostrado um grande interesse por parte dos membros dessas organizações. Os movimentos não conformes ou sectários costumam proceder de uma mistura de motivos, alguns dos quais inconsistentes com aquele senso de status sobre o qual se fundamenta o ofício sacerdotal. Por vezes, de fato, a razão tem sido em grande parte uma revolta contra um sistema de classes sociais. Nessas situações, a instituição do sacerdócio não tem conseguido se sustentar, pelo menos parcialmente. A princípio, o orador desse tipo de organização é um servo e representante da organização, em vez de membro de uma classe sacerdotal especial e intérprete de um mestre divino. Apenas depois de passar por uma especialização gradual, após sucessivas gerações, esse orador reconquista a posição de sacerdote, plenamente investido da autoridade sacerdotal, guarnecido do modo de vida austero, arcaico e vicário. O mesmo acontece quando há o colapso e reintegração da liturgia após essa revolta. O sacerdócio, o estilo de vida sacerdotal e a agenda das observâncias religiosas são reinstituídos de maneira gradual e natural, com maior ou menor modificação nos detalhes, quando um persistente senso humano de decoro religioso reafirma sua primazia em questões relacionadas ao interesse no âmbito sobrenatural — e, podemos até dizer, quando a organização amplia sua riqueza, adquirindo, assim, mais das visões e dos hábitos de pensamento de uma classe ociosa.

Para além da classe sacerdotal, inserida numa hierarquia superior, geralmente vem uma classe ociosa vicária de seres sobrenaturais, como santos, anjos etc. — ou seus equivalentes nos variados cultos étnicos. Esses costumam galgar níveis, um após o outro, de acordo com um sistema elaborado de status, que permeia todo o sistema hierárquico, tanto no mundo visível quanto no invisível. A boa fama dessas diversas ordens da hierarquia sobrenatural também costuma demandar um determinado tributo de consumo e ócio vicários. Em muitos casos, existem subordens de auxiliares ou dependentes que praticam um ócio vicário por eles, mais ou menos da mesma forma que vimos acontecer em capítulo anterior sobre os dependentes da classe ociosa sob o sistema patriarcal.

Pode não parecer precipitado como essas observâncias religiosas e a peculiaridade de temperamento que elas sugerem, ou o consumo de bens e serviços que faz parte do culto, relacionam-se com a classe ociosa de uma comunidade moderna, ou com as motivações econômicas das quais essa classe é o maior expoente no estilo de vida atual. Para compreendermos o processo, será útil fazermos uma análise resumida de certos fatos que influenciam essa relação.

De acordo com uma passagem prévia dessa discussão parece que, quanto à vida coletiva atual, sobretudo no que se relaciona à eficiência industrial da comunidade moderna, os traços característicos do temperamento religioso são mais um obstáculo do que um benefício. Consequentemente se constata que a vida industrial contemporânea tende a eliminar de maneira seletiva esses traços da natureza humana da constituição espiritual das classes diretamente envolvidas no processo industrial. De certa forma, verifica-se que a devoção está em declínio ou caindo em desuso entre os membros do que pode ser chamado de comunidade industrial efetiva. Ao mesmo tempo, parece que essa aptidão ou hábito resiste com grande vigor nas classes que não se inserem de forma imediata ou primordial como um fator industrial no processo vital da comunidade.

Já mencionamos que estas classes, que vivem à margem, não dentro do processo industrial, são compostas, *grosso modo*, por duas categorias: (1) a classe ociosa propriamente dita, que fica blindada contra o estresse da situação econômica; e (2) as classes indigentes, incluindo os delinquentes de classe inferior, que são excessivamente expostos a esse estresse. No caso da primeira categoria, persiste um hábito de pensamento arcaico, porque nenhuma pressão econômica válida força essa classe a adaptar seus hábitos mentais à situação instável; ao passo que na segunda classe a razão para o fracasso na adequação de seus hábitos mentais às mudanças das exigências para a eficiência industrial é a desnutrição, ausência de energia excedente necessária para se adaptar com facilidade, associada à falta de oportunidades para alcançar e tornar-se habituado à perspectiva moderna. A tendência do processo seletivo basicamente segue na mesma direção em ambos os casos.

Sob a égide da perspectiva incutida na vida industrial moderna, fenômenos costumam estar incluídos na relação quantitativa da sequência mecânica. As classes indigentes não só ficam aquém do mínimo de ócio necessário para aprender e assimilar as mais recentes universalidades da ciência impregnadas nessa perspectiva, mas também costumam permanecer numa relação de dependência ou subserviência pessoal com seus superiores pecuniários, e acabam retardando materialmente sua emancipação dos hábitos mentais propriamente ditos do regime de status. O resultado é que essas classes, de alguma forma, conservam aquele hábito de pensamento geral cuja maior expressão é um forte senso de status pessoal, do qual a devoção é uma característica.

Nas comunidades mais antigas da região europeia, os membros da classe ociosa hereditária junto com a massa de população indigente voltam-se às observâncias religiosas com uma dedicação muito maior do que o comum da classe média industrial, onde quer que haja uma classe numerosa com este último aspecto. No entanto, em alguns desses países, as duas categorias de humanidade conservadora mencionadas compõem virtualmente toda a população. Onde essas duas classes se mostram preponderantes, suas inclinações moldam o sentimento popular a tal ponto que chegam a sufocar qualquer tendência possivelmente divergente na "insignificante" classe média, impondo uma postura de devoção à comunidade inteira.

Com certeza, isso não deve ser interpretado como uma afirmação de que tais comunidades ou tais classes, por serem excepcionalmente propensas às observâncias religiosas, tendem a adequar-se, num nível muito acima do normal, às especificações de qualquer código de ética que talvez estejamos acostumados a associar com essa ou aquela confissão de fé. Grande parte do hábito de pensamento religioso carrega consigo uma observância rígida das obrigações do decálogo ou das leis vigentes. Com efeito, tem se tornado uma espécie de lugar-comum entre os analistas da vida criminal nas comunidades europeias que as classes criminosas e depravadas são inclusive mais devotas e até mais primitivas do que a média da população. É entre aqueles que compõem a classe média econômica e as populações de cidadãos obedientes à lei em que acabamos encontrando um relativo distanciamento da postura devocional. Os indivíduos que mais apreciam os méritos das crenças e observâncias religiosas mais elevadas podem não concordar com essa afirmação, dizendo que a devoção dos delinquentes de classe inferior pratica uma devoção espúria ou, na melhor das hipóteses, supersticiosa. Sem dúvida, essa contraposição faz muito sentido e tem relação direta e convincente com o propósito pretendido. Porém, no contexto da presente análise, essas distinções extraeconômicas e extrapsicológicas devem ser necessariamente ignoradas, apesar de serem válidas e cruciais para o objetivo a que se referem.

De fato, o que ocorreu com relação às classes emancipadas do hábito da observância religiosa pode ser elucidado em razão da principal e mais recente queixa do clero — que as igrejas estão perdendo a simpatia das classes artesãs, bem como sua influência sobre elas. Ao mesmo tempo, acredita-se que ultimamente a classe média, assim geralmente denominada, também tem deixado de lado a cordialidade de seu apoio à igreja, sobretudo os homens adultos daquela classe. Os referidos fenômenos são bastante reconhecidos atualmente, e parece-nos que uma simples referência a esses fatos já deveria bastar para fundamentar essa posição geral esboçada. Tal interesse pelos fenômenos gerais de pertencer à igreja e frequentá-la pode ser suficientemente convincente para a teoria aqui apresentada. Entretanto, também será importante ao presente propósito traçar mais detalhadamente o curso dos acontecimentos e as principais forças que operaram essa mudança na postura espiritual das comunidades industriais mais avançadas atualmente. Servirá para ilustrar a maneira com que as causas econômicas atuam para a secularização do hábito de pensamento humano. Nesse sentido, a comunidade americana poderá nos oferecer um exemplo bem convincente, considerando-se que ela foi a menos afetada pelas circunstâncias externas entre as sociedades industriais igualmente importantes.

Tendo em conta que existem exceções e esporádicos desvios do curso normal dos fatos, a situação atual pode ser resumida de maneira bastante breve. Via de regra, as classes inferiores em eficiência econômica, ou em inteligência, ou ambos são particularmente devotas — a maioria da população estrangeira de classe baixa, a maioria da população rural, sobretudo nos setores com déficit educacional, em estágios prematuros de industrialização ou com relação ao contato industrial delas com o restante da comunidade. Assim como parcelas daquela que chamamos de classe indigente específica ou hereditária, ou de uma classe criminosa ou depravada, embora nessas últimas o hábito de pensamento religioso tenda a assumir a forma primitiva de uma crença animista na sorte e na eficácia de práticas xamânicas, talvez com ainda mais frequência do que a forma de uma adesão formal a qualquer crença de respeito. A classe artesã, por outro lado, chama a atenção por estar renunciando às crenças antropomórficas respeitadas e a todas as observâncias religiosas. Essa classe é especialmente exposta ao estresse intelectual e espiritual característico da indústria moderna organizada, que exige um constante reconhecimento dos fenômenos evidentes de padrão impessoal, pragmático e uma conformidade irrestrita à lei de causa e efeito. Ao mesmo tempo, essa classe não é desnutrida nem sofre com a sobrecarga de trabalho a ponto de ficar sem energia para conseguir se adaptar.

A situação da classe ociosa inferior ou duvidosa na América — a mais conhecida como classe média — é um tanto peculiar. No que diz respeito a sua vida devocional, difere se comparada com a europeia, mas a diferença está mais relacionada ao grau e ao método do que a sua essência. As igrejas ainda recebem ajuda financeira dessa classe, embora as crenças às quais essa classe se torna adepta com maior facilidade sejam relativamente pobres em conteúdo antropomórfico. Ao mesmo tempo, a congregação da classe média efetiva tende, em muitos casos, talvez de forma mais ou menos indireta, a tornar-se uma congregação de mulheres e menores. Quase inexiste fervor religioso nos homens adultos de classe média, embora persista neles uma expressiva concordância — complacente e respeitosa — com as linhas gerais do credo ao qual pertencem desde o nascimento. O cotidiano deles é conduzido de maneira mais ou menos influenciada pelo processo industrial.

Essa diferença peculiar entre os sexos, que tende a delegar as observâncias religiosas às mulheres e crianças, é devida, pelo menos em parte, ao fato de que a maioria das mulheres de classe média pertence a uma classe ociosa (vicária). O mesmo ocorre entre as mulheres de classes inferiores de artesãos, embora em menor grau. Elas vivem conforme um sistema de prestígio social herdado de um estágio inicial do desenvolvimento industrial e, por isso, preservam uma estrutura mental e ideias habituais que costumam torná-las propensas a uma perspectiva arcaica dos fatos. Ao mesmo tempo, elas não mantêm uma relação direta e orgânica com o processo industrial em geral, pois geraria uma forte pressão para que elas rompessem com aquelas ideias que, de acordo com o moderno propósito industrial, são obsoletas. Isso significa que a peculiar devoção das mulheres é uma expressão própria daquele conservadorismo que as mulheres de comunidades civilizadas, em sua grande maioria, devem a suas situações econômicas. Para o homem moderno, a relação patriarcal de status deixou completamente de ser um aspecto dominante da vida, mas, por outro lado, para as mulheres — principalmente para as de classe média, confinadas tanto pelas obrigações quanto pelas circunstâncias econômicas da "esfera doméstica" —, essa relação é o fator mais real e dominante da vida. Por conseguinte, um hábito mental favorável às observâncias religiosas e à interpretação dos fatos da vida em termos de status pessoal. A lógica e seus processos do cotidiano doméstico da mulher são transferidos para o âmbito do sobrenatural, e ela se vê dentro do lar, satisfeita com aquela variedade de ideias que, para o homem, não passam de estranhezas e imbecilidades.

Mesmo assim, os homens dessa classe não são privados de piedade, embora normalmente não seja um tipo de benevolência intenso ou exuberante. Os homens da classe média alta costumam ter uma atitude mais complacente em relação às observâncias religiosas do que os homens da classe artesã. Talvez possamos explicar em parte esse cenário dizendo que aquilo que se aplica às mulheres da classe aplica-se em menor abrangência aos homens. Essa é uma classe consideravelmente protegida, e a relação patriarcal de status nela existente, que se manifesta na vida conjugal e no uso habitual de empregados, pode também agir para conservar um hábito mental arcaico e exercer uma influência retardante sobre o processo de secularização pelo qual seus hábitos de pensamento estão sendo submetidos. No entanto, as relações do homem americano de classe média com a comunidade econômica são geralmente bastante próximas e exigentes, apesar de ser importante frisar, diga-se de passagem, que suas atividades econômicas com frequência compartilham também, de alguma forma, o caráter patriarcal e semipredatório. Para essa classe, as profissões que trazem mais boa reputação e estão mais ligadas a moldar o hábito de pensamento de seus membros são aquelas de cunho pecuniário, de que tratamos em contexto similar em capítulo anterior. Há um predomínio da relação de jugo arbitrário e submissão, e não um pouco de sagacidade, remotamente parecida com a fraude predatória. Tudo isso pertence ao modo de vida dos bárbaros predatórios, entre os quais era comum uma atitude devocional. Além disso, as observâncias religiosas são bastante enaltecidas por essa classe em virtude da reputação. Entretanto, esse incentivo à piedade merece destaque e trataremos dele a seguir.

Não existe uma classe ociosa hereditária relevante na comunidade americana, a não ser no sul do país. Essa classe ociosa sulista é relativamente voltada às observâncias religiosas, mais até do que outras classes de semelhante padrão pecuniário residentes em outras regiões. Também é sabido que as crenças do sul são mais antiquadas do que suas homólogas no norte. Paralelamente a essa vida devocional arcaica do sul, corre o desenvolvimento industrial inferior daquela região. A industrialização do sul tem apresentado atualmente, sobretudo em períodos mais recentes, um aspecto mais primitivo do que o da comunidade americana como um todo. Ela se aproxima mais do artesanato, pelos equipamentos mecânicos escassos e brutos, verificando-se a primazia do elemento de domínio e subserviência. É possível observar também que, dadas as circunstâncias econômicas peculiares dessa região, a intensa religiosidade da população do sul, tanto para brancos quanto para negros, está correlacionada a um estilo de vida que, em vários aspectos, lembra as fases bárbaras do desenvolvimento industrial. Nessa população, os crimes com características mais arcaicas são e têm sido relativamente mais comuns e menos reprováveis do que em outros lugares. Podemos citar como exemplos duelos, rixas, hostilidades, embriaguez, corridas de cavalo, rinhas, apostas e atentado violento ao pudor por parte dos homens (corroborado pelo considerável número de mulatos). Há também um senso de honra mais vívido — manifestado nas práticas esportivas e decorrente da vida predatória.

Com relação aos mais abastados do norte — a classe ociosa americana na melhor acepção do termo —, antes de mais nada, é praticamente impossível falar em atitude devocional hereditária. A ascensão dessa classe é recente demais para que ela seja capaz de transmitir bons costumes aos descendentes, ou mesmo para ter tradições passadas de pai para filho. Ainda assim, pode-se verificar ligeiramente que há uma perceptível tendência de seus membros, pelo menos para manter as aparências, a aderir a algum dos credos reconhecidos. Além disso, para essa classe, casamentos, funerais e outros eventos honoríficos são celebrados quase de maneira padronizada com pompa e circunstância religiosas. É quase impossível precisar até onde essa adesão a um credo pode ser vista como uma reversão sincera a um hábito de pensamento devoto, e até onde pode ser classificada como um caso de mimetismo defensivo simulado, visando uma absorção externa dos cânones de reputação emprestados de ideais estrangeiros. Parece estar presente uma espécie de propensão devocional essencial, a julgar principalmente pelo grau um tanto peculiar de observância ritualística em processo de desenvolvimento nos cultos de classe superior. Há uma tendência perceptível nos adoradores da classe superior a tornarem-se membros de cultos que dão uma ênfase notável às cerimônias e aos acessórios de adoração chamativos: nas igrejas onde predominam membros de classe superior existe, ao mesmo tempo, uma tendência a reforçar a ritualística mediante aspectos intelectuais da liturgia e dos aparatos das observâncias religiosas. Esse fato ocorre inclusive onde a igreja em questão pertence a uma denominação com um desenvolvimento geral relativamente sutil da liturgia e dos adornos. Essa evolução específica do elemento ritualístico é, sem dúvida, devida em parte a uma predileção por demonstrações de esbanjamento ostensivo, mas também é provável que indique parcialmente um pouco da atitude devocional dos adoradores. Até onde se aplica, indica uma forma relativamente arcaica do hábito devocional. A predominância da espetacularização em observâncias religiosas é perceptível em todas as comunidades devotas num estágio um tanto primitivo da cultura e com um ligeiro desenvolvimento intelectual. Esse fato é especialmente característico da cultura bárbara. Nas observâncias devocionais, ocorre de maneira bastante uniforme um apelo direto às emoções por meio de todas as vias sensoriais. Verifica-se que está inequivocamente presente uma tendência a retornar a esse método primitivo e sensorial de apelo nas igrejas atuais da classe superior. É perceptível num grau menos intenso nos cultos que reivindicam o comprometimento da classe ociosa inferior e das classes intermediárias. Há uma reversão ao uso de luzes coloridas e espetáculos reluzentes, um uso mais liberado de símbolos, incensos e músicas orquestrais, e até se pode detectar, seja nos "processionais" e "recessionais", seja nas variantes cada vez mais rebuscadas de genuflexão, uma reversão incipiente a um componente tão ancestral de adoração quanto a dança sacra.

Essa reversão às observâncias de espetacularização não se restringe aos cultos da classe superior, embora encontre sua melhor exemplificação e ênfase nas altas castas sociais e pecuniárias. Os cultos da parcela devota da classe inferior da comunidade, tais como os negros do sul e os estrangeiros menos favorecidos da população, claramente também apresentam uma forte inclinação a rituais, simbolismos e espetacularizações — como era de se esperar pelos antecedentes e por conta do nível cultural dessas classes, em que a prevalência de rituais e do antropomorfismo não é muito uma questão de reversão, mas de desenvolvimento continuado a partir do passado. Entretanto, o uso de rituais e características relacionadas à devoção também tem se difundido para outras direções. Nos primórdios da comunidade americana, as principais denominações começaram com liturgias e adornos de simplicidade austera, mas é sabido por todos que, com o passar do tempo, essas denominações adotaram, em diversos graus, muitos dos elementos espetaculares a que elas um dia renunciaram. Via de regra, esse desenvolvimento seguiu de mãos dadas com o crescimento da riqueza e do conforto da vida dos adoradores, encontrando sua maior expressão nas classes de maior riqueza e reputação.

As causas decorrentes dessa estratificação pecuniária da devoção já foram indicadas brevemente quando falamos das diferenças nos hábitos mentais das classes. Essas distinções entre classes quanto à devoção são nada mais que uma expressão especial de um fato genérico. A lealdade frouxa da classe média inferior, ou o que pode amplamente ser chamado de fracasso da piedade filial dessa classe, é bem perceptível nas populações urbanas engajadas nas indústrias mecânicas. De forma geral, não se pode esperar, no momento presente, que haja uma piedade filial inequívoca naquelas classes em que os trabalhadores são na maioria engenheiros e mecânicos, pois essas profissões são, de certa forma, um fato moderno. Os artesãos de outrora, que atendiam a um propósito industrial semelhante ao que hoje é desempenhado pelo mecânico, não eram igualmente refratários à disciplina religiosa. A atividade habitual dos homens envolvidos nesses ramos industriais mudou muito, sobretudo relacionado a sua disciplina intelectual, desde que os processos industriais modernos entraram em uso, e a disciplina a que o mecânico é exposto em suas funções diárias afeta os métodos e padrões racionais também em temas não relacionados diretamente a seu cotidiano profissional. A familiaridade com os processos industriais organizadíssimos e extremamente impessoais das ações atuais interfere nos hábitos mentais animistas. Assim, as profissões estão cada vez mais se tornando atos exclusivamente criteriosos e gerenciais de um processo sequencial frio e mecânico. Contanto que o indivíduo seja a principal e típica força motriz do processo; contanto que o aspecto ostensivo do processo industrial seja a força e destreza das habilidades manuais do indivíduo; contanto que o hábito de interpretar fenômenos em termos de motivação e propensão pessoal não sofra interferências consideráveis e constantes por meio de fatos a ponto de conduzir a sua eliminação. Porém, nos mais recentes processos industriais desenvolvidos, nos quais as forças motrizes e adereços a eles inerentes têm características impessoais e não individuais, as bases de generalização habitualmente presentes no pensamento do trabalhador e o ponto de vista a partir do qual ele normalmente absorve os fenômenos passam a ser um conhecimento obrigatório de sequência pragmática. O resultado, no que diz respeito à vida de fé do trabalhador, é uma predisposição ao ceticismo desprovido de religiosidade.

Parece, então, que o hábito de pensamento devoto atinge sua maior evolução quando se submete a uma cultura relativamente arcaica — com o termo "devoto" sendo aqui usado obviamente em seu sentido meramente antropológico, sem querer fazer nenhuma insinuação a respeito da atitude espiritual mencionada, a não ser por uma tendência às observâncias religiosas. Parece-nos também que essa atitude devota marca um tipo de natureza humana que está em maior consonância com o estilo de vida predatório do que com o posterior, mais consistente e organicamente industrial processo de vida da comunidade. É em larga medida uma expressão do arcaico senso habitual de status pessoal — a relação de domínio e subserviência —, por isso encaixa-se no esquema industrial da cultura predatória e semipacífica, mas não se adapta ao esquema industrial da atualidade. Afigura-se também que esse hábito persiste com a maior das intensidades entre as classes das comunidades modernas, cujo cotidiano está mais distante dos processos industriais mecânicos, igualmente conservadoras em outros temas; embora para essas classes acostumadas ao contato direto com os processos industriais modernos, cujas mentalidades habituais são, portanto, expostas à força arrebatadora das necessidades tecnológicas, aquela interpretação animista dos fenômenos e a distinção entre as pessoas decorrente da observância religiosa estejam em processo de obsolescência. Parece também — com relação especialmente à presente discussão — que o hábito religioso, até certo ponto, torna-se mais abrangente e elaborado em classes de comunidades modernas que vêm acumulando riquezas e lazer de maneira mais notável. Nesse e em outros aspectos, a instituição de uma classe ociosa age para conservar, e até reabilitar, o tipo arcaico de natureza humana e aqueles elementos da cultura arcaica, que a evolução da sociedade industrial em seus estágios mais recentes tem agido para eliminar.

CAPÍTULO 13

RESQUÍCIOS DE INTERESSES NÃO ÍNVIDOS

Com o tempo, em proporções cada vez maiores, o culto antropomórfico, com seu código de observâncias religiosas, sofre uma paulatina desintegração em razão da pressão das exigências econômicas e do declínio do sistema de prestígio social. À medida que essa desintegração avança, passam a ser associados e mesclados com a atitude religiosa alguns outros motivos e impulsos que nem sempre têm raízes antropomórficas, tampouco se originam do hábito de subserviência pessoal. Nem todos os impulsos subsidiários que se misturam com o hábito de devoção na vida religiosa recente estão totalmente relacionados com a atitude devocional ou com a noção antropomórfica da sequência de fenômenos. Como a origem não é a mesma, suas influências sobre o estilo de vida devocional também não vão no mesmo sentido. Em muitos aspectos, eles transpõem a norma subjacente de subserviência ou vida vicária, cujas origens substanciais residem no código de observâncias religiosas e nas instituições eclesiásticas e sacerdotais. Por causa da presença desses motivos adversos, o regime de status social e industrial gradualmente se desintegra, e o cânone da subserviência pessoal perde o apoio advindo de uma tradição perene. Hábitos e predisposições extrínsecas invadem o campo de atuação ocupado por esse cânone, e as estruturas eclesiásticas e sacerdotais são parcialmente adaptadas para outros fins atuais, em certa medida, estranhos aos objetivos do estilo de vida religioso, como aquele dos tempos do desenvolvimento mais vigoro e característico do sacerdócio.

Entre os motivos adversos que afetaram o estilo religioso em sua recente evolução, podemos citar os propósitos de caridade e companheirismo social, ou da boa convivência; ou, em termos mais gerais, as várias expressões do senso humano de solidariedade e compaixão. Vale acrescentar que esses usos extrínsecos à estrutura eclesiástica contribuem materialmente para sua sobrevivência em nome e em forma, mesmo entre aqueles que podem estar prontos para renunciar a seus fundamentos. Um elemento adverso ainda mais característico e mais penetrante dos motivos que sustentaram formalmente o estilo de vida devoto é aquele senso desrespeitoso de congruência estética com o ambiente, um resquício da adoração moderna após a eliminação de seu teor antropomórfico. O fato contribuiu bastante para a manutenção da instituição sacerdotal ao misturar-se com o motivo da subserviência. Esse senso de impulso da congruência estética não possui primordialmente um caráter econômico, mas tem um efeito indireto considerável em adaptar o hábito mental do indivíduo para fins econômicos nos estágios posteriores do desenvolvimento industrial. Nesse sentido, seu efeito mais perceptível vai na direção de mitigar o viés egocêntrico ligeiramente pronunciado que foi transmitido pela tradição das fases mais antigas e relacionadas ao regime de prestígio social. Por conseguinte, a relevância econômica desse impulso é vista como entremeada com a da atitude religiosa; a primeira complementará, se não eliminar, o viés egocêntrico por meio da refutação da antítese ou do antagonismo entre ego e não ego; enquanto a segunda, por ser expressão do senso de dominação e subserviência pessoal, acentuará essa antítese e reforçará a divergência entre o interesse egocêntrico e os interesses do processo vital humano genérico.

Esse resquício não ínvido da vida religiosa — o senso de comunhão com o ambiente ou com o processo vital genérico — e o impulso de caridade ou sociabilidade agem de maneira persuasiva para determinar os hábitos mentais dos homens para o propósito econômico. Entretanto, a atuação de toda essa classe de predisposições é um tanto vaga, e seus efeitos são difíceis de identificar em detalhes. No entanto, tudo parece tão claro que a atuação dessa classe inteira de motivos ou aptidões tende a uma direção contrária aos princípios subjacentes da instituição da classe ociosa, como já formulamos. A base dessa instituição, assim como dos cultos antropomórficos associados a ela no desenvolvimento cultural, é o hábito da comparação ínvida, sendo incompatível com o exercício das aptidões ora discutidas. Os cânones fundamentais do estilo de vida da classe ociosa são uma ostensiva perda de tempo e energia, estabelecendo um distanciamento do processo industrial. Já as aptidões específicas aqui mencionadas são reforçadas, do ponto de vista econômico, ao menosprezar o desperdício e o modo de vida fútil, incentivando a participação ou a identificação com o processo vital, seja ele econômico, seja ele relacionado a qualquer outro de seus estágios ou aspectos.

Está claro que essas aptidões e esses hábitos de vida a que eles dão origem, em que as circunstâncias favorecem sua expressão ou consolidam-se de maneira dominante, vão de encontro ao estilo de vida da classe ociosa. Contudo, não está claro se a vida segundo a estrutura da classe ociosa, como vista nos estágios recentes de seu desenvolvimento, tende invariavelmente à repressão dessas aptidões ou à dispensa dos hábitos mentais em que estas se expressam. A disciplina positiva do estilo de vida da classe ociosa vai exatamente na contramão. Com relação a sua disciplina positiva, tanto por obrigação quanto por eliminação seletiva, o esquema de vida da classe ociosa favorece a primazia onipresente e onipotente dos cânones do desperdício e da comparação ínvida em todas as conjunturas da vida. Porém, em relação a seus efeitos negativos, a tendência da disciplina da classe ociosa não é tão fiel a seus cânones fundamentais. Quanto a regular a atividade humana visando à decência pecuniária, o cânone da classe ociosa insiste para que haja um afastamento do processo industrial. Em outras palavras, ele inibe a atividade para a qual os membros miseráveis da comunidade costumam direcionar seus esforços. Em especial no caso das mulheres, mais especificamente no que diz respeito às mulheres de classe alta e classe média alta de comunidades industriais avançadas, essa inibição chega ao ponto de insistir no afastamento até mesmo do processo emulativo de acumulação pelos métodos semipredatórios das ocupações pecuniárias.

A cultura pecuniária ou a cultura da classe ociosa, que se apresentava como uma variante emulativa do impulso ao trabalho artesanal, em seus mais recentes desdobramentos, tem começado a neutralizar seus próprios alicerces, eliminando o hábito da comparação ínvida relacionada à eficiência ou à reputação pecuniária. Por outro lado, o fato de que membros da classe ociosa, tanto homens quanto mulheres, estão dispensados, até certo ponto, da necessidade de encontrar um sustento mediante a concorrência com seus pares possibilita não só a sobrevivência de seus integrantes, mas, dentro dos limites, que eles sigam suas inclinações, caso não sejam dotados das aptidões básicas para serem bem-sucedidos num ambiente de livre iniciativa. Isso quer dizer que, de acordo com o mais recente e mais completo aperfeiçoamento da instituição, o sustento dos membros dessa classe não depende de possuir ou colocar em constante prática aquelas aptidões que caracterizam o homem predatório bem-sucedido. Portanto, as chances de sobrevivência para indivíduos desprovidos dessas aptidões são maiores nos mais altos postos da classe ociosa do que na média de uma população submetida à livre concorrência.

Discutimos em capítulo anterior as condições de sobrevivência dos traços arcaicos, e a situação peculiar da classe ociosa que proporciona oportunidades excepcionalmente favoráveis à persistência de traços que caracterizam os tipos de natureza humana próprios de um estágio cultural primitivo e obsoleto. A classe é protegida da pressão das exigências econômicas, ficando assim dispensada do impacto vulgar de forças que demandam adaptação à situação econômica. Já discutimos aqui a respeito da continuidade na classe ociosa e do estilo de vida de traços e características que remetem à cultura predatória. Essas aptidões e hábitos têm grandes chances de sobreviver sob o regime da classe ociosa, pois a condição pecuniária privilegiada da classe ociosa não só proporciona uma situação favorável para a sobrevivência de tais indivíduos — não são dotados do conjunto de aptidões necessárias para a operacionalidade no processo industrial moderno — como os cânones de reputação da classe ociosa, ao mesmo tempo, impõem a atividade conspícua de certas aptidões predatórias. As funções para que são utilizadas as aptidões predatórias servem como evidência de riqueza, bom nascimento e dispensa do processo industrial. A continuidade dos traços predatórios na cultura da classe ociosa é promovida tanto negativamente — pela dispensa da classe em tarefas industriais — quanto positivamente — pela sanção dos cânones de decoro da classe ociosa.

Todavia, quanto à conservação dos traços característicos da cultura selvagem antipredatória, a situação muda de figura. A posição privilegiada da classe ociosa também favorece a persistência desses traços, mas o desempenho das aptidões para paz e bem-estar não tem a sanção afirmativa do código de decoro. Indivíduos dotados de um temperamento que remonta à cultura antipredatória são colocados numa posição de relativa vantagem dentro da classe ociosa, se comparados com pessoas igualmente talentosas extrínsecas à classe, considerando que elas não têm uma necessidade pecuniária de impedir que essas aptidões contribuam para uma vida não competitiva. Entretanto, tais indivíduos ainda são expostos a uma espécie de restrição moral que os leva a desconsiderar essas inclinações, na medida em que o código de etiqueta impõe sobre eles costumes baseados nas aptidões predatórias. Enquanto o sistema de prestígio social permanecer intacto e a classe ociosa puder aderir a outros ramos de atividade não industrial em vez de continuar matando o tempo com tarefas cansativas inúteis e sem propósito, não se poderá esperar nenhum desvio relevante do estilo de vida respeitável dessa classe. Nessa fase, a ocorrência do temperamento não predatório na classe deve ser concebida como um caso de reversão esporádica. Porém, as soluções não industriais respeitáveis para a propensão humana à atividade logo sucumbem devido ao avanço do desenvolvimento econômico, ao desaparecimento da caça de grande porte, ao declínio da guerra, à obsolescência do governo proprietário e à decadência da função sacerdotal. Quando isso ocorre, a situação começa a mudar. A vida humana busca se expressar de um jeito ou de outro, e caso a solução predatória falhe, busca-se alívio em outro lugar.

Como já mencionado, a isenção da pressão pecuniária tem sido aplicada em maior grau no caso das mulheres de classe ociosa das comunidades industriais avançadas do que em qualquer outro grupo relevante de pessoas. Por isso, presume-se que as mulheres demonstrem uma reversão mais acentuada a um temperamento não ínvido em comparação aos homens. Contudo, observa-se também nos homens da classe ociosa um aumento perceptível em variedade e alcance das atividades decorrentes das aptidões que não são classificadas como egocêntricas, cuja finalidade não é uma distinção ínvida. Por isso, a maioria dos homens relacionados com a indústria no sentido de gerenciar financeiramente uma empresa tem interesse e orgulho ao ver que o trabalho está sendo bem feito e é industrialmente eficaz, não pensando no lucro resultante de qualquer melhoria nesse sentido. Os esforços das organizações comerciais de clubes e fabricantes nessa direção do progresso não ínvido da eficiência industrial também são bastante conhecidos.

A tendência a querer um objetivo de vida que não seja ínvido tem se mostrado presente em inúmeras organizações, podendo ser algum trabalho de caridade ou de aprimoramento social. Essas organizações quase sempre têm um caráter semirreligioso ou pseudorreligioso, sendo compostas tanto por homens quanto por mulheres. Se pararmos para pensar, não faltarão exemplos para citar, mas para o presente propósito de indicar a variedade das propensões e caracterizá-las, citaremos alguns casos concretos mais óbvios. Por exemplo, as manifestações a favor do movimento pela temperança e reformas sociais do sistema prisional, para a universalização da educação, para a supressão dos vícios e para evitar a guerra mediante arbitragem, desarmamento ou outros meios. Em certa medida, as organizações *University Settlement e Neighbourhood Guilds*,[1] aquelas várias simbolizadas pela

---

1. N. do T.: As duas organizações citadas existem até hoje. São instituições voltadas ao acolhimento de imigrantes e populações menos favorecidas.

Associação Cristã de Moços e pela *Young People's Society for Christian Endeavour*, grupos de costura, clubes sociais, artísticos e até comerciais. Já em menor proporção, são também as fundações pecuniárias público-privadas criadas para a caridade, educação ou diversão, sejam elas mantidas por indivíduos abastados, sejam por contribuições arrecadadas de pessoas com menor poder aquisitivo — uma vez que esses estabelecimentos não têm caráter religioso.

Claro que não queremos dizer com isso que esses esforços são motivados por razões completamente altruístas. Podemos afirmar, sim, que existem outras razões presentes nessas situações, e esse tipo de esforço, predominante muito mais nas circunstâncias da vida moderna industrial do que no regime intacto do princípio de status, indica a presença de um efetivo ceticismo na vida moderna com relação à plena legitimidade de um estilo de vida emulativo. Salta aos nossos olhos ter se tornado uma brincadeira comum o fato de motivos desconexos estarem normalmente presentes entre os incentivos para essa classe trabalhadora — razões de natureza egocêntrica, especialmente a da distinção ínvida. Até certo ponto, é verdade que muitas obras notavelmente generosas e dotadas de espírito público, sem dúvida nenhuma, foram iniciadas e conduzidas primordialmente a fim a incrementar a boa reputação ou o ganho pecuniário daqueles que as promoveram. No caso de alguns grupos relevantes de organizações ou estabelecimentos desse tipo, o motivo ínvido é aparentemente dominante tanto para seus fomentadores quanto para seus apoiadores. Essa última observação tem aplicabilidade sobretudo no que diz respeito a tais obras, pois elas promovem o bom nome de seus agentes por meio de gastos exorbitantes e conspícuos, como, por exemplo, a fundação de uma universidade, uma biblioteca pública ou um museu. No entanto, isso também é válido — talvez na mesma proporção — para obras mais comuns de participação nessas organizações e nesses movimentos, já que são organizações notadamente de classe alta, que servem para atestar a reputação pecuniária de seus membros e para lembrar com gratidão de sua posição superior, apontando o contraste entre eles e a humanidade inferior, que deverá ser submetida a uma obra de benfeitoria; como, por exemplo, o *University Settlement*, que no momento está na moda. Entretanto, após todas as isenções e deduções serem aplicadas, restam alguns motivos de tipo não emulativo. O próprio fato de que distinção ou bom nome sejam buscados por esse método coloca em evidência um senso dominante da legitimidade e da genuína presença presumida de um interesse não emulativo e não ínvido, sendo esse um fator elementar no hábito de pensamento das comunidades modernas.

Em todo esse conjunto moderno de atividades da classe ociosa que provêm de um interesse não ínvido e não religioso, nota-se que as mulheres têm uma participação mais ativa e persistente do que os homens — exceto, é claro, no caso de obras que exigem investimentos de grande monta. A situação de dependência pecuniária das mulheres impede que elas atuem em obras que importem grandes gastos. No que concerne à ampla gama de obras de benfeitoria, os membros do sacerdócio ou clero das seitas menos inocentes em sua devoção, ou das denominações secularizadas, estão associados com a classe das mulheres. Pelo menos em teoria. Da mesma forma, em outras relações econômicas, esse clero se encontra numa posição relativamente ambígua entre as classes de mulheres e de homens focados em conquistas econômicas. Por questão de tradição e de senso prevalente de bons modos, tanto o clero quanto as mulheres das classes abastadas podem ser enquadrados numa classe ociosa vicária. Em ambas as classes, a característica principal que formará o hábito de pensamento da classe é a relação de subserviência — ou seja, uma relação econômica concebida em termos pessoais; consequentemente, nessas classes, percebe-se uma particular tendência a interpretar fenômenos sob uma visão de relação pessoal em vez de sequência causal. Elas são muito inibidas pelos cânones de decoro dos processos formalmente impuros das ocupações lucrativas ou produtivas, tornando a participação no processo industrial da vida moderna uma impossibilidade moral. O resultado dessa exclusão cerimonial do esforço produtivo de tipo vulgar é enviar uma parcela considerável das energias das modernas classes feminina e sacerdotal para serviços que não sejam interesseiros. O código não permite que a vontade de praticar ações propositivas se expresse de formas alternativas. No caso das mulheres da classe ociosa, o efeito de uma constante inibição das atividades industrialmente úteis se apresenta na forma de uma afirmação incansável do impulso ao trabalho eficaz em direções diversas da atividade comercial.

Como já mencionamos, o cotidiano das mulheres abastadas e do clero possui um elemento de status mais preponderante do que o da média dos homens, em especial dos homens envolvidos em profissões industriais modernas propriamente ditas. Por conseguinte, a atitude devota se mantém mais bem preservada naquelas classes do que entre os homens das comunidades modernas. Logo, uma parcela relevante da energia que busca se expressar por meio de uma atividade não lucrativa entre os membros das classes ociosas vicárias pode acabar se dedicando a observâncias religiosas e obras de caridade. Por isso, em parte, vemos um excesso de propensões religiosas nas mulheres, como falamos no último capítulo. Mas é importante notar, principalmente na presente questão, o efeito dessa tendência em moldar as ações e influenciar os propósitos dos movimentos e organizações não lucrativas que estamos discutindo. Onde essa influência religiosa está presente verifica-se uma redução imediata na eficiência das organizações, não importando o objetivo econômico para o qual elas estejam voltando seus esforços. Muitas organizações, sejam elas de caridade, sejam de benfeitorias, dividem suas atenções entre o bem-estar devocional e secular daqueles cujos interesses elas procuram promover. Praticamente não há dúvida de que, se elas dedicassem atenção e esforços igualmente sérios, porém focados nos interesses seculares desses indivíduos, o valor econômico imediato desse trabalho seria consideravelmente maior. Claro que poderíamos igualmente afirmar — se coubesse a nós essa discussão — que a eficiência imediata dessas benfeitorias, sob o ponto de vista religioso, teria uma abrangência muito maior se não fosse tolhida pelos motivos e objetivos seculares que normalmente se apresentam.

Devemos fazer algumas deduções do valor econômico dessa classe de iniciativas não ínvidas em razão da intromissão do interesse devocional. Contudo, também é necessário que se façam deduções em razão da presença de motivos alheios que, de maneira mais ou menos ampla, permeiam a tendência econômica dessa expressão não emulativa do instinto ao trabalho eficaz. Em certa medida, isso é válido mediante uma análise mais aprofundada, quando todos os aspectos são levados em consideração, podendo até parecer que essa classe geral de iniciativas tem um valor econômico completamente dúbio — caso mensurado em termos da plenitude ou facilidade de vida dos indivíduos ou classes a quem a benesse da iniciativa é direcionada. Por exemplo, muitos dos esforços atuais, que são respeitáveis em benefício das populações mais humildes das grandes cidades, têm, em grande parte, a natureza de um dever cultural. Por isso, pretende-se acelerar o ritmo com que determinados elementos da cultura das classes altas encontram aceitação no cotidiano das classes inferiores. A solicitude dos "assentamentos", por exemplo, é parcialmente direcionada para incrementar a eficiência industrial dos meios disponíveis, mas, de forma não menos sistemática, também é direcionada a infundir nas mentes alheias, por recomendação e exemplo, certas filigranas da etiqueta da classe alta em questões de costumes e bons modos. O fundamento econômico desses hábitos será facilmente verificado, se olharmos mais de perto, em desperdícios conspícuos de tempo e dinheiro. Essas pessoas boas que saem para humanizar os pobres são normalmente — e deliberadamente — demasiado escrupulosas e silenciosamente insistentes em questões de decoro e de hábitos de decência. Em geral, são indivíduos de vida exemplar, dotados de uma obstinada insistência na pureza cerimonial dos vários itens que consomem todos os dias. A eficácia cultural ou civilizadora dessa infusão de hábitos de pensamento adequados ao consumo de tempo e *commodities* não pode de forma alguma ser superdimensionada; tampouco seu valor econômico para o indivíduo que adquire esses ideais superiores e mais respeitáveis de forma negligente. Diante das circunstâncias da cultura pecuniária vigente, a reputação e o consequente sucesso do indivíduo dependem muito de sua proficiência nos métodos de consumo e na postura assumida que sugere desperdício de tempo e recursos. Mas, em relação à relevância econômica posterior desse treinamento em métodos de vida mais dignos, é preciso que se diga que o efeito obtido é, em grande parte, uma substituição de métodos mais custosos ou menos eficientes para obter os mesmos resultados materiais — em situações nas quais o resultado é o fato de importante valor econômico. A ideia de cultura é, na maioria das vezes, um processo de incutir novos gostos, ou melhor, um novo conjunto de etiquetas, que foram adaptadas ao estilo de vida da classe superior sob a orientação da formulação criada pela classe ociosa de princípios de status e decoro pecuniário. Esse novo conjunto de etiquetas é incutido no estilo de vida da classe inferior por meio do código elaborado por uma parte da população, cuja vida não se coaduna com o processo industrial, e esse conjunto intrusivo provavelmente não será capaz de se adaptar melhor às exigências de vida dessas classes inferiores do que os costumes que já vigoram nelas; sobretudo, são menos adequados do que o conjunto de hábitos que eles próprios desenvolvem em virtude das pressões da vida industrial moderna.

Com isso, é claro, não se questiona o fato de que as etiquetas do conjunto substituto sejam mais decentes do que as antecessoras. A dúvida que resta é simplesmente quanto à conveniência econômica desse trabalho de regeneração — em outras palavras, a vantagem quanto à relevância material e imediata com que os efeitos da mudança podem ser atestados com certo nível de confiabilidade, para além da perspectiva do indivíduo, para as oportunidades de vida para a coletividade. Assim, para uma compreensão da conveniência econômica dessas iniciativas de aprimoramento, seu trabalho efetivo não pode ser avaliado pelo valor aparente, mesmo quando a meta da iniciativa seja, a princípio, um valor econômico e quando o interesse dela oriundo não tenha nenhum fundamento egocêntrico ou ínvido. A reforma econômica realizada tem, acima de tudo, uma natureza de permutação dos métodos de desperdício conspícuo.

Porém, é preciso que se diga mais quanto ao caráter dos motivos altruístas e dos cânones de procedimento em todas as ações dessa classe que é afetada pelo hábito de pensamento habitual característico da cultura pecuniária; o que pode levar a limitar ainda mais as conclusões a que chegamos. Como vimos em capítulo anterior, segundo a cultura pecuniária, os cânones de respeitabilidade ou de decoro insistem no hábito de realizar esforços fúteis como marca de uma vida financeiramente irrepreensível. Daí resulta não apenas um hábito de desapreço por ocupações úteis, mas também a geração de determinadas consequências que orientam as ações de qualquer grupo de pessoas que reivindique uma boa reputação social. Há uma tradição que requer que um indivíduo não tenha familiaridade com nenhum processo ou detalhe relacionado às necessidades materiais da vida. Poderá ter mérito aquele que demonstrar um interesse quantitativo no bem-estar dos pobres, seja por meio de doações, seja trabalhando na gestão de associações e similares. Talvez poderá ter ainda mais mérito o indivíduo que demonstrar uma preocupação genérica ou aprofundada pelo incremento cultural dos desamparados, na forma de artifícios para refinar o bom gosto dessas pessoas e dando-lhes oportunidades para que se elevem espiritualmente. No entanto, ele não deverá revelar um profundo conhecimento das circunstâncias materiais da vida vulgar ou do hábito de pensamento das classes vulgares, já que isso direcionaria de fato os esforços dessas organizações a um objetivo materialmente útil. Essa relutância em admitir que há um conhecimento mais aprofundado e detalhado das condições de vida da classe inferior prevalece, é claro, de maneiras muito distintas para cada indivíduo, mas é bastante comum encontrá-la em qualquer organização já mencionada, exibindo profunda influência no curso de suas ações. Em razão do acúmulo de ações para moldar os costumes e exemplos dessas agremiações, essa resistência à imputação de familiaridade indecorosa com a vida vulgar faz com que gradualmente sejam deixados de lado os motivos originais da iniciativa, favorecendo certos princípios básicos da boa reputação, que, no fim das contas, limitam-se apenas ao mérito pecuniário. Tanto que, numa organização de longa data, o motivo inicial para promover oportunidades de vida nessas classes se transforma, pouco a pouco, num mero motivo ostensível, e o trabalho efetivo da organização — de natureza vulgar — acaba caindo no esquecimento.

O que se aplica quanto à eficiência das organizações de trabalho não ínvido também vale para o trabalho de indivíduos que se baseiam nos mesmos motivos, embora talvez seja válido quando há mais limitação para os indivíduos do que para as iniciativas organizadas. O hábito de medir o mérito pela régua dos cânones da classe ociosa de esbanjamento dispendioso e da falta de familiaridade com a vida vulgar, pela visão da produção ou do consumo, é indiscutivelmente forte nos indivíduos que desejam realizar algum trabalho de utilidade pública. Se o cidadão acabar se esquecendo de sua posição e direcionar seus esforços ao progresso vulgar, o senso comum da comunidade — o senso de decoro pecuniário — rejeitará imediatamente seu trabalho e trará o indivíduo de volta com os pés no chão. Um exemplo é visto na administração de legados deixados por homens de espírito público com o único propósito (pelo menos ostensivamente) de promover facilidades para a humanidade em algum âmbito específico. Nos últimos tempos, os legados mais comuns deixados por essa classe são escolas, bibliotecas, hospitais e casas de repouso para enfermos ou desafortunados. Nesses casos, o motivo declarado pelo doador é o de melhorar as condições humanas no contexto específico para o qual o legado foi deixado; mas invariavelmente, assim que a obra for colocada em prática, poderá ser constatado que não são poucos os motivos que estão presentes — frequentemente incompatíveis com o original — e determinam o caráter específico de boa parte daquilo que foi destinado. Por exemplo, certos recursos podem ter sido doados a uma fundação para abrigar menores abandonados ou uma casa de repouso para deficientes físicos. O desvio de verbas que serão utilizadas com desperdício honorífico nesses casos é tão comum que não nos causa estranheza — nem sequer nos surpreende. Parte considerável dos fundos é gasta na construção de um edifício com uma fachada de mármore caríssimo — embora esteticamente questionável —, coberta com detalhes grotescos, incoerentes e projetado com suas muralhas e torres balaustradas e seus imensos portais e pontos estratégicos, para sugerir certas metodologias bélicas dos bárbaros. O interior da estrutura exibe a mesma orientação dominante dos cânones de desperdício conspícuo e exploração predatória. As janelas, por exemplo, para não nos aprofundarmos demais nos detalhes, são dispostas com o objetivo de impressionar, com sua excelência pecuniária, qualquer observador desprevenido do lado de fora, não dando a mínima para a efetividade do objetivo ostensivo, que é a conveniência ou conforto dos beneficiados no interior. Além disso, requer-se que os detalhes do *design* interior estejam de acordo, da melhor forma possível, com essa estranha, mas imperiosa exigência de beleza pecuniária.

Diante disso, é óbvio que não se deve presumir que o doador veria esses feitos com maus olhos, ou que teria feito de outra forma se tivesse realizado a obra pessoalmente. Parece que, nos casos em que o benfeitor assume as rédeas do projeto — quando a iniciativa é empreendida sob supervisão e investimentos diretos, em vez de ser elaborada como um legado —, os objetivos e métodos de gestão não diferem em nada. Tampouco os beneficiários ou os observadores externos, cujo conforto ou vaidade não são diretamente afetados, ficariam satisfeitos com uma destinação diferente dos investimentos. Não seria bom para ninguém a iniciativa ser conduzida com vistas apenas ao uso mais econômico e eficaz dos meios disponíveis para a finalidade material original da fundação. Todos os envolvidos, seja o interesse deles imediato e egocêntrico, seja meramente contemplativo, concordam que uma parcela importante do gasto deveria ser destinada às necessidades mais elevadas ou espirituais decorrentes do hábito de comparação ínvida na exploração predatória e no desperdício pecuniário. Essa situação só vem a afirmar que os cânones de reputação emulativa e pecuniária permeiam o senso comum da comunidade ao ponto de não permitir que exista fuga ou evasão, mesmo no caso de uma iniciativa que persevere completa e ostensivamente com base num interesse não ínvido.

Pode até ser que a iniciativa deva sua virtude honorífica, como meio de inflar a boa reputação do doador, à imputada atuação desse motivo não ínvido, mas isso não impede que o interesse ínvido oriente os gastos. A efetiva presença dos motivos de origem emulativa ou ínvida em obras não emulativas pode estar minuciosamente manifestada em qualquer das classes de iniciativa supracitadas. Onde essas minúcias honoríficas se manifestam, elas geralmente estão ocultadas por trás de designações que pertencem ao campo da estética, da ética ou do interesse econômico. Esses motivos especiais, oriundos dos padrões e cânones da cultura pecuniária, agem de forma enganadora para desviar os esforços de tipo não ínvido do serviço efetivo, sem perturbar o senso de boas intenções do agente e sem ocupar sua consciência com a futilidade material de seu trabalho. O efeito deles pode ser identificado em toda a extensão daquela agenda de iniciativas benfeitoras e não ínvidas, uma característica tão notável e principalmente conspícua do estilo de vida explícito dos abastados. Entretanto, a importância teórica talvez já esteja clara o suficiente e não precise de maiores ilustrações; sobretudo, porque daremos certo destaque a uma dessas linhas de iniciativa — os estabelecimentos de ensino superior — em outro momento.

Dada a situação resguardada em que a classe ociosa se encontra, parece haver consequentemente uma reversão ao campo dos impulsos não ínvidos que caracterizam a cultura selvagem antipredatória. Essa reversão é composta tanto pelo senso de trabalho eficaz quanto pela tendência à indolência e camaradagem. Mas, no estilo de vida moderno, os padrões de conduta baseados em mérito pecuniário ou ínvido se colocam no caminho de um livre exercício desses impulsos, e a presença dominante desses padrões de conduta acaba desviando tais esforços, já que são realizados com base no interesse não ínvido a serviço daquele interesse ínvido de que depende a cultura pecuniária. Os cânones de decoro pecuniário são redutíveis, para o presente propósito, aos princípios de desperdício, futilidade e ferocidade. Os requisitos do decoro estão forçosamente presentes na iniciativa de benfeitoria, assim como em outras linhas de conduta, exercendo uma vigilância seletiva sobre os detalhes da conduta e gestão em qualquer iniciativa. Ao orientar e adaptar o método nos mínimos detalhes, esses cânones de decoro acabam tornando insignificantes todos os esforços ou aspirações não ínvidas. O princípio dominante, impessoal e repleto da futilidade está sempre presente no cotidiano e atua de forma a criar obstáculos para atrapalhar a efetiva expressão de muitas das aptidões antipredatórias remanescentes, como se pertencesse ao instinto de trabalho eficaz, mas sua presença não impede a transmissão dessas predisposições ou a contínua recorrência de um impulso em busca de expressá-los.

Na posterior e mais recente evolução da cultura pecuniária, a exigência de prescindir do processo industrial a fim de evitar a repulsa social chega a ponto de compreender a recusa de atuar em profissões emulativas. Nesse estágio avançado, a cultura pecuniária favorece negativamente a asseveração das propensões não ínvidas ao retirar a pressão depositada sobre o mérito das funções emulativas, predatórias ou pecuniárias, assim como ocorre com aquelas de tipo industrial ou produtivo. Como mencionado acima, a exigência de prescindir de toda profissão útil para o ser humano aplica-se de forma mais rigorosa às mulheres de classe alta do que a qualquer outra classe, a menos que os sacerdotes de certos credos possam ser citados como exceção a essa regra, talvez mais nas aparências do que na vida real. A razão para insistir com mais veemência numa vida fútil para essa classe das mulheres do que para os homens de mesmo nível social e financeiro está no fato de elas não apenas pertencerem a uma classe ociosa superior, mas também a uma classe ociosa vicária. Nesse caso, há uma motivação dupla para constantemente prescindir do esforço útil.

Já foi dito e reiterado por autores e comunicadores populares, que refletem o senso comum das pessoas inteligentes sobre questões de estrutura e função sociais, que a posição ocupada pela mulher em qualquer sociedade é o índice mais importante para saber qual é o nível cultural daquela comunidade, e podemos até acrescentar, de qualquer classe de tal comunidade. Esse ponto talvez seja mais oportuno em relação ao desenvolvimento econômico do que quanto ao desenvolvimento em qualquer outro aspecto. Ao mesmo tempo, a posição designada à mulher no estilo de vida predominante, não importando qual seja a comunidade ou cultura local, é, em grande medida, uma expressão das tradições que foram calcadas pelas circunstâncias de um estágio anterior do desenvolvimento adaptadas apenas parcialmente às circunstâncias econômicas vigentes ou às demandas vigentes de temperamento e hábitos mentais que estimulam as mulheres a viver sob essa condição econômica moderna.

O fato da posição das mulheres no esquema econômico moderno estar mais ampla e consistentemente em desacordo com os estímulos do instinto de trabalho eficaz do que a posição dos homens das mesmas classes já foi comentada incidentalmente ao discutirmos sobre o crescimento geral das instituições econômicas, e, em especial, ao mencionarmos a respeito do ócio vicário e das vestimentas. Ao que parece, também é verdade que o temperamento da mulher é dotado de uma grande parcela desse instinto que é a favor da paz e contra a futilidade. Portanto, não seria leviano dizer que as mulheres das comunidades industriais modernas demonstram um senso mais perspicaz da discrepância entre o estilo de vida aceito e as exigências da situação econômica.

As várias fases da "questão da mulher" trouxeram à tona, de forma inteligível, o quanto a vida das mulheres na sociedade moderna, em especial entre as mais instruídas, é regulada por um conjunto de consensos formulados de acordo com as circunstâncias econômicas de um estágio prévio da evolução. A vida da mulher, quanto a sua conduta civil, econômica e social, ainda é vista basicamente como uma vida vicária cujo mérito ou demérito não admira, é atribuído a algum outro indivíduo que se encontra numa relação de propriedade ou tutela. Portanto, por exemplo, qualquer ação da mulher que vá de encontro a uma determinação estabelecida pelo padrão de conduta aceito terá um impacto imediato sobre a honra do homem ao qual ela pertence. Claro que pode haver um senso de incoerência na mente de qualquer um que emita uma opinião dessas sobre a fragilidade ou perversidade da mulher, mas a noção consensual da comunidade em tais matérias, no fim das contas, acaba julgando-a sem muita hesitação, e poucos homens questionariam a legitimidade desse consenso no caso de haver um ataque de fúria da tutelada. Por outro lado, relativamente pouca desonra é atribuída a uma mulher quando o homem com quem ela está associada realiza atos condenáveis.

O bom e velho estilo de vida — ou seja, o estilo a que estamos habituados —, então, atribui à mulher uma "esfera" auxiliar à atividade do homem, considerando-se que qualquer fato que divirja das tradições de sua rotina de deveres é "indigno de uma mulher". Se estivermos falando de direitos civis ou sufragistas, nosso senso comum sobre o assunto — em outras palavras, a conclusão lógica a que nos leva nosso estilo de vida genérico no tocante ao tema — afirma que a mulher deveria ser representada na política e perante a lei, não por ela própria diretamente, mas pela mediação do chefe da casa à qual ela pertence. É pouco feminino da parte dela aspirar a uma vida livre e independente, e nosso senso comum diz que sua direta participação nas questões da comunidade, civil ou industrial é uma ameaça àquela ordem social que expressa nossas ideias habituais, porque elas foram criadas sob a égide das tradições da cultura pecuniária. "Todo esse escarcéu em torno de 'emancipar a mulher da escravidão do homem' e coisas do tipo é, para usar a linguagem casta e expressiva de Elizabeth Cady Stanton[2] de forma inversa, 'a mais pura aberração'. As relações sociais entre os sexos são estabelecidas pela natureza. Toda a nossa civilização — isto é, tudo que há de bom nela — baseia-se no seio familiar." O "seio familiar" é a casa em que há um chefe de família. Essa visão, embora expressada de forma ainda mais recatada, é aquela que prevalece quanto ao status da mulher, não só entre a maioria dos homens de comunidades civilizadas como também entre as mulheres. As mulheres têm um noção bastante sagaz quanto àquilo que se espera dos bons modos,

---

2. Elizabeth Cady Stanton (1815-1902), líder do movimento sufragista americano, organizou a primeira convenção dos direitos das mulheres em Seneca Falls, Nova York, em 1838, juntamente com Lucretia Mott. Mais tarde, ela uniu forças com Susan B. Anthony, em 1851, e serviu como primeira presidente da National Woman Suffrage Association, de 1869 a 1890.

embora seja verdade que muitas delas sentem-se pouco à vontade sob os detalhes que o código impõe. Há algumas que não reconhecem que a ordem moral vigente, por necessidade e pelo direito de prescrição divino, coloca a mulher numa posição de auxiliar do homem. Em última análise, de acordo com seu próprio senso do que é bom e belo, a vida da mulher é, e em teoria deve ser, uma expressão da vida do homem de maneira indireta.

Contudo, apesar desse senso dominante de qual é o lugar bom e natural para a mulher, percebe-se também um sentimento ainda incipiente no sentido de que todo esse assunto de tutela, vida vicária e imputação de mérito e demérito é um tanto equivocado. Ou que, no mínimo, mesmo que possa ser uma evolução natural e uma condição apropriada para o lugar e para a época, a despeito de seu evidente valor estético, ainda não serve adequadamente aos objetivos mais corriqueiros da vida numa comunidade industrial moderna. Mesmo aquele vasto grupo de mulheres bem-nascidas, de classe alta e média, por cujo senso desapaixonado e matronal do decoro tradicional essa relação de status é enaltecida como fundamental e eternamente ideal — até para elas, que têm um posicionamento mais conservador, costumam encontrar nesse contexto ligeiras discrepâncias nas entrelinhas de como os fatos são e como deveriam ser. Mas aquele grupo de mulheres modernas menos controláveis, que em razão da juventude, da educação ou do temperamento estão um pouco fora de sintonia com as tradições de prestígio social herdadas pela cultura bárbara, verificando talvez uma indevida reversão ao impulso de autoexpressão e trabalho braçal — essas jovens são afetadas por um senso de descontentamento demasiado intenso para ser ignorado.

Nesse movimento "Nova Mulher"[3] — como têm sido chamados esses esforços cegos e incoerentes de resgatar a posição que a mulher tinha antes da Era Glacial —, pelo menos dois elementos de caráter econômico podem ser identificados. Esses dois elementos ou motivos são expressados pelo duplo lema: "Emancipação" e "Trabalho". Essas

---

3. Um programa ativista que promove o avanço dos direitos econômicos, legais, sociais e políticos da mulher. Primeiro se estabeleceu na Inglaterra, depois migrou para o Velho Continente e para os Estados Unidos, em meados do século XIX, onde inspirou ataques e forte apoio.

duas palavras são famosas por remeterem a um sentimento amplamente difundido de descontentamento. A universalidade do sentimento é reconhecida até mesmo por aqueles que não acham que existe um motivo real para estar insatisfeito diante do estado de coisas atual. É entre as mulheres das classes abastadas, nas comunidades que já avançaram muito no desenvolvimento industrial, que esse senso de insatisfação a ser compensado está mais vivo e geralmente se manifesta. Isso quer dizer, em outras palavras, que há uma demanda mais ou menos intensa em busca da emancipação de toda relação de status, tutela ou vida vicária, sendo que essa inquietação é notória principalmente na classe de mulheres sobre as quais o estilo de vida herdado do regime de prestígio social impõe uma vida vicária mais exacerbada, e nas comunidades cujo desenvolvimento econômico se afastou mais das circunstâncias a que esse sistema tradicional estava adaptado. A demanda parte daquela parcela da população feminina que, por conta dos cânones da boa reputação, fica excluída de todo trabalho eficaz, estando limitada a seguir uma vida de ócio e consumo conspícuo.

Não foi apenas um crítico que ficou sem entender as motivações do movimento Nova Mulher. O caso da "nova mulher" nos Estados Unidos foi recentemente resumido, com bastante carinho, por um observador popular dos fenômenos sociais: "Ela é paparicada pelo marido; o mais devoto, trabalhador e esforçado dos maridos. (...) Ela é superior ao marido em educação e em quase todos os outros aspectos. Ela é infinitamente rodeada de mimos. Ainda assim, ela não está satisfeita. (...) A 'nova mulher' anglo-saxã é a cria mais ridícula dos tempos modernos, e destinada a ser o fracasso mais medonho do século." Apesar dos termos depreciativos — talvez não sem razão — contidos nessa declaração, a questão da mulher só acrescenta mais obscuridade ao tema. A insatisfação da nova mulher se baseia em tudo aquilo que essa típica caracterização do movimento insta como razões por que ela deveria ser feliz. Ela é mimada e tem a permissão, ou até a obrigação, de consumir abundante e conspicuamente — vicariamente por seu marido ou outro guardião natural. Ela é desobrigada ou até impedida de ter uma profissão útil e banal — a fim de se dedicar vicariamente ao ócio para a boa reputação de seu guardião natural (pecuniário). Essas funções são marcas próprias daqueles indivíduos privados de liberdade, ao mesmo tempo que são incompatíveis com o ímpeto humano à atividade relevante. Porém, a mulher é dotada de sua parcela — e há razões para crer que é uma parcela mais do que equilibrada — do instinto de trabalho eficaz, para o qual futilidades ou esbanjamentos são repulsivos. Ela precisa deixar desabrochar as atividades de sua vida em resposta aos estímulos diretos e sem mediadores do ambiente econômico em que se encontra. Esse ímpeto talvez seja mais forte na mulher do que no homem, porque ela quer viver a própria vida de acordo com as próprias regras e inserir-se imediatamente no processo industrial da comunidade.

Contanto que o lugar da mulher não seja consistentemente o de uma escrava, na maioria das vezes, ela ficará bastante satisfeita com sua função. Ela não terá apenas algo tangível e significativo para fazer, mas também não lhe restará tempo ou força para ficar pensando em manifestações rebeldes relacionadas à propensão humana de cuidar de si mesma, que foi transmitida através das gerações. Quando a fase da universalidade do trabalho servil feminino tiver passado, e o ócio vicário sem muita dedicação tornar-se a função reconhecida das mulheres das classes abastadas, a força reguladora do cânone de decoro pecuniário, que requer a observância da futilidade cerimonial por parte delas, livrará por muito tempo as mulheres nobres de qualquer inclinação sentimental a cuidar de si mesma e de uma "esfera de utilidade". Isso ocorreu sobretudo durante os primeiros estágios da cultura pecuniária, enquanto o ócio da classe ociosa ainda era, quase sempre, uma atividade predatória — uma manifestação ativa de dominação em que existe um propósito tangível de tipo ínvido suficiente para admitir que fosse levado a sério como uma ocupação na qual a pessoa não precisava sentir-se constrangida de atuar. Esse estado de coisas, é claro, perdurou até a atualidade em algumas comunidades. Continua valendo em níveis distintos para cada indivíduo, variando de acordo com a intensidade do senso de status e com a fragilidade do ímpeto ao trabalho eficaz de que a pessoa é dotada. Entretanto, onde a estrutura econômica da comunidade superou o estilo de vida baseado no status em que a relação de subserviência pessoal deixa de ser sentida como a única relação humana "natural" — nesses lugares, o antigo hábito de atividade relevante começará a manifestar-se nos indivíduos menos conformados, em vez dos hábitos e pontos de vista mais recentes, relativamente superficiais e efêmeros introduzidos no nosso estilo de vida pelas culturas predatória e pecuniária. Essas práticas e pontos de vista começam a perder sua força coercitiva dentro da comunidade ou da classe em questão assim que o hábito de pensamento e as perspectivas de vida decorrentes da disciplina predatória e semipacífica param de coexistir em relativa harmonia com a situação econômica que se desenvolveu posteriormente. Esse fato se mostra evidente no caso das classes industriais das comunidades modernas: o estilo de vida da classe ociosa perdeu muito de sua força vinculante, especialmente no que diz respeito ao elemento do prestígio social. Contudo, isso também tem sido constatado no caso das classes superiores, embora não da mesma forma.

Os hábitos derivados da cultura predatória e semipacífica são variantes relativamente efêmeras de certas tendências e características subjacentes da raça, resultado da longa duração do estágio cultural protoantropoide anterior de vida econômica pacífica e comparativamente indiferenciada, que permaneceu em contato com um contexto material bastante simples e invariável. Quando os hábitos introduzidos pelo projeto de vida emulativo deixaram de ser aceitos pelas exigências econômicas vigentes, instaurou-se um processo de desintegração por meio do qual os hábitos mentais recém-desenvolvidos e de caráter menos genérico, de certa forma, deram espaço às características espirituais mais antigas e mais dominantes da raça.

Portanto, nesse sentido, o movimento Nova Mulher marca uma reversão a um tipo mais genérico de caráter humano ou a uma expressão menos diferenciada da natureza humana. É um tipo de natureza humana que deve ser caracterizada como protoantropoide, e ela pertence, no que se refere à essência (ou até mesmo à forma) de seus traços dominantes, a um estágio cultural que pode ser classificado como possivelmente sub-humano. O movimento ou o aspecto evolutivo em questão certamente partilha essa caracterização com o amadurecimento social que veio mais tarde, na medida em que esse amadurecimento social dá indícios de uma reversão à atitude espiritual que caracteriza o estágio indiferenciado anterior da evolução econômica. Esse indício de uma tendência generalizada à reversão a partir da predominância do interesse ínvido não é tão impróprio, embora não seja farta nem inquestionavelmente convincente. O declínio geral da noção de status nas comunidades industriais modernas pode ser uma espécie de indício nesse sentido. Além de uma reprovação a tais atividades, o perceptível retorno do senso de reprovação à futilidade na vida humana, considerando que servem apenas para o benefício do indivíduo em detrimento da coletividade ou de outros grupos sociais, também parece apontar nessa direção. Há uma tendência perceptível para desaprovar a aplicação de sofrimento, assim como de rejeitar todas as iniciativas usurpadoras, mesmo onde essas manifestações do interesse ínvido não atuam de forma tangível para prejudicar materialmente a comunidade ou o indivíduo que emite sua opinião sobre esses locais. Assim, nas comunidades industriais modernas, podemos até dizer que o senso médio desapaixonado dos homens dá a entender que o caráter ideal é um caráter que contribui mais para que haja paz, boa vontade e eficiência econômica e menos para uma vida de egocentrismo, força bruta, fraude e dominação.

A influência da classe ociosa não é de maneira sistemática a favor ou contra a reabilitação dessa natureza humana protoantropoide. No que concerne à chance de sobrevivência dos indivíduos dotados de uma parcela excepcionalmente ampla de traços primitivos, a posição privilegiada da classe favorece diretamente seus membros ao poupá-los da batalha pecuniária, mas indiretamente, por meio dos cânones de desperdício conspícuo dos bens e serviços, a instituição de uma classe ociosa diminui as chances de sobrevivência de tais indivíduos no conjunto da população. Os requisitos decentes de esbanjamento absorvem a energia excedente da população mediante uma batalha ínvida, impedindo que a vida não ínvida se expresse livremente. Os efeitos espirituais, indiretos e menos tangíveis da disciplina do decoro, vão na mesma direção e atuam de forma talvez mais eficiente para alcançar os mesmos objetivos. Os cânones da nobreza são uma elaboração a partir do princípio de comparação ínvida, e assim, agem incansavelmente para inibir toda e qualquer prática não ínvida e para incutir atitudes egocêntricas.

CAPÍTULO 14

O ENSINO SUPERIOR COMO EXPRESSÃO DA CULTURA PECUNIÁRIA

A fim de que os hábitos de pensamento adequados a cada mente possam ser conservados na futura geração, uma disciplina escolástica tende a ser admitida pelo senso comum da comunidade e incorporada no estilo de vida aceito. Os hábitos de pensamento formados sob a orientação de professores e tradições escolásticas têm um valor econômico — que afeta a serventia do indivíduo — não menos real do que o valor econômico dos hábitos de pensamento formados sem essa orientação, mas pela disciplina do cotidiano. Quaisquer características do esquema e disciplina escolásticos reconhecidos, oriundos das predileções da classe ociosa ou da orientação dos cânones do mérito pecuniário, são a expressão minuciosa do valor daquela instituição. Por isso, vale ressaltar quaisquer aspectos peculiares do sistema educacional oriundos do estilo de vida da classe ociosa, seja no tocante à meta e ao método da disciplina, seja quanto à bússola e ao caráter do apanhado de conhecimentos inculcados. É no ensino propriamente dito, sobretudo no ensino superior, que a influência dos ideais da classe ociosa fica mais evidente. Já que nosso propósito não é cotejar exaustivamente os dados que apresentam o efeito da cultura pecuniária sobre a educação, mas ilustrar o método e as tendências da influência da classe ociosa no ensino, faremos uma tentativa de avaliar certas características notórias do ensino superior, o que poderá servir a este propósito.

No quesito de derivação e desenvolvimento incipiente, o aprendizado é, em certa medida, intimamente relacionado à função devocional da comunidade, sobretudo ao conjunto de observâncias nas quais o serviço prestado pela classe ociosa sobrenatural se expressa. O serviço pelo qual se busca conciliar os agentes sobrenaturais nos cultos primitivos não é uma ocupação industrialmente lucrativa para o tempo e dinheiro da comunidade. Portanto, em grande parte, deve ser classificado como um ócio vicário realizado em benefício dos poderes sobrenaturais com que se negocia e cuja boa vontade deverá ser alcançada pelo serviço e pelas profissões de subserviência assim concebidas. Em grande parte, o ensino rudimentar consistia numa aquisição de conhecimento e facilidades com a ajuda de um agente sobrenatural. Por conseguinte, era bastante parecido em caráter com o treinamento exigido para o serviço doméstico de um mestre temporário. Na maioria das vezes, o conhecimento adquirido por intermédio dos professores-sacerdotes da comunidade primitiva era o conhecimento de rituais e cerimônias, ou seja, um conhecimento sobre o modo mais adequado, mais eficaz ou mais aceitável de abordar e de servir aos agentes preternaturais. O que era aprendido era como se tornar indispensável para essas forças e, assim, colocar-se numa posição de pedir ou até exigir a intercessão delas no desenrolar dos acontecimentos ou sua abstenção de interferir em qualquer empreendimento. A propiciação era o objetivo, sendo buscado, em grande parte, obtendo-se oportunidades na subserviência. Parece que apenas gradualmente outros elementos diferentes daqueles do serviço eficiente do mestre conseguiam ter acesso ao suprimento de instruções sacerdotais ou xamânicas.

O sacerdote a serviço dos poderes inescrutáveis que perambulam pelo mundo exterior passava a ocupar a posição de mediador entre esses poderes e o restante da humanidade. Afinal, ele era imbuído de um conhecimento da etiqueta sobrenatural, o que lhe permitiria estar na presença desses seres. E como costuma acontecer com todo mediador entre o vulgar e seus mestres, sejam eles naturais ou preternaturais, era conveniente ter os meios necessários às vistas de todos para impressionar os mais humildes sobre o fato de que esses poderes incompreensíveis fariam o que ele mandasse. Assim, naquela época, um conhecimento de certos processos naturais que pudessem contribuir para criar efeitos espetaculares, aliado a um pouco de ilusionismo, passou a ser parte integrante do folclore sacerdotal. Esse tipo de conhecimento se passava por conhecimento do "desconhecido", e sua serventia para o propósito sacerdotal se deve a seu caráter recôndito. Parece ter sido essa a origem de onde emergiu o ensino como instituição, e seu processo de diferenciação desse antigo arsenal de rituais mágicos e fraudes xamânicas foi lento, enfadonho — e ainda não se completou, mesmo nos seminários de ensino superior mais avançados.

O elemento recôndito no ensino, como tem sido durante todo esse tempo, ainda é um elemento muito atraente e eficaz para impressionar os neófitos ou mesmo para se impor sobre eles, sendo o status do erudito, na mente do iletrado, muito bem avaliado em termos de intimidade com as forças ocultas. Então, por exemplo, como é comum de ver, mesmo em tempos tão recentes como na metade do século XIX, os camponeses noruegueses evocavam instintivamente o senso de erudição superior a partir de doutores em teologia como Lutero, Melanchthon, Peder Dass e até Grundtvig,[1] um intelectual da teologia bem mais recente em termos das Artes Negras. Esses, em conjunto com uma lista abrangente de celebridades desconhecidas, tanto vivas quanto mortas, foram considerados mestres em todas as artes mágicas e, segundo o entendimento dessas pessoas mais simples, uma alta posição

---

1. As crenças animistas "arcaicas" nas "artes negras" mantidas por camponeses noruegueses influenciaram sua visão de ensino por teólogos eruditos como Martinho Lutero (1483-1546), líder alemão da Reforma Protestante, seu associado Philip Melanchthon (1497-1560) e outros, como o estudioso dinamarquês Nicolay Grundtvig (1783-1872)e Peder [Petter] Dass (1647-1708), poeta e clérigo norueguês.

na hierarquia eclesiástica transmitiu uma ideia de profunda familiaridade com práticas mágicas e ciências ocultas. Há um paralelismo com um fato mais próximo que igualmente mostra a íntima relação, de acordo com a compreensão popular, entre erudição e o desconhecido, ao mesmo tempo que servirá para ilustrar, em linhas gerais, o viés que a vida da classe ociosa atribui ao interesse cognitivo. Embora a crença não esteja de forma alguma restrita à classe ociosa, essa classe hoje compreende um número desmedido de crentes nas ciências ocultas de todos os tipos e matizes. Por aqueles cujos hábitos de pensamento não são calcados no contato com a indústria moderna, o conhecimento do desconhecido ainda é visto como o maior, se não o único e verdadeiro conhecimento.

O ensino, então, estabeleceu-se como sendo, de certa forma, um subproduto da classe ociosa vicária sacerdotal, e, pelo menos até recentemente, o ensino superior tem permanecido como uma espécie de subproduto ou subocupação das classes sacerdotais. Com o crescimento do conjunto de conhecimentos sistematizados, também surgiu uma distinção, provinda desde tempos imemoriais da história da educação, entre conhecimento esotérico e exotérico. O primeiro — considerando a existência de uma diferença abissal entre os dois — compreende aquele conhecimento desprovido de qualquer efeito econômico ou industrial, e o segundo compreende, sobretudo, o conhecimento dos processos industriais e dos fenômenos da natureza, que costumavam contribuir com os propósitos materiais da vida. Essa linha divisória, com o tempo, tornou-se, pelo menos na noção popular, a linha normal que separa o ensino superior do básico.

Esse fato é bastante significativo, não só como evidência de sua proximidade com as artes sacerdotais como indicativo de que suas atividades, que, em larga medida, são abarcadas por aquela categoria do ócio conspícuo conhecida como "boas maneiras e estirpe", visto que as classes eruditas de todas as comunidades primitivas prezavam muito por formalidade, precedentes, gradações hierárquicas, liturgia, vestimentas cerimoniais e parafernálias eruditas em geral. Óbvio que isso era de se esperar e podemos até dizer que o ensino superior, em sua fase inicial, era uma ocupação da classe ociosa — mais especificamente, uma ocupação da classe ociosa vicária a serviço da classe ociosa sobrenatural. Todavia, essa predileção pelas parafernálias do ensino vai indicar também mais um ponto de convergência ou de continuidade entre a função sacerdotal e a função do intelectual. Na questão da derivação, o ensino e a função sacerdotal são praticamente uma evolução da magia por simpatia;[2] e esse aparato mágico formal e ritualístico, por conseguinte, encontra lugar em meio à classe erudita da comunidade primitiva, como poderíamos imaginar. A liturgia e as parafernálias possuem uma eficácia oculta para a finalidade mágica, tanto que sua presença como fator integrante nas primeiras fases do desenvolvimento da mágica e da ciência era uma questão de oportunismo, por simplesmente existir uma ligação afetiva com esses simbolismos.

Esse senso da eficácia do ritual simbólico e do efeito da simpatia a ser implementado, por meio da hábil utilização dos acessórios tradicionais do ato ou fim a serem contornados, está sem dúvida presente de forma mais clara e em maior medida na prática mágica do que na disciplina das ciências, até mesmo do que nas ciências ocultas. Mas existem, acredito, poucas pessoas com um senso instruído do mérito escolástico para quem os acessórios ritualísticos da ciência são todos um absurdo. A imensa persistência com que essas parafernálias ritualísticas perduram no curso mais recente da evolução é evidente para qualquer um que refletir sobre como foi a história do aprendizado na nossa civilização. Mesmo hoje, existem elementos na práxis da comunidade estudantil como beca, capelo, matrícula, iniciação e cerimônias de graduação, a concessão de graus escolásticos, dignidades e prerrogativas de forma a sugerir uma espécie de sucessão acadêmico--apostólica. Sem dúvida, a práxis das ordens sacerdotais é a origem mediata de todos esses aspectos eruditos de rituais, vestimentas, iniciação sacramental, transmissão de dignidades e virtudes peculiares pela imposição de mãos, entre outros. Entretanto, suas derivações emanam desse ponto, da origem da qual a classe sacerdotal especializada propriamente dita as recebeu no curso da diferenciação pela qual o padre passou a se distinguir do feiticeiro, por um lado, e do serviçal de um mestre temporário, por outro.

2. N. do T.: O termo "sympathetic magic" foi cunhado por sir James George Frazer em sua famosa obra O Ramo de Ouro. No Brasil, essa prática é conhecida apenas como "simpatia", mas preferimos colocar "magia por simpatia", que é o termo utilizado na literatura antropológica, para não confundir o leitor em função das inúmeras acepções da palavra "simpatia".

No que diz respeito tanto a sua derivação quanto a seu conteúdo psicológico, essas práticas e esses conceitos em que se baseiam pertencem a um estágio do desenvolvimento cultural anterior ao dos angakkuq[3] e dos fazedores de chuva. O lugar deles nas fases posteriores da observância religiosa, assim como do sistema de ensino superior, é o de resquícios de um estágio animista arcaico da evolução da natureza humana.

Esses aspectos ritualísticos do sistema educacional atual e de um passado recente, é seguro afirmar, têm seu lugar fundamentalmente nas instituições superiores e nos graus de ensino, clássicos e liberais, mais do que nos graus práticos, inferiores, técnicos e suas ramificações. Como estes pertencem àqueles, os ramos inferiores e menos respeitáveis do sistema educacional claramente tomaram emprestado essas características dos níveis superiores, e a manutenção delas nas escolas técnicas, sem a ratificação do contínuo exemplo dos níveis clássicos e superiores, seria muito improvável, para dizer o mínimo. No caso dos cursos técnicos inferiores e seus acadêmicos, a adoção e o aprimoramento dessa práxis é uma questão de mimetismo — em virtude de um desejo de conformar-se, na medida do possível, com os padrões de reputação acadêmica mantidos pelos níveis e classes superiores, que foram obtidos legitimamente por esses aspectos acessórios pelo direito à delegação linear.

É seguro avançarmos ainda mais um passo nessa nossa análise. Resquícios ritualísticos e reversões surgem com o máximo de vigor e de forma extremamente espontânea naqueles seminários de ensino relacionados, sobretudo, com a educação das classes sacerdotais e ociosas. Colaborando com isso, pode ser observado de forma bastante evidente, num panorama dos recentes avanços da vida universitária, que onde quer que faculdades fundadas para instruir as classes inferiores nas áreas do conhecimento de utilidade imediata tornam-se instituições de ensino superior, o crescimento das cerimônias e parafernálias ritualísticas e das "funções" acadêmicas elaboradas anda de mãos dadas com a transição das faculdades

---

3. N. do T.: Embora o autor tenha utilizado a palavra "angekok", preferimos colocar o termo utilizado em enciclopédias tradicionais e eletrônicas (i.e., Wikipédia). O angakkuq é o equivalente ao xamã para os inuits (habitantes da Groenlândia), ou seja, uma figura intelectual e espiritual desse povo.

em questão do campo das aplicabilidades domésticas para a esfera clássica e superior. O propósito inicial dessas faculdades, e o trabalho com que elas estavam relacionadas nas duas fases primordiais dessa evolução, costumava ser treinar os mais jovens dessas classes industriais para o trabalho. No plano do aprendizado clássico e superior, ao qual elas normalmente tendem, o objetivo principal se torna a preparação da juventude das classes sacerdotais e ociosas — ou de uma classe ociosa incipiente — para o consumo de bens, materiais e imateriais, segundo o escopo e método convencionalmente aceitos e respeitáveis. Essa consequência se tornou o destino comum de faculdades fundadas pelos "amigos do povo", a fim de auxiliar os jovens batalhadores. Onde essa transição foi concluída, há comumente, se não sempre, uma coincidente mudança para uma vida mais ritualística nas faculdades.

Na vida estudantil atual, rituais eruditos geralmente são mais notáveis em faculdades cujo principal objetivo é o cultivo das "humanidades". Essa correlação é observada, talvez de forma mais patente do que em qualquer outro lugar, no histórico das faculdades e universidades americanas que progrediram recentemente. Deve haver muitas exceções a essa regra, sobretudo nas faculdades que foram fundadas pelas igrejas tipicamente respeitáveis e ritualísticas, e que, por conseguinte, começaram no plano conservador e clássico ou chegaram ao patamar clássico por um atalho. Porém a regra geral, em relação às faculdades fundadas nas novas comunidades americanas do século atual, tem sido da seguinte forma: desde que na circunscrição da qual vieram os alunos das faculdades predominassem hábitos diligentes e parcimoniosos, os resquícios do curandeiro obtinham uma aceitação rara e precária no estilo de vida acadêmico. Contudo, assim que a riqueza começa a ser acumulada significativamente na comunidade, e uma determinada faculdade começa a depender de uma classe ociosa, verifica-se também um perceptível aumento na insistência por rituais acadêmicos e pela conformidade com as antigas formalidades em relação a vestimentas e solenidades sociais e escolásticas. Por esse motivo, por exemplo, houve uma relativa coincidência entre o crescimento da riqueza nas circunscrições que apoiam uma dada faculdade no Meio Oeste e a época em que houve a inserção — primeiro, a tolerância; depois, a obrigatoriedade — dos trajes noturnos para os homens e dos decotes para as mulheres, assim como das vestimentas eruditas apropriadas a ocasiões de solenidade acadêmica ou a períodos de amenidades sociais dentro do círculo universitário. A não ser pelo mecanismo tortuoso dessa árdua tarefa, não é tão difícil assim identificar essa correlação. O mesmo pode ser constatado quanto ao capelo e à beca.

A tradição do uso de capelo e beca passou a ser adotado como insígnia de intelectualidade por muitas faculdades dessa região nos últimos anos, e podemos afirmar com tranquilidade que isso não teria ocorrido numa data anterior: antes de um sentimento de classe ociosa ter crescido o suficiente na comunidade para amparar um forte movimento de reversão a uma visão arcaica, se não fosse a legítima finalidade da educação. Esse item específico do ritual acadêmico, é importante ressaltar, não só seria enaltecido pelo senso de conveniência da classe ociosa, já que desperta o interesse da propensão arcaica pelo efeito espetacular e da predileção pelo simbolismo ancestral, como ao mesmo tempo se enquadra no estilo de vida da classe ociosa por ter um elemento significativo de desperdício conspícuo. O momento preciso quando aconteceu a reversão ao capelo e à beca, assim como o fato de ter afetado um número grande de faculdades mais ou menos na mesma época, parece ter sido, de certa forma, devido a uma onda de senso atávico de conformidade e reputação que influenciou a comunidade naquele período.

Pode não ser completamente irrelevante observar que, em termos temporais, essa curiosa reversão parece ter coincidido com a culminação de uma certa moda de sentimento e tradição atávicos também em outros contextos. A onda de reversão parece ter recebido seu impulso inicial nos efeitos psicologicamente desagregados da Guerra Civil. O hábito da guerra está vinculado a um conjunto de práticas de pensamento predatórios, motivo pelo qual o tribalismo, até certo ponto, substitui o senso de solidariedade, e um senso de distinção ínvida suplanta o impulso à equanimidade da serventia cotidiana. Em consequência da ação cumulativa desses fatores, a geração seguinte a uma temporada de guerras torna-se fadada a testemunhar o restabelecimento do elemento de status, tanto em sua vida social quanto em seu estilo de observâncias religiosas, entre outras formalidades simbólicas e cerimoniais. Ao longo dos anos 1880, e também nos anos 1870 (embora de forma menos clara), houve uma perceptível onda, que avançou aos poucos, de sentimentos a favor de hábitos comerciais semipredatórios, enaltecimento do status, do antropomorfismo e do conservadorismo em geral. As mais diretas e imediatas dessas manifestações do temperamento bárbaro, como o recrudescimento da criminalidade e as ostentosas carreiras fraudulentas semipredatórias dominadas por "capitães da indústria", tiveram um ápice inicial e sofreram um considerável declínio no fim dos anos 1870. O recrudescimento do sentimento antropomórfico também parece ter atingido sua fase mais acentuada antes do fim dos anos 1880. Entretanto, o ritual e a parafernália eruditos dos quais mencionamos são uma expressão ainda mais remota e recôndita do senso animista bárbaro, e, por isso, eles voltaram à moda e foram elaborados mais lentamente, atingindo seu efetivo desenvolvimento em data ainda mais tardia. Há razões para crer que sua culminação já pertence ao passado. A não ser pelo novo ímpeto trazido por uma nova experiência de guerra, e salvo pelo alicerce que o crescimento de uma classe abastada oferece a todo tipo de ritualística, em especial a qualquer cerimônia que gere desperdício e sugira claramente uma hierarquia de prestígio social, é provável que os recentes incrementos de insígnias e cerimônias escolásticas sofram um declínio gradual. No entanto, embora seja fato que o capelo, a beca e a observância mais rígida de etiquetas escolásticas, que vieram nessa esteira, foram introduzidos nessa intensa onda pós-guerra de reversão aos costumes bárbaros, não deixando de ser evidente que essa reversão ritualística não teria sido colocada em prática no estilo de vida universitário até que o acúmulo de riquezas nas mãos de uma classe decente ter atingido um patamar suficiente para arcar com os requisitos pecuniários, a fim de um movimento que deveria alçar as faculdades do país às exigências da classe ociosa para o ensino superior. A adoção do capelo e da beca é um dos mais fortes aspectos atávicos da vida universitária moderna e, ao mesmo tempo, marca o fato de que essas universidades definitivamente se tornaram estabelecimentos da classe ociosa, seja em conquistas reais, seja nas aspirações.

Como mais uma evidência da íntima relação entre o sistema educacional e os padrões culturais da comunidade, pode ser ressaltada uma recente tendência a substituir o sacerdote por um "capitão da indústria" como reitor de seminários do ensino superior. Óbvio que a substituição não foi concluída, tampouco pode ser caracterizada como inequívoca. Esses chefes das instituições são melhor aceitos quando combinam a função sacerdotal com um alto nível de eficiência pecuniária. Há uma tendência semelhante, mas menos pronunciada, a confiar o trabalho de instrução no ensino superior a homens com certa qualificação pecuniária. A habilidade e a agilidade administrativas de divulgar os negócios são mais importantes do que nunca como qualificações para o trabalho de ensinar. Isso se aplica, sobretudo, nas ciências que têm mais a ver com os fatos cotidianos, sendo especialmente válido em faculdades de comunidades economicamente intransigentes. Essa substituição parcial da eficiência sacerdotal pela pecuniária é simultânea com a moderna transição do ócio conspícuo para o consumo conspícuo como principal demonstração da boa reputação. A correlação dos dois fatos não precisa de maiores explicações, pois nos parece bastante clara.

A atitude das faculdades e da classe acadêmica em relação à educação das mulheres serve para destacar de que maneira e até que ponto o ensino se desviou de sua antiga posição como prerrogativa sacerdotal da classe ociosa, indicando também qual abordagem foi adotada pelos realmente instruídos de uma perspectiva prática, moderna, econômica ou industrial. O ensino superior e as profissões acadêmicas até recentemente eram um tabu para as mulheres. Essas instituições eram desde o princípio, e continuaram sendo em grande parte, dedicadas à educação das classes sacerdotais e ociosas.

As mulheres, como já mostramos, compunham a classe subserviente original, e de certa forma, especialmente no que tange a sua posição simbólica ou cerimonial, assim permaneceram até os dias de hoje. Prevaleceu uma forte percepção de que a admissão das mulheres aos privilégios do ensino superior (assim como aos Mistérios de Elêusis[4]) iria desprestigiar a dignidade da arte acadêmica. Por essa razão, só muito recentemente, quase de forma exclusiva nas comunidades mais avançadas industrialmente, os altos níveis do ensino se tornaram livremente acessíveis às mulheres. E mesmo diante da urgente insistência que tem prevalecido nas comunidades industriais modernas, as maiores e mais respeitáveis universidades continuam com uma extrema relutância em dar esse passo. A percepção de valor da classe, ou seja, de prestígio social, presente na honrosa diferenciação entre os sexos

---

4. Antigos ritos secretos gregos conduzidos por mulheres, realizados em Elêusis, que celebravam o rapto de Perséfone e seu regresso do Submundo, com o auxílio de sua mãe, Deméter, e simbolizavam o ciclo da morte e do renascimento.

de acordo com uma distinção entre dignidade intelectual superior e inferior, persiste de forma gritante nessas corporações aristocráticas do ensino. Existe a noção de que as mulheres, para serem decentes, deveriam adquirir os conhecimentos especificados em apenas uma das duas categorias seguintes: (1) conhecimentos que levam imediatamente a uma melhor realização dos serviços domésticos — esfera doméstica; (2) conquistas e destreza, semiacadêmicas e semiartísticas, que claramente estejam inseridas no âmbito do ócio vicário. Assim, o conhecimento é visto como algo pouco feminino, caso seja conhecimento que expresse o aprimoramento da vida do próprio aprendiz, cuja aquisição estimule o interesse cognitivo do próprio, sem suscitar os cânones de decência e sem fazer referência a um mestre cujo conforto ou boa reputação sejam incrementados por seu emprego ou exibição. Portanto, além disso, é muito provável que nenhum conhecimento que sirva para evidenciar um ócio que não seja vicário será visto como tendo natureza feminina.

Para compreender a relação existente entre esses seminários de ensino superior e a vida econômica da comunidade, os fenômenos que foram analisados servem mais como indicativos de uma atitude genérica do que como fatos com consequência econômica de primeira ordem. Eles mostram qual é a atitude instintiva e o *animus* da classe instruída quanto ao processo vital de uma comunidade industrial. Servem como defensores do estágio de desenvolvimento que, para o propósito industrial, foi atingido pelo ensino superior e pela classe acadêmica, oferecendo indícios com relação ao que realmente pode ser buscado por essa classe nas questões em que o ensino e a vida da classe influenciam diretamente sobre a vida econômica e a eficiência da comunidade, e sobre a adaptação de seu estilo de vida às exigências da época. A indicação desses resquícios ritualísticos mostram uma prevalência do conservadorismo ou mesmo do sentimento reacionário, sobretudo nos cursos superiores em que se preserva o aprendizado convencional.

A esses indícios de atitude conservadora deve-se acrescentar outra característica que segue na mesma direção, contudo, um sintoma de consequência mais grave do que essa inclinação caprichosa às trivialidades de forma e ritual. A maioria esmagadora das faculdades e universidades americanas, por exemplo, é afiliada a alguma denominação religiosa e, de alguma maneira, dedicada às observâncias devocionais. Sua pretensa familiaridade com métodos científicos e o ponto de vista científico deveria, em tese, isentar os professores dessas instituições de hábitos de pensamento animistas, mas ainda existe uma proporção significativa dessas pessoas que professa uma ligação com crenças antropomórficas e observâncias de um período cultural arcaico. Essas profissões de zelo devocional são, sem sombra de dúvida, muito convenientes e passageiras, tanto por parte das faculdades em seu volume corporativo quanto por parte dos membros dos corpos docentes. Entretanto, não se pode duvidar de que há, no fim das contas, um elemento bastante considerável de sentimento antropomórfico presente nas instituições de ensino superior. Quando esse é o caso, devemos estabelecer tal situação como a expressão de um hábito mental arcaico e animista, que necessariamente estará impregnado, até certo ponto, na instrução oferecida, e sua influência em moldar os hábitos de pensamento do aluno contribui para o conservadorismo e a reversão — atrapalhando seu desenvolvimento no sentido de conhecimentos práticos, o que melhor atende aos fins da indústria.

Os esportes universitários, que são dotados de um entusiasmo enorme nos atuais seminários de ensino de boa reputação, tendem para esse mesmo sentido. De fato, os esportes têm muito em comum com a atitude devota das universidades tanto em relação à base psicológica quanto a seu efeito disciplinar. Mas essa expressão do temperamento bárbaro deve ser creditada, acima de tudo, ao corpo estudantil, e menos ao temperamento das escolas em si, exceto na medida em que as faculdades ou seus funcionários — como acontece de vez em quando — toleram e promovem ativamente o crescimento dos esportes. Fato semelhante acontece nas fraternidades universitárias relacionada aos esportes universitários, mas com uma diferença. Os últimos são basicamente uma expressão do mero impulso predatório, as primeiras são mais especificamente uma manifestação daquela herança tribal que atua fortemente no temperamento do bárbaro predador. É também perceptível que subsiste uma íntima relação entre as fraternidades e a atividade esportiva nas faculdades. A partir do que foi mencionado no capítulo sobre os hábitos esportivos e as apostas, não há necessidade de discutirmos novamente sobre o valor econômico desse treinamento em esportes e em organizações e atividades faccionais.

Porém, todos esses aspectos do estilo de vida da classe acadêmica e dos estabelecimentos dedicados à conservação do ensino superior são, na maioria das vezes, apenas incidentais e não devem ser levados em conta como elementos orgânicos do trabalho de pesquisa e instrução professado em benefício da busca ostensível em que se alicerçam as escolas. Mas esses indícios sintomáticos vão estabelecer uma presunção quanto ao caráter do trabalho cumprido — como visto a partir do ponto de vista econômico — e quanto ao viés que o trabalho sério realizado sob seus auspícios oferece à juventude que depende das escolas. A presunção suscitada pelas considerações de que tratamos é que também em seu trabalho, assim como em seu cerimonial, as escolas superiores assumam uma postura conservadora. No entanto, essa presunção deve ser verificada por uma comparação do caráter econômico do trabalho realmente realizado e por uma espécie de panorama do ensino cuja conservação é confiada às escolas de ensino superior. Nesse sentido, sabe-se muito bem que os seminários de ensino de boa reputação vinham, há pouco tempo, mantendo uma postura conservadora. Eles assumiam uma atitude de menosprezo em relação a toda e qualquer inovação. Como regra geral, um novo ponto de vista ou uma nova formulação do conhecimento tem sido tolerado e aplicado dentro das escolas só depois que essas novas práticas ultrapassaram as fronteiras das instituições de ensino. Entre as exceções a essa regra, devem ser mencionadas, sobretudo, inovações de tipo inconspícuo e originalidades que não pesam de nenhuma forma tangível sobre o ponto de vista convencional ou sobre o estilo de vida convencional, como, por exemplo, detalhes factuais nas ciências físico-matemáticas e novas leituras e interpretações dos clássicos, em especial aquelas com relevância somente filológica ou literária. Salvo dentro do domínio das "humanidades" no sentido estrito, e exceto até onde o ponto de vista tradicional das humanidades permaneceu intacto dos inovadores, em geral, continuou valendo o fato de a classe academicamente reconhecida e os seminários do ensino superior olharem com ressalvas para toda inovação. Novas visões, novos pontos de partida na teoria científica e principalmente originalidades relativas de alguma forma à teoria das relações humanas encontraram um lugar dentro do esquema das universidades bem mais tarde e com uma relutante tolerância, em vez de acolhê-las cordialmente. Vale ressaltar que os indivíduosi que se ocuparam desses esforços para ampliar o escopo do conhecimento humano também não foram normalmente bem recebidos por seus contemporâneos acadêmicos. As escolas superiores não costumavam dar seu apoio a um progresso sério nos métodos ou no conteúdo do conhecimento até as inovações terem deixado para trás seu frescor e suas utilidades — após terem se tornado lugares-comuns do arcabouço intelectual de uma nova geração que cresceu influenciada e teve seus hábitos de pensamento moldados, pelo novo e extraescolástico conjunto de conhecimentos e pelo novo ponto de vista. Isso se aplica ao passado recente. Quanto esse fato pode valer para o presente imediato seria muito imprudente afirmar, porque é impossível analisar os fatos do momento atual com uma perspectiva que propicie uma concepção justa de suas relativas proporções.

Até agora, nada foi dito a respeito da função do mecenato[5] entre os mais ricos, sobre a qual costumam mencionar alguns escritores e comunicadores que tratam do desenvolvimento da cultura e da estrutura social. Essa função da classe ociosa tem uma importante influência sobre o ensino superior e sobre a disseminação do conhecimento e da cultura. A maneira e o nível com que a classe promove o ensino por meio desse tipo de patronato é bastante familiar. Frequentemente nos é apresentado em termos efetivos e afetivos por meio de porta-vozes, cuja familiaridade com o tema faz com que eles tornem palatável para seus ouvintes o profundo significado desse fator cultural. No entanto, esses porta-vozes apresentaram o assunto do ponto de vista do interesse cultural ou do interesse da reputação, mais do que por conta do interesse econômico. Como é compreendido a partir do ponto de vista econômico e valorizado com o objetivo da utilidade industrial, essa função dos ricos, assim como a atitude intelectual dos membros da classe rica, merece alguma atenção e servirá de ilustração.

Para caracterização da relação de mecenato, devemos observar que, analisada de fora, simplesmente como relação econômica ou industrial,

---

5. O termo vem de Caio Mecenas (morto em 8 a.C.), um estadista romano no tempo de Augusto César. Patrono de escritores, como Horácio e Virgílio, ele representa a tradição de homens de riqueza que apoiam as artes.

é uma relação de status. O acadêmico patrocinado exerce as funções de uma vida erudita de forma vicária para seu patrono, para o qual reverte certa reputação, por conta do refinamento de boa reputação atribuído a um mestre para quem qualquer forma de ócio vicário é desempenhada. Também é importante ressaltar que, em termos de fato histórico, o incentivo ao aprendizado ou a manutenção da atividade acadêmica por meio da relação de mecenato tem sido habitualmente um incentivo à proficiência em sabedoria clássica ou nas humanidades. Esse conhecimento tende a diminuir a eficiência industrial da comunidade.

Além disso, considerando a direta participação dos membros da classe ociosa na promoção do conhecimento, os cânones de vida respeitável agem para incutir esse interesse intelectual que busca expressão dentro da classe por meio da erudição clássica e formal, mais do que por meio das ciências que têm alguma relação com a vida industrial da comunidade. As incursões mais frequentes em campos do conhecimento não clássicos, por parte dos membros da classe ociosa, são feitas no curso de direito e nas ciências políticas, com maior foco na área administrativa. Essas ciências são essencialmente conjuntos convenientes de máximas para orientar os funcionários governamentais da classe ociosa, que operam por interesse próprio. O interesse com que esse curso é abordado, portanto, nem sempre se baseia em questões meramente intelectuais ou cognitivas. Ou seja, trata-se do interesse prático pelas exigências da relação de servidão em que os membros da classe estão inseridos. Quanto à derivação, o serviço público é uma função predatória que pertence integralmente ao estilo de vida da classe ociosa arcaica. É um exercício de controle e coerção sobre a população da qual a classe tira seu sustento. Essa disciplina, assim como os incidentes práticos que lhe fornecem seu conteúdo, por conseguinte, desperta certa atração da classe, apesar de todas as questões de cognição. Tudo isso continua valendo onde existam gabinetes governamentais e pelo tempo que elas continuarem existindo, formal ou materialmente, como uma função própria da classe, mantendo-se aplicável além desse limite, enquanto a tradição do estágio mais arcaico da evolução governamental perdurar pela existência dessas comunidades modernas, para as quais governos exclusivos da classe ociosa estão começando a deixar de ser uma realidade.

Para as áreas acadêmicas em que predominam o interesse cognitivo ou intelectual — as ciências propriamente ditas —, a questão muda um pouco de figura, não só quanto à atitude da classe ociosa, mas com relação a todo um movimento da cultura pecuniária. O conhecimento por si só, o exercício das faculdades de forma abrangente sem propósitos futuros, deveria, pelo menos ao que se espera, ser buscado por homens que não almejam interesses materiais urgentes decorrentes dessa jornada. A condição industrial mais resguardada da classe ociosa deveria proporcionar autonomia para que os membros dessa classe buscassem o interesse cognitivo, e nós, consequentemente, deveríamos ter, como muitos autores afirmam categoricamente que temos, uma grande proporção de estudiosos, cientistas e eruditos originários dessa classe, e o incentivo à investigação e à especulação científica viria da disciplina de uma vida de ócio. Assim, deveria ser esperado esse resultado, mas existem aspectos do estilo de vida da classe ociosa, sobre o qual já discorremos o suficiente, que desvirtuam o interesse intelectual dessa classe para assuntos diversos da sequência causal dos fenômenos que embasam as ciências. Os hábitos de pensamento que caracterizam a vida da classe conduzem à relação pessoal de dominação e aos conceitos derivativos e ínvidos de honra, valor, mérito, caráter e ações desse tipo. A sequência causal que constitui a temática da ciência não é visível desse ponto de vista. Da mesma forma que a boa reputação não é atribuída ao conhecimento de fatos que são vulgarmente úteis. Portanto, parece provável que o interesse da comparação ínvida quanto ao mérito pecuniário, ou outro de natureza honorífica, deveria ocupar a atenção da classe ociosa, negligenciando o interesse cognitivo. Onde vemos esse último interesse se unificar ele costuma ser redirecionado para campos de especulação ou investigação fúteis e de boa reputação, em vez de seguir para a busca do conhecimento científico. Essa, de fato, tem sido a história da educação da classe ociosa e do sacerdócio, porque nenhum conjunto de conhecimento sistematizado se intrometeu na disciplina escolástica de origem extraescolástica. Porém, como a relação de dominação e subserviência está deixando de ser o fator dominante e formativo do processo vital da comunidade, outras características do processo vital e outras perspectivas estão sendo impostas aos acadêmicos.

O verdadeiro cavalheiro ocioso e bem-nascido deveria ver, e vê, o mundo desde o ponto de vista da relação pessoal, e o interesse cognitivo, contanto que se manifeste nele, buscará sistematizar fenômenos dessa maneira. É esse o caso, aliás, dos cavalheiros da velha guarda, em quem os ideais da classe ociosa se mantiveram intactos. Tal é a atitude de seu descendente contemporâneo, desde que ele tenha herdado todas as virtudes da classe superior. Mas a questão da hereditariedade pode ser enganadora, e nem todo cavalheiro gera filhos que seguem o exemplo da casa-grande. Acima de tudo, é a transmissão dos hábitos de pensamento que caracteriza o mestre predador, de forma um tanto precária no caso de uma linha hereditária em que apenas um ou dois dos últimos passos foram dados seguindo a disciplina da classe ociosa. As chances de manifestar-se uma forte tendência, congênita ou adquirida, ao exercício das aptidões cognitivas são aparentemente maiores nos membros da classe ociosa com ancestrais de classe baixa ou classe média — em outras palavras, aqueles que herdaram a totalidade de aptidões próprias das classes industriais e devem seu lugar na classe ociosa ao fato de possuírem qualidades muito mais importantes hoje do que aquelas do tempo quando o estilo de vida da classe ociosa foi concebido. Mas mesmo fora da faixa dessas recentes formas de ascensão à classe ociosa, há um número considerável de indivíduos em quem o interesse ínvido não é tão dominante para formar suas visões teóricas e a predileção pela teoria é suficientemente forte para levá-los à busca científica.

A intromissão das ciências no ensino superior se deu em parte por conta dessas descendências anormais da classe ociosa, que foram submetidas à influência dominante da tradição atual de relações impessoais e herdaram um conjunto de aptidões humanas que diferem em certos aspectos fundamentais do temperamento característico do regime de prestígio social. Entretanto, a presença desse conjunto excêntrico de conhecimentos científicos também se deve em parte, e em grau muito mais elevado, aos membros das classes industriais que, sem nenhum tipo de empecilho, voltaram suas atenções a interesses que não estavam relacionados ao correr atrás do pão de cada dia, cujas aptidões e pontos de vista antropomórficos herdados não predominavam em seus processos intelectuais. Entre esses dois grupos, que praticamente constituem todo o efetivo do progresso científico, é este último aquele que mais contribuiu. Em relação a ambos, parece-nos que eles não são exatamente a fonte, mas o veículo — ou, no máximo, o instrumento de comutação — por intermédio do qual os hábitos de pensamento impostos à comunidade, em função do contato com seu ambiente submetido às exigências da moderna vida em sociedade e aos mecanismos industriais, acabaram se tornando os responsáveis pelo conhecimento teórico.

A ciência, no sentido de um reconhecimento articulado de sequência causal dos fenômenos, sejam físicos ou sociais, tornou-se uma característica da cultura ocidental apenas quando o processo industrial dessas comunidades se tornou substancialmente um processo de artifícios mecânicos em que a ocupação do homem é voltada à discriminação e avaliação das forças materiais. A ciência floresceu relativamente na mesma intensidade com que a vida industrial da comunidade se conformou a esse padrão, e mais ou menos no mesmo ritmo em que o interesse industrial dominou a vida da comunidade. E a ciência, em especial a teoria científica, avançou em vários âmbitos da vida e dos conhecimentos humanos, na proporção em que cada um desses vários campos sucessivamente estreitava seus laços com o processo industrial e com o interesse econômico. Ou talvez seja conveniente afirmar, na proporção em que cada um deles, sucessivamente, via-se livre da dominação dos conceitos de relação ou status pessoal, e dos derivativos cânones de adaptabilidade antropomórfica e reconhecimento honorífico.

Somente quando as exigências da vida industrial moderna reforçaram a necessidade do reconhecimento da sequência causal no contato prático da humanidade com seu ambiente foi que os homens passaram a sistematizar os fenômenos desse espaço, bem como os fatos decorrentes desse contato em termos de sequência causal. Tanto que, embora o ensino superior em sua melhor forma, como a mais perfeita flor da escolástica e do classicismo, como se fosse um derivado do serviço sacerdotal e da vida ociosa, a ciência moderna pode ser considerada como um derivado do processo industrial. Por isso, graças a esses grupos de homens — pesquisadores, eruditos, cientistas, inventores e especuladores —, a maioria dos quais realizou seus trabalhos mais renomados longe do abrigo dessas instituições, os hábitos de pensamento impostos pela moderna vida industrial convergiram em expressão e elaboração, passando a ser um conjunto teórico-científico intimamente relacionado à sequência causal de fenômenos. Assim, a partir desse campo extraescolástico de especulação científica, mudanças de método e propósito foram introduzidas, de tempos em tempos, na disciplina escolástica.

Nesse contexto, vale ressaltar que há uma perceptível diferença de substância e propósito entre a instrução oferecida nas escolas primária e secundária, de um lado, e nos seminários de ensino superior, de outro. A diferença em termos da imediata aplicabilidade da informação transmitida e de proficiência adquirida pode ter alguma consequência e pode merecer a atenção que vem recebendo de tempos em tempos. Contudo, há uma diferença mais significativa no viés mental e espiritual favorecido por uma e outra disciplina. Essa tendência prática divergente entre o ensino superior e o básico é especialmente notável na educação primária, em seus mais recentes desdobramentos nas comunidades industriais avançadas. Aqui a instrução é dirigida, sobretudo, à proficiência ou destreza, intelectual e manual, na compreensão e na aplicação de fatos impessoais, mais em sua incidência causal do que honorífica. Sem dúvida, em razão das tradições arcaicas, quando a educação primária também era uma *commodity* predominante na classe ociosa, ainda é abundante o uso da emulação como incentivo à diligência em situações corriqueiras nas escolas primárias. Entretanto, mesmo esse uso da emulação como recurso hábil tem diminuído a olhos vistos nas primeiras séries do ensino de comunidades em que a educação básica não é orientada pela tradição eclesiástica ou militar. Tudo isso se aplica de forma bastante peculiar, sobretudo pelo lado espiritual, em setores do sistema educacional que foram diretamente afetados por métodos e ideais do jardim de infância.

A tendência particularmente não ínvida da disciplina do jardim de infância, e o semelhante caráter da influência do jardim de infância na educação primária além dos seus limites, deveria ser encarada de forma conexa com o que já foi dito sobre a atitude espiritual peculiar às mulheres da classe ociosa diante das circunstâncias da situação econômica moderna. Nas comunidades industriais avançadas, o jardim de infância, quando se apresenta em seu primor — ou quanto mais distante está dos antigos ideais patriarcais e pedagógicos —, é onde encontramos um considerável grupo de mulheres inteligentes e ociosas, e também onde o sistema de prestígio social teve seu rigor um tanto atenuado por conta da desconstrução gerada pela vida industrial e pela ausência de um conjunto consistente de tradições militares e eclesiásticas. São essas mulheres em condições confortáveis que oferecem seu suporte moral. As metas e os métodos do jardim de infância são especialmente recomendados a essa classe de mulheres que se sentem pouco à vontade em razão do código pecuniário de vida respeitável. Por esse motivo, o jardim de infância — e o que quer que represente o seu espírito na educação moderna — deve ser definido, junto com o movimento Nova Mulher, como responsável por aquela revolução contra a futilidade e a comparação ínvida que a vida da classe ociosa, nas circunstâncias modernas, desperta nas mulheres diretamente expostas a esse ambiente. Dessa forma, parece que aqui indiretamente, a instituição de uma classe ociosa mais uma vez favorece o amadurecimento de uma atitude não ínvida, que pode, no longo prazo, provar ser uma ameaça à estabilidade da instituição em si, e até mesmo à instituição da propriedade privada na qual ela se baseia.

No passado recente, mudanças tangíveis ocorreram no âmbito do ensino universitário. Essas modificações consistiram, acima de tudo, numa substituição das humanidades — aqueles ramos do conhecimento concebidos para ajudar a criar a "cultura", o caráter, os gostos e os ideais tradicionais — por aquelas áreas mais pragmáticas que atuam em benefício da eficiência social e industrial. Em outras palavras, esses ramos do conhecimento que contribuem para a eficiência (eficiência produtiva, em última instância) têm conquistado cada vez mais espaço perante aqueles que colaboram para um maior consumo ou uma eficácia industrial minorada e para um tipo de caráter adequado ao regime de prestígio social. Nessa adaptação do modelo de instrução, as escolas superiores costumam estar do lado conservador; cada passo que deram antecipadamente foi, até certa altura, de natureza concessiva. As ciências foram introduzidas no currículo escolar de fora para dentro, ou mesmo de baixo para cima. É possível notar que as humanidades, que tanto relutaram em ceder espaço às ciências, estão uniformemente bem adaptadas a moldar o caráter do aluno de acordo com um tradicional esquema autocentrado de consumo; um modelo de contemplação e desfrute do verdadeiro, do belo e do bom, seguindo um padrão convencional de decoro e excelência, principal característica daquilo que chamamos de ócio — *otium cum dignitate*. Em linguagem velada pelo próprio hábito ao ponto de vista decoroso e arcaico, os porta-vozes das humanidades insistiam no ideal incorporado na máxima *fruges consumere nati* (nascido para consumir os frutos da terra). Essa atitude não causará espanto para escolas calcadas e baseadas numa cultura de classe ociosa.

Os ditos fundamentos em que se tem procurado, na medida do possível, manter intactos os padrões e métodos culturais recebidos são, do mesmo modo, característicos do temperamento arcaico e da teoria da vida da classe ociosa. O regozijo e a inclinação decorrentes da contemplação habitual da vida, de ideais, de especulações e de métodos para consumir tempo e dinheiro, tendência na classe ociosa clássica, por exemplo, são percebidos como sendo "superiores", "mais nobres", "mais dignos" do que fatos semelhantes que resultam numa familiaridade com a vida cotidiana e com o conhecimento e as aspirações ordinárias da humanidade numa comunidade moderna. Compreender a essência de um autêntico conhecimento de homens e elementos modernos é comparativamente "inferior", "vulgar" e "ignóbil" — ouve-se até o epíteto "sub-humano" aplicado a esse conhecimento trivial da humanidade e do cotidiano.

Essa opinião dos porta-vozes da classe ociosa sobre as humanidades parece ser essencialmente sólida. Em termos de fato substancial, a gratificação e a cultura, ou a atitude espiritual ou o hábito mental, resultantes de uma contemplação habitual do antropomorfismo, do tribalismo e da ociosa autocomplacência do cavalheiro de outrora, ou de uma familiaridade com as superstições animistas e com a exuberante truculência dos heróis homéricos, por exemplo, são esteticamente falando mais legítimas do que os resultados análogos advindos de um conhecimento banal dos fatos e de uma contemplação da eficiência cívica ou do trabalho braçal. Não há dúvida de que os primeiros hábitos citados apresentam vantagem no que diz respeito aos valores estéticos ou honoríficos e, por conseguinte, quanto à "dignidade" que serve de base de recompensa para a comparação. O conteúdo dos cânones do refinamento, em especial dos cânones de honra, é essencialmente resultante da vida passada e das condições raciais, transmitidas até a última geração por hereditariedade ou por tradição. De fato a longa predominância de um estilo de vida predatório e de classe ociosa moldou profundamente o hábito mental e o ponto de vista da raça no passado, sendo base suficiente para uma esteticamente legítima predominância desse estilo de vida naquilo que se refere às questões atuais de refinamento. Para o presente propósito, os cânones de refinamento são hábitos raciais, adquiridos por uma habituação mais ou menos prolongada à aprovação ou desaprovação do tipo de situações sobre as quais se tem um juízo de valor favorável ou desfavorável. Em suma, quanto mais longo e ininterrupto o hábito, mais legítimo será o cânone de refinamento em questão. Isso tudo nos parece ainda mais válido no caso de juízos relativos à dignidade ou à honra do que de juízos de valor genéricos.

Porém, não importa qual seja a legitimidade estética do juízo depreciativo transmitido para os novos aprendizes pelos porta-vozes das humanidades, e quão substancial sejam os méritos da opinião de que a sabedoria clássica é mais digna e resulte em cultura e caráter mais verdadeiramente humanos, isso não nos interessa no momento. A questão posta é até onde esses ramos do conhecimento, e o ponto de vista que eles representam dentro do sistema educacional, ajudam ou atrapalham a vida coletiva eficiente diante das modernas condições industriais — até onde elas promovem uma fácil adaptação à situação econômica moderna. Essa é uma questão econômica, não estética, e os padrões de aprendizado da classe ociosa que se manifestam na atitude depreciativa das escolas superiores em relação ao conhecimento banais devem, para o presente propósito, ser analisadas apenas por essa perspectiva. Para esse propósito, o uso de epítetos como "nobre", "vulgar", "superior", "inferior" etc. é importante apenas para demonstrar o *animus* e a perspectiva dos concorrentes — quer eles argumentem pela respeitabilidade do novo ou do velho. Todos essas denominações são termos honoríficos ou humilhantes, ou seja, são termos de comparação ínvida, os quais, em última análise, enquadram-se nas categorias de respeitável ou vergonhoso, isto é, eles pertencem à multitude de ideias que caracteriza o estilo de vida do regime de prestígio social, ou melhor, são essencialmente uma expressão do espírito esportivo — do hábito mental predatório e animista. Quer dizer que indicam um ponto de vista e uma teoria de vida arcaicos, o que pode estar ligado à fase predatória de cultura e de organização econômica da qual surgiram, mas que são, do ponto de vista da eficiência econômica em sentido amplo, anacronismos imprestáveis.

Os clássicos e sua prerrogativa no plano da educação ao qual os seminários de ensino superior se apegam com grande predileção, servem para moldar a atitude intelectual e diminuir a eficiência econômica da nova geração instruída. Eles assim o fazem não só por sustentar um ideal arcaico de masculinidade como pela discriminação que incutem no que se relaciona ao conhecimento respeitável ou vergonhoso. Esse resultado é alcançado de duas formas: (1) inspirando uma aversão habitual ao que é meramente útil, em contraste ao que é meramente honorífico no aprendizado, moldando, assim, o gosto do neófito, que passa de boa-fé a se sentir gratificado por seus gostos somente, ou quase, por exercitar o intelecto, o que costuma resultar em nenhum ganho social ou industrial; e (2) consumindo o tempo e o dinheiro do aprendiz na aquisição de conhecimento que não tem nenhuma utilidade, senão pelo fato de que esse aprendizado se tornou, por convenção, incorporado à soma do aprendizado exigido pela academia e, por isso, afetou a terminologia e o vocábulo empregados nos ramos úteis do conhecimento. Salvo por essa dificuldade terminológica — que por si só é consequência da moda dos clássicos no passado —, um conhecimento das línguas ancestrais, por exemplo, não teria relevância prática para nenhum cientista ou acadêmico não envolvidos, *a priori*, num trabalho de caráter essencialmente linguístico. É claro, não queremos com isso retirar o valor cultural dos clássicos, tampouco é nossa intenção depreciar a disciplina deles ou o conteúdo que seu estudo oferece ao estudante. Tal conteúdo parece ser do tipo economicamente desnecessário, mas esse fato — um tanto chamativo, na realidade — não precisa perturbar ninguém que tenha a sorte de fortalecer-se ou reconfortar-se nos clássicos. A questão de que o aprendizado dos clássicos age para criar obstáculos às aptidões do aprendiz ao trabalho braçal não fará muita diferença para aqueles que consideram o trabalho eficaz pouco importante em relação ao cultivo de ideais decorosos:

> *Iam fides et pax et honos pudorque*
> *Priscus et neglecta redire virtus*
> *Audet.*[6]

Em virtude da circunstância de que esse conhecimento se tornou parte das exigências básicas de nosso sistema educacional, a habilidade de usar e compreender uma certa língua morta do sul da Europa não é apenas gratificante para a pessoa que é capaz de exibir seu feito, mas a evidência de tal conhecimento serve, ao mesmo tempo, para enaltecer qualquer erudito perante sua plateia leiga ou instruída. Atualmente, imagina-se que foram necessários muitos anos de dedicação para adquirir essa informação substancialmente inútil e sua ausência gera a presunção de um aprendizado precário e precipitado, assim como de uma aplicabilidade vulgar, sendo do mesmo modo deplorável para os padrões convencionais de preparo acadêmico sólido e força intelectual.

Coisa semelhante acontece na compra de qualquer item de consumo por um cliente que não é um especialista nos materiais e na mão de obra utilizados. Ele estima o valor do item principalmente com base no aparente alto custo do acabamento das partes e dos aspectos decorativos, que não têm relação imediata com a utilidade intrínseca do artigo. Então, subsiste a presunção de proporção mal definida entre o valor material do item e o custo agregado do adorno a fim de vendê-lo. A presunção de que é impossível haver uma sólida erudição quando faltam conhecimentos dos clássicos e das humanidades leva a um desperdício conspícuo de tempo e de esforço por parte de todo o corpo estudantil com o intuito de obter tal conhecimento. A insistência convencional a um mínimo de desperdício conspícuo como prova de qualquer erudição respeitável afetou nossos cânones de refinamento e de utilidade em termos de intelectualidade quase da mesma forma que o mesmo princípio influenciou nosso julgamento da serventia dos bens manufaturados.

É verdade que, pelo fato de o consumo conspícuo ter ultrapassado mais e mais o valor do ócio conspícuo como meio de lograr boa reputação, o

---

6. "Já a fé, a paz, a honra negligenciada e o pudor antigo ousam voltar." (Horácio, *"Carmen Saeculare"*).

conhecimento de línguas mortas não é mais um requisito tão imperativo quanto já foi, sendo sua virtude talismânica como validador da erudição gravemente afetada. Embora isso seja verdade, também é fato que os clássicos pouco perderam em valores absolutos como uma validação da reputação escolástica, visto que, para esse propósito, basta que o erudito seja capaz de provar algum conhecimento convencionalmente reconhecido como evidência de tempo perdido, e os clássicos se prestam perfeitamente para esse uso. Com efeito, quase não há dúvida de que é sua utilidade como evidência de gasto de tempo e de dinheiro e a consequente força pecuniária necessária para arcar com esse gasto, que garantiram aos clássicos sua prerrogativa na educação superior e fizeram com que fossem estimados como o aprendizado mais honroso de todos. Eles servem aos fins decorativos do aprendizado da classe ociosa mais do que qualquer outro conjunto de conhecimento e, por isso, são um meio eficaz de obter boa reputação.

Nesse contexto, os clássicos, até pouco tempo, não encontravam um rival à altura. Ainda não há um concorrente relevante no continente europeu, mas recentemente, como os esportes universitários galgaram um importante posto no campo dos feitos acadêmicos, este último ramo do aprendizado — se é que a prática de esportes pode ser classificada como aprendizado — tornou-se um rival dos clássicos na primazia da educação da classe ociosa em faculdades americanas e britânicas. A prática esportiva tem uma vantagem clara sobre os clássicos para o propósito da educação da classe ociosa, já que o sucesso como atleta presume não só um desperdício de tempo, mas, na mesma medida, um desperdício de dinheiro, assim como o gozo de certos traços arcaicos pouco industriais de caráter e temperamento. No caso das universidades alemãs, o lugar dos esportes e das fraternidades de letras gregas como ocupação erudita da classe ociosa foi relativamente suprido por uma hábil e intensa embriaguez e ligeiros duelos.

A classe ociosa e seu padrão de virtude — arcaísmo e desperdício — costumam ser tratados na introdução dos clássicos no plano da educação superior, mas a resiliente manutenção dos clássicos por parte das entidades de ensino superior, e o alto grau de reputação que ainda é associado a eles, é sem dúvida por conta de sua íntima conformação com os requisitos do arcaísmo e do desperdício.

A palavra "clássico" sempre carrega essa conotação de desperdício e arcaísmo, seja ela usada para denotar as línguas mortas ou as formas obsoletas ou obsolescentes de pensamento e vocábulo da língua viva, denotando outros itens de atividade erudita ou aparatos para os quais ela é aplicada com menos aptidão. Por isso, o dialeto arcaico da língua inglesa é chamado de inglês "clássico". Seu uso é imperativo ao falar e escrever sobre temas de grande importância, e um comando fluido dessa variante traz dignidade até mesmo ao assunto mais ordinário e trivial. A variante mais recente da língua inglesa, é claro, jamais pode ser escrita; o senso de decência da classe ociosa, que demanda arcaísmo na pronúncia das palavras, está presente até nos autores mais iletrados ou mais sensacionais, com força suficiente para evitar esse tipo de lapso. Por sua vez, o estilo mais nobre e convencionado de vocábulo arcaico é — de forma bastante característica — aplicado de modo adequado somente nas comunicações entre uma divindade antropomórfica e seus súditos. No meio-termo entre esses dois extremos, está a fala cotidiana de uma conversa e a literatura da classe ociosa.

O vocábulo elegante escrito ou falado é uma ferramenta eficaz de reputação. Varia de situação para situação saber com precisão qual é o grau de arcaísmo convencionalmente exigido para falar sobre determinado assunto. O uso difere consideravelmente do púlpito ao mercado, este último, como é de se imaginar, admite o uso de palavras e expressões relativamente novas e eficazes, até mesmo por pessoas mais formais. Evitar de maneira discriminada os neologismos é honorífico, não só porque sugere que o tempo foi utilizado para adquirir o hábito de usar um vernáculo obsoleto, mas também para mostrar que o emissor costumava se relacionar, desde a infância, com pessoas familiarizadas com a língua ultrapassada. Com isso, ficam comprovados seus antecedentes de classe ociosa. A extrema pureza da fala carrega consigo uma evidência presumida de não ter gastado seu tempo com ocupações vulgarmente úteis; embora sua evidência ainda não seja totalmente conclusiva.

Um exemplo pertinente de classicismo fútil que é fácil de ser encontrado, fora do Extremo Oriente, é a grafia convencional da língua inglesa. Um descumprimento das normas de grafia é extremamente irritante e irá tirar o crédito de qualquer escritor aos olhos de toda pessoa que possuir um senso amadurecido do verdadeiro e do belo. A ortografia inglesa cumpre todas as exigências dos cânones de reputação sob a lei do desperdício conspícuo. Afinal, é arcaica, complexa e ineficaz; seu domínio demanda muito tempo e esforço, e a falha em adquiri-la é fácil de detectar. Por isso, é o primeiro e mais imediato teste de reputação no aprendizado, e a conformidade com esse ritual é indispensável para uma vida escolástica irrepreensível.

Nesse âmbito de pureza do vocábulo, como em outras questões em que um uso convencional se apoia nos cânones do arcaísmo e do desperdício, os porta-vozes em benefício de seu uso assumem instintivamente uma postura pesarosa. Sustenta-se que essencialmente um uso minucioso de locuções arcaicas e reconhecidas servirá para transmitir o pensamento de forma mais adequada e precisa do que o simples uso da forma mais recente do inglês falado, embora deve-se ressaltar que ideias atuais são mais efetivamente expressadas com a ajuda das gírias atuais. O vocábulo clássico tem a virtude honorífica da dignidade, porque carrega uma forte presunção da desobrigação industrial do emissor. A vantagem das locuções respeitadas reside em sua capacidade de obter boa reputação, justamente porque elas têm boa reputação por serem complexas e ultrapassadas, portanto, indicam perda de tempo e desobrigação do uso e da necessidade de uma comunicação direta e forçada.

ASSINE NOSSA NEWSLETTER E RECEBA
INFORMAÇÕES DE TODOS OS LANÇAMENTOS

WWW.FAROEDITORIAL.COM.BR

CONFIRA OUTROS TÍTULOS DA COLEÇÃO